BIBLIOTECA

Nuovo Medioevo 32
Collana diretta da Massimo Oldoni

Hubert Houben

Medioevo monastico meridionale

Liguori Editore

Pubblicato da Liguori Editore
Via Mezzocannone, 19, 80134 Napoli

© Liguori Editore, S.r.l., 1987

Prima edizione italiana ottobre 1987

9 8 7 6 5 4 3 2 1 0

1990   1989   1988   1987

Le cifre sulla destra indicano il numero e l'anno dell'ultima ristampa

Printed in Italy, Liguori Editore, Napoli

ISBN 88-207-1545-7
ISSN 0391-6049

a Cosimo Damiano Fonseca

Indice generale

Introduzione

Il titolo del volume sta ad indicare il legame tematico di nove saggi di storia ecclesiastica e politica qui raccolti. Medioevo circonscrive la cornice cronologica, cioè il millennio che va dal V al XV secolo, di cui qui però tocchiamo solo i secoli centrali compresi tra l'VIII e il XIII. L'area geografica che ci interessa è il Meridione della penisola italiana, suggestiva zona di incontro tra cultura greca, latina, longobarda, araba, franca e normanna. I diversi influssi culturali si incontrarono anche nel Monachesimo, nato nella sua forma benedettina proprio qui nel Mezzogiorno medievale.

Medioevo e Monachesimo sono stati considerati all'inizio dell'età moderna come due fenomeni negativi collegati tra di loro. Per gli illuministi il monachesimo era un prodotto tipico dei secoli bui della *media etas*, e Voltaire concludeva il suo *Essai sur les mœurs et l'esprit des nations* (1740) non a caso con una condanna del medioevo come un'età di decadenza, di ignoranza e di superstizioni chiamando in causa il monachesimo: «L'intelligenza umana si abbrutisce nelle superstizioni più basse e più insensate. Queste superstizioni giungono al punto che dei monaci divengono signori e principi; essi hanno degli schiavi, e questi schiavi non osano neppure lagnarsi. L'Europa intera stagna in questo avvilimento fino al secolo XVI e non ne esce se non attraverso terribili convulsioni»[1]. Il giudizio negativo dato dagli illuministi al medioevo monastico si è successivamente invertito, e oggi viene attribuito al monachesimo un ruolo importante per la formazione della civiltà europeo-occidentale[2].

---

[1] Cit. secondo G. Falco, *Albori d'Europa. Pagine di Storia medioevale*, Roma 1947, p. 10s.

[2] È significativo il titolo della IV Settimana spoletina: *Il monachesimo nell'alto medioevo e la formazione della civiltà occidentale* (1956). Dei numerosi libri pubblicati negli ultimi decenni sul monachesimo medioevale citiamo qui soltanto alcuni esempi: V. Cilento, *Medio evo monastico e scolastico*, Milano - Napoli 1961; J. Leclerq, *Aux sources de la spiritualité occidentale*, Paris 1967; G. Penco, *Storia del monachesimo in Italia*, 2 voll., Roma 1961-68; J. Wollasch, *Mönchtum des Mittelalters zwischen Kirche und Welt*, München 1973 (Münstersche Mittelalter-Schriften 7); K.S. Frank, *Grundzüge der Geschichte des christlichen Mönchtums*, Darmstadt 1975 (Grundzüge 25); G.

Già in epoca carolingia il monachesimo benedettino esercitava un influsso notevole sulla cultura e sulla società europea[3] arrivando poi nella seconda metà del secolo XI, cioè all'«epoca della lotta per le investiture», al culmine della sua influenza sulla storia europea. È significativo il fatto che furono chiamati, in quest'epoca, monaci benedettini ad assumere la direzione della chiesa di Roma diventata «un centro di raccordo fra disparati movimenti di riforma religiosa, agitazione sociale, di ricomposizione politica»[4]. Gregorio VII (1073-85) era stato monaco nell'abbazia borgognona di Cluny; Vittore III (1086-87), prima monaco a Cava dei Tirreni e poi a S. Sofia di Benevento, era stato per molti anni abate di Montecassino[5]; Urbano II (1088-99) era stato monaco e priore a Cluny[6]; Pasquale II (1099-1118) proveniva da un monastero la cui localizzazione è incerta[7]; Gelasio II (1118-19) era stato monaco a Montecas-

---

CONSTABLE, *Medieval Monasticism. A select bibliography*, Toronto 1976 (Toronto Medieval Bibliographies 6); A. BORST, *Mönche am Bodensee 610-1525*, Sigmaringen 1978 (Bodensee-Bibliothek 5); F. PRINZ, *Askese und Kultur. Vor- und frühbenediktinisches Mönchtum an der Wiege Europas*, München 1980 (trad. ital.: *Ascesi e cultura. Il monachesimo benedettino nel medioevo*, Bari 1983); G. VITOLO, *Caratteri del monachesimo nel Mezzogiorno altomedievale (secc. VI-IX)*, Salerno 1984 (Piccola Biblioteca Laveglia 49).

[3] F. PRINZ, *Frühes Mönchtum im Frankenreich. Kultur und Gesellschaft in Gallien, den Rheinlanden und Bayern am Beispiel der monastischen Entwicklung (4.-8. Jahrhundert)*, München - Wien 1965; *Mönchtum und Gesellschaft im Frühmittelalter*, a cura di F. PRINZ, Darmstadt 1976 (Wege der Forschung 312); G. TABACCO, *Alto medioevo*, in: ID. - G.G. MERLO, *Medioevo, V-XV secolo*, Bologna 1981 (La civiltà europea nella storia mondiale 1), pp. 70-81: «L'ascesi monastica nel quadro culturale e sociale della potenza ecclesiastica: dall'Oriente all'Occidente».

[4] Ivi, p. 291s.

[5] H.E.J. COWDREY, *The Age of Abbot Desiderius. Montecassino, the Papacy, and the Normans in the Eleventh and Early Twelfth Centuries*, Oxford 1983. - Anche Stefano IX (1057-58) era stato abate di Montecassino, mentre Niccolò II (1058-61) era stato forse monaco cluniacense: cfr. J. WOLLASCH, *Die Wahl des Papstes Nikolaus II.*, in: *Adel und Kirche. Gerd Tellenbach zum 65. Geburtstag dargebracht von Freunden und Schülern*, a cura di J. FLECKENSTEIN e K. SCHMID, Freiburg - Basel - Wien 1968, pp. 205-220, sta anche in: *Il monachesimo e la riforma ecclesiastica (1049-1122)*. Atti della IV Settimana internazionale di studio (Mendola, 23-29 agosto 1968), Milano 1971 (Pubbl. dell'Univ. Catt. del Sacro Cuore, Miscellanea del Centro di studi medioevali 6), pp. 54-73, cfr. anche la discussione ivi pp. 74-78, e H. HOFFMANN, in: *Cluny. Beiträge zu Gestalt und Wirkung der cluniazensischen Reform*, a cura di H. RICHTER, Darmstadt 1975 (Wege der Forschung 241), p. 370 nota 146.

[6] Per il monachesimo cluniacense cfr. recentemente J. WOLLASCH, *Neue Methoden der Erforschung des Mönchtums im Mittelalter*, in «Historische Zeitschrift», 225 (1977), pp. 529-576; ID., *Les obituaires, témoins de la vie clunisienne*, in «Cahiers de Civilisation Médiévale», 22 (1979), pp. 139-172; *Die Synopse der cluniacensischen Necrologien*, a cura di J. WOLLASCH con la collab. di W.D. HEIM, J. MEHNE, F. NEISKE, D. POECK, München 1982 (Münstersche Mittelalter-Schriften 39); *L'Italia nel quadro dell'espansione europea del monachesimo cluniacense*. Atti del Convegno internazionale di storia medievale (Pescia, 26-28 nov. 1981), a cura di C. VIOLANTE, A. SPICCIANI, G. SPINELLI, Cesena 1986 (Italia Benedettina 8).

[7] Cfr. C. SERVATIUS, *Paschalis II. (1099-1118). Studien zu seiner Person und seiner Politik*, Stuttgart 1979 (Päpste und Papsttum 14), pp. 10ss.

sino e morì nell'abbazia di Cluny[8]. Venivano chiamati anche molti monaci a dirigere le diocesi e le province ecclesiastiche, e di conseguenza si è parlato, per quanto riguarda l'Italia meridionale nella seconda metà dell'XI secolo, di un «episcopato di formazione monastica»[9].

Nel secolo XII l'influsso del monachesimo diminuiva: i papi non erano più monaci e anche la maggioranza dei vescovi non proveniva più dai monasteri. Un indizio per il mutamento in corso era la clamorosa deposizione dell'abate Ponzio di Cluny avvenuta nel 1126[10]. Con la nascita dell'ordine cistercense, dedicato meno alla contemplazione e più al lavoro manuale e alla colonizzazione di nuove terre, il monachesimo benedettino arrivò ancora una volta a una grande espansione particolarmente nell'Europa centro-settentrionale. Allo stesso tempo però il monachesimo si cominciava ad isolare dalla società[11] e accanto al monachesimo tradizionale sorgevano nuove forme di vita religiosa e monastica[12]. Nel secolo XIII, il monachesimo benedettino dimostrava chiari

[8] Cfr. D. LOHRMANN, *Die Jugendwerke des Johannes von Gaeta*, in «Quellen und Forschungen aus italienischen Archiven und Bibliotheken», 47 (1967), pp. 355ss.

[9] N. KAMP, *Vescovi e diocesi dell'Italia meridionale nel passaggio dalla dominazione bizantina allo Stato normanno*, in: *Il passaggio dal dominio bizantino allo Stato normanno nell'Italia meridionale*. Atti del II Convegno di studi sulla civiltà rupestre (Taranto - Mottola, 31 ott. - 4 nov. 1973), a cura di C.D. FONSECA, Taranto 1977, p. 184, rist. in: *Forme di potere e struttura sociale in Italia nel medioevo*, a cura di G. ROSSETTI, Bologna 1977, p. 395; N. KAMP, *Soziale Herkunft und geistlicher Bildungsweg der unteritalienischen Bischöfe in normannisch-staufischer Zeit*, in: *Le istituzioni ecclesiastiche della «Societas christiana» dei secoli XI-XII: Diocesi, pievi e parrocchie.* Atti della VI Settimana internazionale di studio (Milano 1-7 sett. 1974), Milano 1977 (Pubbl. dell'Univ. Catt. del Sacro Cuore, Miscellanea del Centro di studi medioevali 8), pp. 89ss.; v. anche H. DORMEIER, *Montecassino und die Laien im 11. und 12. Jahrhundert*, Stuttgart 1979 (Schriften der MGH 27), p. 21: nell'epoca della lotta per le investiture provenivano da Montecassino oltre ai menzionati tre papi almeni dieci cardinali e più di venti arcivescovi e vescovi.

[10] G. TELLENBACH, *Der Sturz des Abtes Pontius von Cluny und seine geschichtliche Bedeutung*, in «Quellen und Forschungen aus italienischen Archiven und Bibliotheken», 42/43 (1963), pp. 13-55; per gli aspetti economici della crisi del monachesimo tradizionale a partire dal sec. XII cfr. C. VIOLANTE, *Monasteri e canoniche nello sviluppo dell'economia monetaria (secoli XI-XIII)*, in: *Istituzioni monastiche e istituzioni canonicali in Occidente (1123-1215)*. Atti della VII Settimana internazionale di studio (Mendola, 28 agosto - 3 sett. 1977), Milano 1980 (Pubbl. dell'Univ. Catt. del Sacro Cuore, Miscellanea del Centro di studi medioevali 9), pp. 369-416, particolarmente pp. 395ss. Per la posizione assunta dal papato nei confronti del monachesimo cfr. M. MACCARRONE, *Primato romano e monasteri dal principio del secolo XII ad Innocenzo III*, ivi, pp. 49-132. — Forse non è casuale che nello stesso anno in cui fu deposto Ponzio di Cluny (1126), anche l'abate Oderisio II di Montecassino fu deposto dal papa: cfr. H. HOFFMANN, *Petrus Diaconus, das Herren von Tusculum und der Sturz Oderisius' II. von Montecassino*, in «Deutsches Archiv für Erforschung des Mittelalters», 27 (1971), pp. 1-109, particolarmente pp. 75ss.

[11] Cfr. J. WOLLASCH, *Gemeinschaftsbewußtsein und soziale Leistung im Mittelalter*, in «Frühmittelalterliche Studien», 9 (1975), pp. 268-286, particolarmente p. 284.

[12] Cfr. P. ZERBI, *'Vecchio' e 'nuovo' monachesimo alla metà del secolo XII*, in: *Istituzioni monastiche* (cit. sopra alla nota 10), pp. 3-24. V. anche C.D. FONSECA, *Monaci e canonici alla ricerca di una identità*, ivi, pp. 203-222.

segni di decadenza[13], mentre cominciava l'inarrestabile ascesa degli ordini mendicanti che erano più vicini ai problemi della vita cittadina. Era tramontata ormai definitivamente l'era dei monaci benedettini, cioè l'epoca agrario-feudale che aveva caratterizzato l'alto medioevo europeo.

* * *

I nove saggi raccolti in questo volume sono stati scritti negli anni tra il 1981 e il 1986, cioè in un periodo che coincide con gli anni della mia collaborazione con Cosimo Damiano Fonseca, prima (sin dal 1980) nell'Università di Lecce e successivamente (sin dal 1983) nell'Università della Basilicata a Potenza. Vorrei dunque dedicare questo libro a lui che ha seguito con interesse le mie ricerche e che ha dato impulsi importanti alla nascita di molti dei saggi qui riuniti.

Ringrazio gli amici e colleghi che hanno contribuito con i loro consigli e suggerimenti alla realizzazione di questo lavoro, e in modo particolare Vera von Falkenhausen (Roma - Pisa), Massimo Oldoni (Roma - Salerno), Cosimo Damiano Poso (Lecce) e mons. Raffaello Volpini (Roma). Una *conditio sine qua non* erano i miei ormai consueti soggiorni di studio nell'Istituto Storico Germanico a Roma, la cui biblioteca (oltre alla Biblioteca Apostolica Vaticana) mi è stata di grande utilità; al suo direttore, Reinhard Elze, va il mio ringraziamento per l'ospitalità e per la possibilità di discussione scientifica. *Last not least* ringrazio mia moglie che ha pazientemente sopportato le mie frequenti assenze dai doveri familiari, e dal suo contributo essenziale vive anche questo libro.

Lecce, maggio 1986

---

[13] Senza voler generalizzare mi sembra rappresentativa la situazione dei grandi monasteri benedettini in Basilicata: v. H. HOUBEN, *Basilicata*, in: *Monasticon Italiae 3: Puglia e Basilicata*, a cura di G. LUNARDI, H. HOUBEN, G. SPINELLI, Cesena 1986, p. 167.

Parte prima:

Longobardi e Franchi

Capitolo primo

L'influsso carolingio sul monachesimo meridionale*

Il titolo «L'influsso carolingio sul monachesimo meridionale» sembra indicare la scelta di una prospettiva unilaterale, attribuendo al monachesimo un ruolo passivo («subisce l'influsso») e al potere politico un ruolo attivo («influisce»), mentre, in verità, il rapporto era reciproco: il monachesimo cassinese, per esempio, subisce sì l'influsso franco-carolingio, ma allo stesso tempo i Franchi risentono dell'influenza del monachesimo cassinese. Siamo dunque ben consapevoli di osservare soltanto un lato della medaglia. Inoltre va ricordato che la base documentaria per una siffatta indagine è abbastanza limitata perché le fonti storiche conservatesi si riferiscono quasi esclusivamente alle due abbazie di S. Vincenzo al Volturno e di Montecassino. Perciò non è possibile verificare l'influsso carolingio sulle numerose unità monastiche di modeste dimensioni, sorte nell'Italia meridionale.

Di conseguenza ci limitiamo ad analizzare l'influsso carolingio sulle menzionate due abbazie partendo da due domande centrali: 1) Quali furono i rapporti di questi cenobi con i Carolingi? 2) Quale importanza aveva l'influsso franco all'interno dei due monasteri?

Carlo Magno intitolandosi sin dalla conquista del regno longobardo nel 774 *rex Francorum et Langobardorum* (— questo titolo si trova per la prima volta in un documento del 5-VI-774 —)[1] e *patricius Romanorum* (— questa intitolazione è attestata anch'essa per la prima volta il 16-VII-774 —)[2], rivendicò

° Sta anche in: *Montecassino. Dalla prima alla seconda distruzione. Momenti e aspetti di storia cassinese (secc. VI-IX)*. Atti del II Convegno di studi sul Medioevo meridionale (Cassino - Montecassino, 27-31 maggio 1984), a cura di F. Avagliano, Montecassino 1987 (Miscellanea Cassinese 53), in corso di stampa.

[1] MGH Diplomatum Karolinorum tom. I: *Pippini, Carlomanni, Caroli Magni diplomata. Die Urkunden der Karolinger, Bd. I: Die Urkunden Pippins, Karlmanns und Karls des Grossen*, unter Mitwirkung von A. Dopsch, J. Lechner, M. Tangl bearb. v.E. Mühlbacher, Hannover 1906 (in seguito citato abbreviato: MGH DKar. con il relativo nr. del diploma), 80.

[2] MGH DKar. 81.

come successore dei re longobardi anche il dominio sul ducato di Benevento. Le rivendicazioni carolingie si scontrarono con le pretese di Arechi, duca di Benevento, che avendo sposato una figlia dell'ultimo re longobardo Desiderio, si considerava il legittimo successore di esso, intitolandosi sin dal 774 *princeps gentis Langobardorum*[3]. Arechi riuscì negli anni successivi a conservare l'indipendenza del ducato beneventano dal regno franco intrattenendo buoni rapporti con Bisanzio. Però, quando Carlo Magno, dopo aver nel 785 sconfitto i Sassoni, poté rivolgere maggiore attenzione alla situazione politica nell'Italia e si recò nel 787 nell'Italia meridionale, Arechi era costretto a riconoscere l'alta sovranità del re franco[4]. Il dominio carolingio sul ducato beneventano rimase però puramente formale ed i successori di Carlo che cercarono di realizzare una integrazione dell'Italia meridionale nell'impero franco si dovettero convincere delle difficoltà di una tale politica.

Nell'occasione della menzionata spedizione nel Mezzogiorno Carlo si recò, nella primavera del 787, *orationis causa* a Montecassino[5] e pochi giorni dopo la sottomissione di Arechi il re franco rilasciò privilegi per la chiesa vescovile di Benevento (22-III-787)[6], per le abbazie di S. Vincenzo al Volturno (24-III-787)[7] e di Montecassino (28-III-787)[8]. Però, come scrisse Giorgio Falco (nel 1929) nei suoi «Lineamenti di storia cassinese», «diversi indizi ci avvertono che prima della crisi del 787 Montecassino è già conquistato a Carlo Magno»[9] (e altrettanto si potrebbe anche dire per S. Vincenzo al Volturno).

Il giudizio del Falco coincide in larga misura con quello di Hans Grasshoff che nella sua Tesi di laurea presentata nel 1907 nell'Università di Gottinga con

---

[3] Cfr. H.H. KAMINSKY, *Zum Sinngehalt des Princeps-Titels Arichis' II. von Benevent*, in «Frühmittelalterliche Studien», 8 (1974), pp. 81-92.

[4] Cfr. O. BERTOLINI, *Carlomagno e Benevento*, in: *Karl der Grosse. Lebenswerk und Nachleben*, unter Mitwirkung v.H. BEUMANN, B. BISCHOFF, H. SCHNITZLER, P.E. SCHRAMM hg. v. W. BRAUNFELS, vol. 1: *Persönlichkeit und Geschichte*, a cura di H. BEUMANN, Düsseldorf 1965, pp. 609-671, particolarmente p. 634; P. BERTOLINI, *Studi per la cronologia dei Principi Longobardi di Benevento: da Grimoaldo I a Sicardo (787-839)*, in «Bullettino dell'Istituto Storico Italiano per il Medio Evo e Archivio Muratoriano», 80 (1968), pp. 25-135, particolarmente p. 26: «i termini di *fidelitas* e *oboedientia* usati dai cronisti sembrano indicare soltanto il riconoscimento, da parte di Arechi, dell'alta sovranità del re franco sul principato».

[5] *Chronica monasterii Casinensis. Die Chronik von Montecassino*, a cura di H. HOFFMANN, Hannover 1980 (MGH SS 34), I 12, p. 47.

[6] MGH DKar. 156 (rilasciato a Capua).

[7] MGH DKar. 157 (rilasciato a Capua).

[8] MGH DKar. 158 (rilasciato a Roma) (in parte falsificato); per i diplomi di Carlo Magno a favore di Montecassino falsificati cfr. H. HOFFMANN, *Chronik und Urkunde in Montecassino*, in «Quellen und Forschungen aus italienischen Archiven und Bibliotheken» (in seguito abbreviato: QFIAB), 51 (1971), pp. 93-202, particolarmente p. 189 s.

[9] G. FALCO, *Lineamenti di storia cassinese nei secoli VIII e IX*, in: *Casinensia*, Montecassino 1929, vol. 2, pp. 457-548; ristampa in: ID., *Albori d'Europa. Pagine di Storia medioevale*, Roma 1947, pp. 173-263 (in seguito citiamo sempre secondo la ristampa), particolarmente p. 194.

il titolo «Langobardisch-fränkisches Klosterwesen in Italien» aveva parlato di una conquista monastica del regno longobardo da parte dei Franchi, la quale avrebbe preparato e preceduto la conquista politica[10]. La tesi del Grasshoff è stata in seguito criticata come «un poco esagerata» (Josef Semmler)[11], però non è stata del tutto respinta[12]. Anzi, le ricerche svolte da Karl Schmid hanno nuovamente messo in evidenza come monaci anglosassoni e franchi prepararono le vie sulle quali si sarebbe diffuso l'influsso e successivamente anche il dominio franco (menzionando in quest'ambito anche l'abbazia di S. Vincenzo al Volturno)[13].

Ciò non significa però che l'influsso monastico franco sia da ridurre ad un'iniziativa politica dei Franchi, come ha sottolineato lo stesso Schmid: «Il fatto che, caduto Desiderio, Carlo Magno abbia conferito privilegi innanzitutto alle grandi abbazie del regno longobardo mette in evidenza l'importanza dei monasteri per l'organizzazione sia della vita sia del dominio. Benché nell'VIII secolo l'apporto franco al movimento monastico sia stato certamente notevole [...] tuttavia non si dovrebbe far risalire ad un'iniziativa franca, e tanto meno interpretare come un'azione politica dei franchi, il movimento religioso italiano, dovuto invece all'iniziativa monastica. A questo movimento è, al contrario, inerente una tendenza universalistica che supera l'interesse nazionale, e di ciò è

---

[10] H. Grasshoff, *Langobardisch-fränkisches Klosterwesen in Italien*, (Phil. Diss.) Göttingen 1907, p. 36.

[11] J. Semmler, *Karl der Grosse und das fränkische Mönchtum*, in: *Karl der Grosse. Lebenswerk und Nachleben* (cit. sopra alla nota 4) vol. 2: *Das geistige Leben*, a cura di B. Bischoff, Düsseldorf 1965, pp. 255-289, particolarmente p.276; sta anche in: *Mönchtum und Gesellschaft im Frühmittelalter*, a cura di F. Prinz, Darmstadt 1976 (Wege der Forschung 312), pp. 204-264, particolarmente p. 242.

[12] *Ibidem*: «Der etwas überspitzen These, dass der politischen Eroberung Italiens durch Karl den Grossen die monastische durch fränkische Mönche vorausgegangen sei, liegt unbestreitbar eine richtige Erkenntnis zugrunde. Wenn Karl der Grosse auch versuchte, den unkontrollierten Zustrom fränkischer Mönche nach Italien zu bremsen, so hat er doch ganz bewusst die wichtigsten Abteien des eroberten Langobardenreiches Vertrauensleuten zugewiesen, deren politische Loyalität um so grösser war, da sie meist aus dem eigentlichen Frankenreich stammten.» — Diversamente: E. Hlawitschka, *Franken, Alemannen, Bayern und Burgunder in Oberitalien (774-962). Zum Verständnis der fränkischen Königsherrschaft in Italien*, Freiburg i. Br. 1960 (Forschungen zur oberrheinischen Landesgeschichte 8), p. 22: «Durch die vor 774 in Italien lebenden Franken, vornehmlich Mönche und politische Gegner des fränkischen Königs, war also Karls des Grossen Eroberung des Langobardenreiches (773/74) in keiner Weise besonders günstig vorbereitet. Die Italienpolitik Karls musste allein vom Frankenreich geplant und betrieben werden».

[13] K. Schmid, *Aachen und Jerusalem. Ein Beitrag zur historischen Personenforschung der Karolingerzeit*, in: *Das Einhardkreuz. Vorträge und Studien der Münsteraner Diskussion zum arcus Einhardi*, a cura di K. Hauck, Göttingen 1974 (Abhandlungen der Akademie der Wissenschaften in Göttingen, phil.-histor. Klasse 3. NF. 87), pp. 122-142, particolarmente p. 136; sta anche in: K. Schmid, *Gebetsgedenken und adliges Selbstverständnis im Mittelalter, Ausgewählte Beiträge. Festgabe zu seinem sechzigsten Geburtstag*, Sigmaringen 1983, pp. 106-126, particolarmente p. 120.

testimonianza principalmente il fatto che esso sia stato recepito e dai longobardi e dai franchi ed in particolare dagli anglosassoni. Questo movimento religioso, che valicò le frontiere del paese d'origine e conquistò rapidamente ampi territori facendo nascere nuovi legami come pure nuovi obblighi, ebbe senz'altro un forte influsso sulle aree sulle quali si estendeva il potere dello stato. È significativo per la costellazione storica dell'VIII secolo che proprio i franchi potessero trarre il maggior vantaggio da questo movimento religioso messo in opera soprattutto dal mondo monastico»[14].

Questo giudizio, a mio avviso abbastanza equilibrato, è stato recentemente (1982) criticato da Franz J. Felten in un saggio sulla storia dei monasteri di Farfa e di S. Vincenzo al Volturno nell'VIII secolo[15]. Il menzionato studioso ha cercato di dimostrare che l'influsso franco sul monachesimo italiano è stato meno forte di quanto finora sostenuto. Per quanto riguarda S. Vincenzo al Volturno ha proposto la tesi che «le polemiche intorno all'abate Potone sono probabilmente riconducibili, più che a contrasti nazionali all'interno del monastero o ad un'eventuale resistenza dell'abate ai franchi, al fatto che i suoi avversari nel monastero utilizzassero la situazione politica per manifestare la propria opposizione alla più stretta osservanza delle regole (vuol dire "della regola"!) perseguita da Potone stesso»[16]. Esamineremo in seguito gli argomenti addotti dal Felten a favore di questa sua tesi. Occorre prima ricordare brevemente la situazione del monastero vulturnense in questo periodo storico.

Il monastero di S. Vincenzo al Volturno apparve per la prima volta «sulla scena politica», quando, nel 752, l'abate Atone (739-760), insieme con l'abate cassinese Optato, fu incaricato dal papa Stefano II (752-757) di recarsi presso il re longobardo Astolfo per indurlo a non muovere guerra contro la sede apostolica[17]. Come prima manifestazione dell'influsso carolingio sul cenobio vulturnense gli storici prendono in genere l'elezione del franco Ambrogio Autperto ad abate, elezione avvenuta, secondo le acute ricerche di don Jacques Winandy, il 4 ottobre 777[18]. Non è chiaro se il suo predecessore, l'abate Gio-

---

[14] K. Schmid, *Zur Ablösung der Langobardenherrschaft durch die Franken*, in «QFIAB», 52 (1972), pp. 1-36, particolarmente p. 35s. (riassunto); sta anche in: Id., *Gebetsgedenken und adliges Selbstverständnis* (cit. sopra alla nota 13) pp. 268-304, particolarmente p. 303s.

[15] F.J. Felten, *Zur Geschichte der Klöster Farfa und S. Vincenzo al Volturno im achten Jahrhundert*, in «QFIAB», 62 (1982), pp. 1-58.

[16] Ivi p. 58 (riassunto).

[17] M. Del Treppo, *Longobardi, Franchi e papato in due secoli di storia vulturnese*, in «Archivio Storico per le province napoletane», 34 (1953-54), pp. 37-59, particolarmente p. 49; cfr. anche Felten (cit. sopra alla nota 15) p. 26s. nota 111.

[18] J. Winandy, *Les dates de l'abbatiat et de la mort d'Ambroise Autpert*, in «Revue bénédictine», 59 (1949), pp. 206-210, particolarmente p. 209. — Per Ambrogio Autperto cfr. A. Mancone, *Ambrogio Autperto*, in: Dizionario biografico degli Italiani, vol. 2, Roma 1960, pp. 711-713; *Repertorium fontium historiae medii aevi* primus ab Augusto Potthast digestum nunc cura collegii

vanni, si era precedentemente dimesso o se era defunto. Nel *Chronicon Vulturnense* del monaco Giovanni si legge soltanto: «Desiit vero a regimine idem abbas Iohannes XV° Kalendas augusti... anno Domini DCCLXXVII, indiccione prima»[19]. Il Felten ha sostenuto che se l'abate Giovanni si fosse dimesso, ciò potrebbe essere avvenuto su pressione carolingia; però, come ammette lo stesso studioso, una tale ipotesi non si può provare, in quanto mancano notizie storiche relative a questo fatto e poiché nella cronaca del monaco Giovanni, in occasione dell'elezione di Autperto, è annotato che il suo predecessore in quel momento era già defunto: «defuncto eiusdem sancte congregacionis venerabili abbate Iohanne»[20].

Comunque sia, Autperto, almeno inizialmente, deve essere stato in buoni rapporti con Arechi di Benevento, perché questi, come osservava Mario Del Treppo, «proprio al franco Autperto *reverentissimo abbati...* conferiva un privilegio nel 778... e in quel documento *dux* non *princeps* si intitolava con modestia»[21]. Autperto rimase non a lungo alla direzione del cenobio vulturnense: solo un anno, due mesi e venticinque giorni dopo la sua elezione[22], cioè il 28 dicembre 778, si dimise dalla carica di abate[23].

Pochi giorni dopo, il 2 gennaio 779, fu eletto abate Hayrirado, che diresse la comunità monastica di S. Vincenzo fino alla sua morte avvenuta il 2 novembre 782. Tre giorni dopo, il 5 novembre 782, fu eletto abate Potone, che nell'anno successivo, e precisamente nel periodo tra il 30 aprile 783 e il mese di ottobre dello stesso anno, fu deposto da Carlo Magno[24].

A differenza dell'abate Hayrirado di cui oltre il nome le fonti storiche non riferiscono nulla, la persona dell'abate Potone appare nelle fonti con tratti più chiari. Sulla sua deposizione siamo abbastanza ben informati mediante due lettere conservatesi nel famoso *Codex Carolinus*, in cui, per ordine di Carlo Magno furono raccolte le lettere inviate dai papi ai re franchi nel periodo della crisi

---

historicorum... emendatum et auctum, vol. 2: *Fontes A-B*, Roma 1967, p. 212s.; H. RIEDLINGER, *Ambrosius Autpertus*, in: Lexikon des Mittelalters, vol. 1, München-Zürich 1977-80, col. 525.

[19] *Chronicon Vulturnense del monaco Giovanni*, a cura di V. FEDERICI, vol. 1, Roma 1925 (Fonti per la storia d'Italia 58), p. 173.

[20] FELTEN (cit. sopra alla nota 15) p. 27s.; *Chronicon Vulturnense* (cit. sopra alla nota 19) p. 182.

[21] DEL TREPPO, *Longobardi* (cit. sopra alla nota 17) p. 50.

[22] Frammento del *Chronicon Vulturnense* nel Cod. Sabatini: «prefuit annos I, et menses II et diebus XXV», ed. V. FEDERICI, *Ricerche per l'edizione del «Chronicon Vulturnense» del monaco Giovanni, II. Gli abati*, in «Bullettino dell'Ist. stor. ital. per il medio evo e Archivio Muratoriano», 57 (1941), pp. 71-114, particolarmente p. 99; per la datazione del Frammento Sabatini cfr. H. HOFFMANN, *Das Chronicon Vulturnense und die Chronik von Montecassino*, in «Deutsches Archiv für Erforschung des Mittelalters», 22 (1966), pp. 179-196, particolarmente p. 180s.

[23] WINANDY, *Les dates* (cit. sopra alla nota 18) p. 209.

[24] Per la cronologia v. ivi p. 209s.

e del disfacimento del regno longobardo fino al 791[25]. Va subito detto che le due lettere che portano nell'edizione del Gundlach nei *Monumenta Germaniae Historica* i numeri 66 e 67 non sono da attribuirsi all'anno 781, come voleva l'editore[26]; la prima (nr. 66) fu scritta invece non molto tempo dopo il 30 aprile 783, la seconda (nr. 67) nel febbraio del 784, come ha dimostrato il Winandy[27].

Nella prima lettera il papa Adriano I[28] interveniva presso Carlo Magno su richiesta della «cuncta congregatio venerabilis monasterii sancti Christi martiris Vincentii»[29]. Apprendiamo che l'abate vulturnense il cui nome non è specificato — ma risulta dalla lettera successiva che si tratta di Potone —, era stato accusato di *infidelitas* nei confronti del re franco che perciò l'aveva deposto. La natura precisa della *infidelitas* è taciuta. Il papa scrive al re solo che le accuse contro l'abate erano infondate e false; perciò prega di rimetterlo in carica anche in considerazione del fatto che egli si era dimostrato in passato degno del suo compito: «quemadmodum tam magnam congregationem religiosis moribus suis regulariter atque naviter regere valuit»[30].

Più luce sui motivi e sulle circostanze della deposizione ci viene dalla seconda lettera[31]: il papa riferisce al re su un giudizio tenutosi a Roma sulla causa del deposto abate. È dunque evidente che la raccomandazione espressa dal papa in favore di Potone nella lettera precedente non era stata accolta con compiacimento da Carlo. Il re non aveva revocato la sua decisione, ma aveva rimandato la causa al *iudicium* papale.

Le due parti in causa erano l'ex-abate Autperto e il deposto Potone, entrambi con i loro sostenitori dentro e fuori del cenobio vulturnense. Autperto non poté più assistere all'evento della causa perché morì (il 30 gennaio 784)[32] prima di aver raggiunto Roma.

Il tribunale canonico era composto oltre al papa da Possessore, arcivescovo franco[33] e delegato speciale (*missus*) del re, da Ansoaldo, abate di un mona-

---

[25] *Codex Carolinus*, ed. W. GUNDLACH, in: MGH Epp. III, Berolini 1892, pp. 469-657; *Codex Epistolaris Carolinus. Österreichische Nationalbibliothek Codex 449*. Einleitung und Beschreibung F. UNTERKIRCHER, Graz 1962 (Codices Selecti 3).

[26] MGH Epp. III, pp. 593ss.

[27] WINANDY, *Les dates* (cit. sopra alla nota 18) p. 208s.: la lettera nr. 66 fu scritta probabilmente poco dopo la morte della regina Ildegarda, avvenuta il 30 aprile 783; la lettera nr. 67 fu scritta non molto tempo dopo la morte di Ambrogio Autperto, avvenuta il 30 gennaio 784.

[28] Per la persona di Adriano I cfr. O. BERTOLINI, *Adriano I*, in: Dizionari biografico degli Italiani, vol. 1, Roma 1960 pp. 312-323.

[29] Cod. Carolinus nr. 66, MGH Epp. III, p. 594.

[30] *Ibidem*.

[31] Cod. Carolinus nr. 67, MGH Epp. III, pp. 594-597.

[32] Cfr. WINANDY, *Les dates* (cit. sopra alla nota 18) p. 209.

[33] HLAWITSCHKA, *Franken* (cit. sopra alla nota 12) p. 30: «von Embrun?»; FELTEN (cit. sopra alla nota 15) p. 30; diversamente O.G. OEXLE, *Die Karolinger und die Stadt des heiligen Arnulf,*

stero di S. Pietro (— si tratta forse del monastero di S. Pietro «prope muros» di Benevento —)[34], da Aquilino, abate di Sant'Angelo di Barrea (presso Villetta Barrea, prov. L'Aquila)[35], da Raginbaldo, abate di Farfa[36], da Gisulfo «abbas venerabilis monasterii sancti Petri»[37]. Inoltre ne facevano parte: Ildeprando, duca di Spoleto[38], Taciperto e Prandulo, che erano probabilmente al servizio del duca spoletino[39], quattro funzionari papali: il bibliotecario Teofilatto, il tesoriere Stefano[40], il notaio Campulo[41], il duca Teodoro, che era un nipote del papa[42], *et ceteri plures*.

Il processo iniziò con l'accusa del monaco vulturnense *Rodicausus*: l'abate Potone, quando durante il canto dei salmi si doveva pregare per la salute del re e della sua prole, si sia alzato rifiutandosi di effettuare tali preghiere. Egli aveva offeso, così l'accusa, il re franco con le parole: «si non mihi fuisset pro monasterio et terra Beneventana, talem eum habuisse sicut unum canem» («Se non fosse stato per il bene del monastero e della terra beneventana, io l'avrei ritenuto come un cane»). Potone aveva dimostrato la sua ostilità ai Franchi dicendo: «Quia tantos ex Francis remansissent, quantos ego in umero vectare valeo»[43]. («Poiché sarebbero rimasti tanti Franchi, quanti ne posso portare sulle spalle»).

L'abate si difese contestando la fondatezza dell'accusa: nel cenobio vultur-

---

in «Frühmittelalterliche Studien», 1 (1967), pp. 250-364, particolarmente p. 342: «vielleicht Bischof von Tarantaise».

[34] Nel diploma rilasciato da Carlo Magno il 24-III-787 a favore di S. Vincenzo al Volturno è attestato tra i monasteri dipendenti dall'abbazia vulturnense un «monasterium sancti Petri apostoli, quod fundatum est prope muros civitatis Benevento» (MGH DKar. 157).

[35] Cfr. *Chronica monasterii Casinensis*, ed. H. Hoffmann (cit. sopra alla nota 5) p. 103 nota 9.

[36] Cfr. Felten (cit. sopra alla nota 15) p. 12 nota 50 e p. 31.

[37] Felten (cit. sopra alla nota 15) p. 31 identifica questo abate con l'omonimo abate cassinese (796-817!), cosa impossibile non soltanto per motivi cronologici ma anche per il titolo del monastero (*s. Petri!*).

[38] Per Ildeprando cfr. Hlawitschka, *Franken* (cit. sopra alla nota 12) pp. 23-25, 27, 34, 199.

[39] Cfr. Felten (cit. sopra alla nota 15) p. 31 con nota 135.

[40] Secondo Jaffé (MGH Epp. III, p. 595 nota 7) egli non è identico a *Stephanus dudum sacellarius ecclesiae Romanae* menzionato nel Cod. Carolinus nella lettera nr. 57 (MGH Epp. III, p. 582s.) risalente al febbr. 776 (per la data cfr. Bertolini, *Carlomagno*, cit. sopra alla nota 4, p. 615 nota 28) e nr. 71 risalente al 781/82 (MGH Epp. III, p. 601s.). Ritengo, però, al contrario, che un'identità non sia da escludere.

[41] Cfr. W. Mohr, *Campulo*, in: Dizionario biografico degli Italiani, vol. 17, Roma 1974, pp. 621-623.

[42] Cod. Carolinus nr. 60, MGH Epp. III p. 587, nr. 61, ivi p. 588s., nr. 68 ivi p. 598: «Theodorum eminentissimum consulem et ducem nostrumque nepotem».

[43] Nel Cod. Carolinus è riportato *ex Francos* invece *ex Francis* e *vegetare* invece di *vectare* (v. la riproduzione fotografica, cit. sopra alla nota 25, fol. 71 R); si tratta ovviamente di errori del copista carolingio.

nense si era sempre pregato per la salute del re e della sua famiglia; egli si era alzato a un certo punto durante il canto dei salmi perché aveva degli impegni urgenti «ad utilitatem ipsius monasterii». Pur non dicendo niente di offensivo nei confronti del re disse soltanto: «Quod, si pro monasterii desertione seu terram illam mihi non fuisset, omnino in talem pergere habui loco, ubi a nemine curassem». («Poiché se non fosse stato per non abbandonare il monastero, io avrei ritenuto di avviarmi in quella terra, in un luogo dove non sarei stato infastidito da nessuno»).

Il monaco Rodicauso, interrogato se ci fossero stati altri testimoni che avessero sentito le frasi da lui riferite, rispose che era stato da solo con l'abate e che dunque oltre a lui nessuno le aveva sentite! A questo punto, «plures ex ipsis priores monachi» che erano venuti insieme con Potone a Roma, misero in dubbio la credibilità di Rodicauso affermando che egli era stato di recente colto in flagrante quando aveva commesso stupro con la propria nipote e che a causa di ciò era stato ridotto da presbitero a semplice monaco[44].

In seguito apparvero davanti al tribunale tre monaci che erano venuti con il duca spoletino Ildeprando e che erano stati insieme con l'abate Autperto. Essi accusarono Potone di aver loro impedito di rivolgersi al re in quanto erano stati presi dai suoi custodi e messi in carcere. Potone rispose ammettendo di aver messo dei custodi «in ponte», cioè ovviamente alla fine della zona claustrale, ma il motivo non era stato quello di impedire ai monaci di rivolgersi al re, ma di evitare che alcuni di loro che non volevano più seguire la *regula* lasciassero il monastero e ritornassero «ad suum vomitum in saeculo peccato imminente». Del resto egli non si riteneva responsabile per il fatto narrato dai tre monaci, perché quando ciò accadeva egli era stato fuori del monastero, in viaggio per recarsi dal re.

Dopo l'interrogatorio la commissione papale consultò il diritto canonico adducendo dei canoni vietanti delle cospirazioni di chierici o di monaci contro i loro superiori. Si citò anche un canone secondo cui l'accusa di un *criminosus* non era valida. In considerazione di questi canoni e poiché dopo tre giorni non si poté provare nessuna colpa di Potone, fu deciso che egli doveva essere reintegrato nella carica. Si cercò di affermare la fedeltà dell'abate mediante il giuramento di «decem primati monachi ipsius venerabilis monasterii, quinque ex genere Francorum et quinque ex genere Langobardorum»[45]. Alla fine i monaci

---

[44] MGH Epp. III p. 596: «Quia, in stupro captus cum propria nepte sua, ex presbitero factus monachus effectus est. Et tale crimen adversus abbatem nostrum inponere minime valebit, quia a sacris canonibus respuetur».

[45] *Ibidem*; Bertolini, *Carlomagno* (cit. sopra alla nota 4) p. 629 nota 109 ritiene che il giuramento non fu prestato di fatto, ma «che Potone e i dieci monaci, all'atto stesso della decisione relativa al giuramento, chiesero, senza prestarlo, licenza di andare a Carlomagno: ... Le accuse mosse a Potone importavano il reato di lesa maestà. Si poteva eccipire che il papa era incompetente a

vulturnensi pregarono il papa di permettere loro di recarsi direttamente presso il re e ciò fu concesso.

Sull'interpretazione dei fatti qui riassunti secondo la loro esposizione nella lettera nr. 67 del *Codex Carolinus* esistono pareri diversi tra gli studiosi: Jean Mabillon, Sigurd Abel e Vincenzo Federici sostennero la tesi che alla base delle menzionate vicende vulturnensi era stato il contrasto all'interno del monastero tra monaci franchi e monaci longobardi[46]. Ferdinand Hirsch, Bernhard Simson, e più tardi Ernesto Sestan e Bruno Ruggiero contrastarono quest'opinione con l'argomento che il giuramento per Potone era stato prestato anche da monaci franchi e ritenendo che l'origine dei problemi intorno a Potone sia oscura[47].

I menzionati studiosi avevano soltanto accennato alle vicende vulturnensi senza trattarle fino in fondo. Dopo che Vincenzo Federici aveva esaminato la questione in un'appendice alle sue «Ricerche per l'edizione del *Chronicon Vulturnense* del monaco Giovanni»[48], toccava a Mario Del Treppo approfondire l'argomento nel suo articolo su «Longobardi, Franchi e papato in due secoli di storia vulturnese» pubblicato nel 1953-54[49]. Per Del Treppo il «nascosto orditore della trama» era il duca spoletino Ildeprando che «guarda[va] con cupidigia ad ogni possibilità di affacciarsi sulle invitanti regioni del Beneventano». Attraverso Ildeprando «la notizia dell'infedeltà di Potone» giunse a Carlo Magno che «agì con energia rimovendo il longobardo dalla carica»[50]. Del Treppo interpretò le vicende vulturnensi come «urto tra nazionalismo longobardo e nazionalismo franco»[51], evitò però di parlare esplicitamente di partito

sentenziare in materia, pur se assistito dall'arcivescovo Possessore e dal duca Ildeprando nella qualità di giudici rappresentanti il sovrano».

[46] J. MABILLON, *Annales ordinis sancti Benedicti*, tom. II, Lucae 1739, p. 220; S. ABEL, *Jahrbücher des Fränkischen Reiches unter Karl dem Grossen, Bd. 1: 768-788*, Berlin 1866, p. 380; FEDERICI, *Ricerche* (cit. sopra alla nota 22) pp. 104-114 (= appendice II: *Abati franchi ed abati longobardi nel monastero di S. Vincenzo al Volturno*), particolarmente p. 113: «Se un contrasto politico non fosse stato la causa dell'episodio, il pontefice non avrebbe disposto il giuramento in quella forma. Adriano volle che nella affermazione unanime dell'innocenza di Potone si realizzasse nel monastero l'unione dei due gruppi, che il sentimento di nazionalità aveva diviso».

[47] F. HIRSCH, *Papst Hadrian I. und das Fürstenthum Benevent*, in «Forschungen zur Deutschen Geschichte», 13 (1873), pp. 33-68, particolarmente p. 48 nota 4; *Jahrbücher des Fränkischen Reiches unter Karl dem Grossen*, von S. ABEL, *Bd. 1: 768-788*. Seconda ed. a cura di B. SIMSON, Leipzig 1888, p. 467 nota 5; E. SESTAN, *Stato e nazione nell'alto medioevo. Ricerche sulle origini nazionali in Francia, Italia, Germania*, Napoli 1952 (Biblioteca Storica N.S. 3), pp. 343ss.; B. RUGGIERO, *Il ducato di Spoleto e i tentativi di penetrazione dei Franchi nell'Italia meridionale*, in «Archivio Storico per le province napoletane», 3a ser. V-VI (1966-67), pp. 77-116, particolarmente p. 86 nota 45.

[48] Cit. sopra alla nota 46.

[49] DEL TREPPO, *Longobardi* (cit. sopra alla nota 17).

[50] Ivi p. 51.

[51] Ivi p. 43.

longobardo e partito franco a S. Vincenzo: «Potone era il rappresentante di quella parte (non oserei chiamarla fazione) che più aderiva ai costumi e alle tradizioni beneventane, la quale pur vivendo nell'esperienza di un centro dove molteplici interessi concorrevano armonizzandosi, era rimasta più chiusa nel riservato amore per la sua terra»[52]. Sulla fondatezza delle accuse contro Potone e sulla sua ostilità a Carlo e ai Franchi per Del Treppo non c'erano dubbi, anche perché egli notava che nella «ritrattazione» di Potone, «sotto-scritta dal pontefice c'è qualche cosa di non troppo sincero e come un voluto ribadimento che solo l'amore per la sua terra ve lo poteva costringere»[53]. Il papa Adriano I «aveva vigorosamente abbracciato la causa del disgraziato longo-bardo»[54] e «fu proprio la parte longobarda che ottenne giustizia dal pontefice e il contrasto si placò nell'aiuto e nel conforto che venne da Roma»[55].

Anche Ottorino Bertolini, nel suo studio su «Carlomagno e Benevento» apparso nel 1965[56], metteva le difficoltà interne di S. Vincenzo in relazione con gli eventi politici: le guerre di Carlo contro i Longobardi avevano pesato sui rapporti tra monaci franchi e monaci longobardi nella comunità vulturnense. Le tensioni si erano acuite in seguito alla elezione del franco Autperto ad abate. Alla fine egli, costretto alle dimissioni, si era rifugiato con alcuni monaci presso il duca spoletino, la *longa manus* di Carlo in Italia[57]. Potone dopo la sua ele-zione aveva intrapreso una politica anti-franca per la quale era stato contrastato da una parte dei monaci e denunciato come «pericoloso nemico del nuovo regime» carolingio[58]. Sul fatto che Potone aveva commesso il reato di lesa maestà per il Bertolini non vi erano dubbi[59]. Il processo contro Potone finì però, secondo le parole dello stesso studioso con «una clamorosa dimostrazione di lealismo verso il re franco, alla quale nessuno dei monaci vulturnensi di san-gue longobardo presenti si era sottratto»[60].

Una interpretazione che contrasta con quella di Del Treppo e di Bertolini è stata recentemente proposta da Franz J. Felten che ha sostenuto che «le pole-miche intorno all'abate Potono» erano «riconducibili [...] al fatto che i suoi avversari nel monastero utilizzassero la situazione politica per manifestare la propria opposizione alla più stretta osservanza delle regole perseguita da Potone stesso»[61].

[52] Ivi p. 53.
[53] *Ibidem.*
[54] Ivi p. 51.
[55] Ivi p. 43.
[56] BERTOLINI, *Carlomagno* (cit. sopra alla nota 4).
[57] Ivi p. 626.
[58] *Ibidem.*
[59] Ivi p. 629 con nota 109 e p. 646.
[60] Ivi p. 630.
[61] FELTEN (cit. sopra alla nota 15) p. 58.

Gli argomenti del Felten per questa sua tesi sono però poco convincenti. Egli sostiene, fra l'altro, che il fatto che sia monaci franchi sia monaci longobardi prestassero il giuramento per Potone dimostra che nella comunità vulturnense non siano esistite rivalità nazionali[62]. Il giuramento, che cinque monaci franchi e cinque monaci longobardi dovevano prestare alla fine del giudizio papale, non esclude, però, che precedentemente non siano esistite rivalità tra questi due gruppi nel monastero.

Un altro argomento del Felten è se Potone fosse stato il rappresentante di una fazione longobarda ostile ai Franchi, egli avrebbe dovuto avere l'appoggio di Arechi di Benevento, anch'egli ostile ai Franchi. Siccome non è noto che Arechi avesse appoggiato Potone è improbabile che Potone fosse stato ostile ai Franchi[63]. A parte che si tratta di un *argumentum e silentio*, tale argomentazione non tiene conto della situazione politica dopo il 781: allora Carlo Magno e Bisanzio avevano trovato un accordo confermato mediante il fidanzamento tra una figlia di Carlo (Rotruda) e un figlio dell'imperatrice Irene (Costantino VI). Di conseguenza il duca beneventano che basava la sua politica sull'antagonismo franco-bizantino, si trovò in una posizione isolata e non poté rischiare di far intervenire Carlo nell'Italia meridionale[64].

Non convince neanche la tesi principale del Felten, cioè che tutte le accuse contro Potone siano state inventate da alcuni monaci ai quali l'abate sembrava troppo rigido nell'applicazione della regola, con lo scopo di metterlo in cattiva luce presso il re franco. Certo, non è da escludere che le accuse siano state un po' esagerate; sembra però, che contenevano un nucleo di verità. Ciò che adduceva Potono in sua difesa non è sempre convincente e suona spesso come una scusa, come aveva già notato il Del Treppo[65].

Desta meraviglia, infine, che il Felten sostenga che il motivo della deposizione di Potone da parte di Carlo non sia noto[66], mentre in verità nelle fonti citate il motivo, più di una volta è esplicitamente indicato: l'*infidelitas.*

Mi sembra, dunque, un po' esagerata e non sufficientemente fondata la critica del Felten alle interpretazioni, a mio avviso abbastanza equilibrate, che avevano dato delle vicende vulturnensi il Del Treppo e il Bertolini[67]. La deposizione di Potone e gli eventi successivi non possono essere interpretati senza mettere in conto la situazione politica. Il fatto che cinque monaci franchi e cinque monaci longobardi giurarono in rappresentanza del cenobio vulturnense,

---

[62] Ivi p. 34.

[63] Ivi p. 34s.

[64] Cfr. BERTOLINI, *Carlomagno* (cit. sopra alla nota 4) p. 631.

[65] V. sopra p. 26 con nota 53.

[66] FELTEN (cit. sopra alla nota 15) p. 36: «Was Karl dazu bewog, Potho abzusetzen, wissen wir nicht».

[67] V. sopra p. 25s.

non significa necessariamente che il numero era stato scelto in proporzione alla composizione etnica della comunità, come osservava giustamente il Felten[68]. Il giuramento prova però, e ciò non è stato visto dallo stesso studioso, che nel monastero di S. Vincenzo esisteva una parte longobarda e una parte franca, anche se non sappiamo nulla del rapporto numerico preciso.

Forse l'unica testimonianza diretta conservatasi della comunità vulturnense in epoca carolingia è una lista di 42 nomi ricopiata nel *Codex Carolinus* in seguito alla lettera nr. 67 riguardante le vicende a S. Vincenzo. I nomi appartenenti probabilmente a questi monaci vulturnensi che, dopo il giudizio papale del 784, si volevano recare presso Carlo[69], non possono fornire delle indicazioni precise sulla composizione etnica del convento. Da un'analisi onomastica risulta che dei nomi franchi possono apparire in forme longobardizzate e che dunque in questi casi si identifica difficilmente la provenienza etnica di una persona; nei nomi della lista è da constatare nella onomastica una preponderanza dell'elemento romanzo su quello germanico senza che si possa però arrivare a un preciso calcolo[70].

---

[68] FELTEN (cit. sopra alla nota 15) p. 32 nota 140: «Ob die Zahl proportional gewählt wurde und damit Aussagen über das Verhältnis von Franken und Langobarden im Konvent ermöglicht, ist daraus nicht zu entnehmen». Diversamente argomentava HLAWITSCHKA, *Franken* (cit. sopra alla nota 12) p. 19: «Wenn 781 (sic!) sodann zehn Mönche, und zwar *quinque ex genere Francorum et quinque ex genere Langobardorum*, sich für die Treue ihres Abtes Potho verbürgen mussten, so kann man vielleicht daraus entnehmen, dass die Hälfte des Konvents aus Franken bestand».

[69] MGH Epp. III p. 597, Cod. Carolinus (cit. sopra alla nota 25) fol. 72 R: (1) *Paulus presbiter*, (2) *Venerandus presbiter*, (3) *Faroaldus*, (4) *Adalbertus*, (5) *Gaudiosus*, (6) *Benedictus diaconus*, (7) *Iosue diaconus*, (8) *Hermenfridus*, (9) *Raginbertus*, (10) *Autcarius*, (11) *Gregorius*, (12) *Agemodus*, (13) *David*, (14) *Gaidualdus*, (15) *Ariolfus*, (16) *Stephanus*, (17) *Garibaldus*, (18) *Gregorius*, (19) *Savinus*, (20) *Aldosindo*, (21) *Rothbertus*, (22) *Ratchis*, (23) *Haribertus*, (24) *Leo*, (25) *Martinianus*, (26) *Allo*, (27) *Maio*, (28) *Scaptulfus*, (29) *Cunualdus*, (30) *Leminosus*, (31) *Magnus*, (32) *Ursus*, (33) *Autbaldus*, (34) *Aldefusus*, (35) *Petrus*, (36) *Ansualdus*, (37) *Allo*, (38) *Petrus*, (39) *Gratiosus*, (40) *Faroaldus*, (41) *Ursus*, (42) *Adualdus*. — Il *Paulus presbiter* (1) è forse identico al futuro abate Paolo (circa 775-792/3), il *Iosue diaconus* (7) forse al suo successore, l'abate Giosuè (792/3-817).

[70] Il prof. Dieter GEUENICH (Freiburg i. Br.) mi scrisse nella sua lettera del 9 gennaio 1984, per la quale ringrazio anche in questa sede, riguardante la lista: «Zunächst fällt die ungewöhnlich grosse Zahl von Fremdnamen (= nicht-germanischen Namen) auf, die dem AT— (Josue, David), NT— (Paulus, Stephanus) oder romanischen (Gaudiosus, Magnus, Gratiosus) Namengut angehören. Diese 19 nicht-germanischen Namen machen fast die Hälfte aus. Die restlichen «germanischen» (sprachgeschichtlich!) Personennamen haben alle eine romanisierte Gestalt, d.h. sie weisen auf die Romania oder Italien. Dem Langobardischen würde man am ehesten Namen wie Aldosindo (20), Rat*chis*, Alde*fusus* (34) usw. zuweisen. Auf der anderen Seite gibt es natürlich auch Namen, die überall hinpassen, wie Adalbertus (4), Allo (26, 37), usw. Deutlich romanisierte Gestalt weisen etwa Namen wie *A*riolfus (15) und *H*Ermenfridus (8) auf, deren anlautendes «H» fehlt bzw. unorganisch ist. — Insgesamt macht die Liste durchaus einen homogenen Eindruck, da alle Namen in das langobardische Gebiet passen. Eine Unterscheidung nach der ethnischen Herkunft (Franken — Langobarden) würde ich nicht wagen wollen, da fränkische Namen(sträger) durchaus «langobar-

Dopo questa critica verifica dell'attendibilità delle fonti storiche su S. Vincenzo che ha dimostrato i loro limiti, è da chiedersi che cosa rimane accertato delle vicende vulturnensi nella seconda metà dell'VIII secolo.

Rimane il fatto di forti tensioni avvenute in seguito alla elezione del franco Autperto come abate. Tensioni che rispecchiano i problemi all'interno del monastero, dove a causa della situazione politica la convivenza pacifica di monaci franchi e monaci longobardi era in pericolo. Sembra che in seguito alle dimissioni di Autperto (avvenute alla fine del 778) l'influsso longobardo sia aumentato. Sui tre anni seguenti in cui l'abate Hayrirado diresse il cenobio vulturnense non sappiamo nulla.

Con l'elezione di Potone (avvenuta il 5 novembre 782) cominciarono i contrasti con il potere franco. Potone dirigeva il monastero appena da un anno, quando fu deposto da Carlo a causa di *infidelitas* (tra il 30 aprile e il mese di ottobre del 783). Il papa Adriano I si impegnò invano per una reimmissione dell'abate nella sua carica. Nell'anno successivo il papa, dopo aver esaminato il caso in presenza di delegati regi e dopo aver assolto Potone dalle accuse, pregò di nuovo il re di restituire a Potone la carica abbaziale.

Nel frattempo, l'ex-abate Autperto era deceduto (30 gennaio 784). Sembra che nemmeno in seguito al giudizio papale e alla morte di Autperto Carlo abbia rimesso Potone in carica, il che dimostrerebbe la diffidenza di Carlo nei confronti di Potone. Però su questo punto le fonti tacciono. Se fosse attendibile una notizia del cosiddetto Frammento Sabatini del *Chronicon Vulturnense*, come riteneva il Bertolini, Potone si sarebbe dimesso il 20 aprile 785 («desiit autem a regimine») e sarebbe morto due giorni dopo («obiit vero confestim»)[71].

Sulle circostanze della elezione del successore di Potone, cioè dell'abate Paolo, non è noto nulla. Paolo fu presente davanti al re il 24 marzo 787 a Capua, cioè pochi giorni dopo la soggezione di Arechi[72]. Nel maggio dello stesso anno i *missi* regi Risone e Agilberto effettuarono «per iussionem domni regis» un'inchiesta relativa ad un possedimento vulturnense[73] e probabilmente allo stesso anno (787) risale un mandato regio a favore di S. Vincenzo[74]. In

---

disiert» erscheinen können (ein «Hariolf» als «Ariolfus» — ein «Ratgisus» als «Ratchis» usw.). Lediglich der hohe Anteil nicht-germanischer Namen spricht für ein deutliches Überwiegen des romanischen Elements».

[71] FEDERICI, *Ricerche* (cit. sopra alla nota 22) p. 100; BERTOLINI, *Carlomagno* (cit. sopra alla nota 4) p. 629 con nota 110.

[72] MGH DKar. 157; cfr. BERTOLINI, *Carlomagno* (cit. sopra alla nota 4) p. 634 con nota 129.

[73] *Chronicon Vulturnense I* (cit. sopra alla nota 19) p. 204s.; J.F. BÖHMER, *Regesta Imperii, I: Die Regesten des Kaiserreichs unter den Karolingern 751-918*. Neu bearb. v. E. MÜHLBACHER, 2. Aufl., Bd. I. Nach Mühlbachers Tode vollendet v. J. LECHNER, Innsbruck 1908 (in seguito citato abbreviato: BM² con il relativo nr. del regesto), 291.

[74] MGH DKar. 159.

quest'ultimo diploma inserito più tardi nel diploma di Ludovico il Pio del 1°
aprile 831 è menzionato un atto di donazione da parte del re longobardo Desiderio, successivamente confermato da Carlo Magno[75].

Anche sul successore di Paolo, cioè l'abate Giosuè (792/3 - 817) non si
sa molto: il racconto sulla «Vita et obitus domni Iosue venerandi abbatis» inserito nella cronaca del monaco Giovanni è del tutto inattendibile[76]. Sicuro è
che l'abbazia ricevette nell'816 (maggio 10) un diploma da Ludovico il Pio[77].

Comunque sia, con il privilegio di immunità concesso nel 787 da Carlo
Magno all'abbazia di S. Vincenzo, si era conclusa l'epoca longobarda; era
cominciata per il cenobio vulturnense l'epoca carolingia che trovò la sua tragica

---

[75] *Chronicon Vulturnense I* (cit. sopra alla nota 19) p. 289s.; BM² 887.

[76] *Chronicon Vulturnense I* (cit. sopra alla nota 19) pp. 218ss. Secondo la *Vita* Giosuè sarebbe
stato cognato dell'imperatore Ludovico il Pio, cioè fratello di sua moglie Ermengarda; Giosuè
sarebbe cresciuto e stato educato alla corte franca. Già il FEDERICI annotava (ivi p. 219 nota 1):
«Queste notizie biografiche di Giosuè non sono confermate da altre fonti; esse hanno singolare
analogia con quelle della vita di Autperto, p. 177sgg.». Non c'è nessuna notizia storica comprovante
che Ermengarda, prima moglie di Ludovico il Pio, deceduta nell'818, era sorella di Giosuè; anzi,
una tale ipotesi è da escludere in quanto siamo ben informati sulla famiglia e sui parenti di Ermengarda (cfr. *Jahrbücher des Fränkischen Reichs unter Ludwig dem Frommen*, v. B. SIMSON, Bd. I:
814-830, Leipzig 1874, p. 137s.). Per attendibili sono state prese queste notizie biografiche della
Vita da G. PENCO, *Storia del monachesimo in Italia*. Vol. 1: *Dalle origini alla fine del medioevo*,
Roma 1961 (Tempi e figue, 2a ser., 31), p. 165, e in parte anche da M. DEL TREPPO, *La vita
economia e sociale in una grande abbazia del Mezzogiorno: San Vincenz al Volturno nell'alto medioevo*,
in «Archivio Storico per le province napoletane», 35 (1955), pp. 31-110, particolarmente p. 32
(ristampato separatamente: ID., «*Terra Sancti Vincencii*». *L'abbazia di S. Vincenzo al Volturno nel-
l'alto medioevo*, Napoli 1968, p. 4), e da J. SEMMLER, *Karl der Grosse* (cit. sopra alla nota 11)
p. 275s. — Dopo che Giosuè era diventato abate a S. Vincenzo, così la stessa *Vita*, l'imperatore
Ludovico il Pio si sarebbe recato, insieme con sua moglie «eiusdem felicissimi abbatis Iosue germana
sorore» (*Chronicon Vulturnense* I, p. 221), nell'abbazia vulturnense per assistere alla consacrazione
della nuova chiesa effettuata nell'808 (!) dal papa Pasquale I (817-824). L'abate Giosuè, deceduto
il 4 maggio 817 (*Chronicon Vulturnense* I, p. 287), secondo la menzionata *Vita* avrebbe partecipato
al sinodo di Aquisgrana apertosi nel luglio dell'817! (cfr. P. SCHMITZ, *L'influence de S. Benoit
d'Aniane dans l'histoire de l'ordre de Saint-Benoit*, in: *Il Monachesimo nell'alto medioevo e la formazione della civiltà occidentale*, Spoleto 1957, pp. 401-415, particolarmente p. 415). Per le falsificazioni di carte inserite nel *Chronicon Vulturnense* cfr. C. BRÜHL, *Studien zu den langobardischen
Königsurkunden*, Tübingen 1970 (Bibliothek des Deutschen Historischen Instituts in Rom 33), pp.
173-183. — Non è sostenibile la supposizione di Jean MABILLON (*Annales*, cit. sopra alla nota 46,
p. 396) riproposta da Josef SEMMLER (*Karl der Grosse*, cit. sopra alla nota 11, p. 276) secondo
cui il «Ioseb frater noster» menzionato nella lettera dell'abate cassinese Teodemaro a Carlo Magno
(*Corpus Consuetudinum Monasticarum* I, cit. sotto alla nota 102, p. 173s.) sia identico all'abate
vulturnense Giosuè (v. DEL TREPPO, *La vita economica* cit. p. 33 nota 1; ristampa, cit. p. 5 nota
1). K. HALLINGER (Corpus Consuetudinum Monasticarum I, cit. sotto alla nota 102, p. 150s.)
aveva proposto di identificare quell'*Ioseb* con «Iosephus abbas genere Scottus», un irlandese, allievo
di Alkuino. Del tutto infondata è la supposizione di Semmler (loc. cit.) secondo cui Carlo Magno
avesse nominato l'abate vulturnense Giosuè come abate a Montecassino.

[77] *Chronicon Vulturnense I* (cit. sopra alla nota 19) pp. 223-225; BM² 616.

fine nella distruzione dell'abbazia da parte dei Saraceni avvenuta il 10 ottobre 881[78].

Come l'abbazia di S. Vincenzo al Volturno anche il cenobio cassinese ricevette il primo diploma carolingio nel 787, pochi giorni dopo la visita di Carlo Magno[79]. Il monastero di San Benedetto godeva di un particolare prestigio presso Anglosassoni e Franchi: il monaco inglese Villibaldo si fermò quasi un intero decennio (dal 730 fino al 739) a Montecassino dove, se dobbiamo credere alle parole della *Vita Willibaldi*, non aveva trovato «nisi paucos monachos et abbate(m) nomine Petronacem»[80]. Successivamente, forse non senza intervento del papa Gregorio III, San Bonifacio chiamò Villibaldo per collaborare alla cristianizzazione della Germania[81]. L'intensità dei rapporti che intercorrevano tra il monastero cassinese e Bonifacio e i suoi collaboratori viene messa in evidenza anche dal fatto che il bavarese Sturmi, allievo di Bonifacio e futuro abate di Fulda, si fermò negli anni 747/48 con due compagni per circa un anno a Montecassino[82].

Qui incontrò probabilmente Carlomanno, zio di Carlo Magno, che «reduce da Roma e dal Soratte» nel 747 si era ritirato nel cenobio cassinese[83]. In considerazione della «rispettiva posizione del papato, dei Franchi e dei Longobardi in quegli anni», il Falco avanzò «l'ipotesi che a suggerire quel trasferimento avesse contribuito, oltre la devozione del monaco ed il fastidio per l'eccessiva ressa dei connazionali che frequentavano il Soratte, anche qualche considerazione politica, che cioè Carlomanno doveva essere, nell'intenzione di Pipino e di Zaccaria, un'avanguardia franca nel territorio beneventano»[84]. Ma oltre l'ex-re franco Carlomanno Montecassino accolse dentro le sue mura anche un ex-re longobardo, cioè Rachi, caratterizzato dal Falco come «troppo romano per i Longobardi, troppo longobardo per il papato»[85].

---

[78] Cfr. *Una grande abbazia altomedievale nel Molise: San Vincenzo al Volturno.* Atti del I Convegno di studi sul Medioevo meridionale (Venafro - S. Vincenzo al Volturno, 19-22 maggio 1982), a cura di F. AVAGLIANO, Montecassino 1985 (Miscellanea Cassinese 51).

[79] MGH DKar. 158; v. sopra p. 18.

[80] *Vita Willibaldi episcopi Eichstetensis*, ed. O. HOLDER-EGGER, MGH SS XV, 1, p. 102; cfr. FALCO (cit. sopra alla nota 9) p. 179; K.H. KRÜGER, *Königskonversionen im 8. Jahrhundert*, in «Frühmittelalterliche Studien», 7 (1973), pp. 169-222, particolarmente p. 222.

[81] Cfr. FALCO (cit. sopra alla nota 9) p. 179; KRÜGER (cit. sopra alla nota 80) p. 222.

[82] P. ENGELBERT, *Die Vita Sturmi des Eigil von Fulda. Literar-historische Untersuchung und Edition*, Marburg 1968 (Veröffentlichungen der Historischen Kommission für Hessen und Waldeck 29), p. 145s. (senza menzione di Montecassino); *Supplex Libellus*, ed. J. SEMMLER, in: Corpus Consuetudinum Monasticarum I (cit. sotto alla nota 102) p. 324; *Vita Leobae abbatissae Biscofesheimensis auctore Rudolfo Fuldensi*, ed. G. WAITZ, MGH SS XV, 1, p. 125; cfr. KRÜGER (cit. sopra alla nota 80) p. 199 con nota 146 e p. 222.

[83] FALCO (cit. sopra alla nota 9) p. 181; cfr. KRÜGER (cit. sopra alla nota 80) pp. 183ss.

[84] FALCO (cit. sopra alla nota 9) p. 181.

[85] *Ibidem*; cfr. M.P. ANDREOLLI, *Una pagina di storia longobarda 'Re Ratchis'*, in «Nuova Rivista Storica», 50 (1966), pp. 281-327; KRÜGER (cit. sopra alla nota 80) pp. 212-217.

Nel 751 Bonifacio chiese all'abate cassinese Optato un affratellamento liturgico, servendosi probabilmente di Lul, il suo futuro successore sulla cattedra arcivescovile di Magonza[86]. Bonifacio richiedeva dalla comunità cassinese la comune preghiera per i vivi e delle preghiere e messe per i defunti, sollecitando di inviare «inter nos» i nomi dei cassinesi defunti per poter ricambiare il servizio liturgico. Edmund E. Stengel, accogliendo la lettera di Bonifacio a Optato nell'«Urkundenbuch des Klosters Fulda», ha supposto che con le parole «inter nos» si faccia riferimento all'abbazia fuldense, anche se il nome di quel monastero non appare nel testo della lettera. Secondo lo stesso Stengel, per un affratellamento liturgico istituito da Bonifacio con Montecassino non è pensabile un altro contraente che l'abbazia di Fulda, anche perché l'abate fuldense Sturmi era stato, pochi anni prima, nel cenobio cassinese[87]. Però dal testo della lettera non risulta neppure chiaramente se si trattasse di un affratellamento tra due comunità monastiche. È sfuggito, del resto, allo Stengel che Bonifacio chiede soltanto l'affratellamento liturgico con Montecassino e che non risulta se esso sia stato veramente realizzato. Rimane il fatto che Bonifacio si rivolse all'abbazia di San Benedetto per essere incluso nella commemorazione liturgica del prestigioso cenobio cassinese.

In questi anni, cioè intorno alla metà dell'VIII secolo, non si può ancora constatare nessun particolare orientamento politico di Montecassino a favore dei Franchi[88]. L'abbazia cassinese sembra aver tentato di svolgere un ruolo di mediatore tra gli interessi del papato, dei Franchi e dei Longobardi: il papa affidò all'abate Optato e ad alcuni monaci cassinesi diverse missioni politiche nel regno franco (750/51)[89] e presso il re longobardo Astolfo (752)[90]. Come un tentativo di una politica «autonoma» intrapresa in questo periodo storico dal cenobio cassinese si potrebbe interpretare anche l'azione di Carlomanno che nel 754, con il consenso dell'abate Optato, si recò in Francia insieme con altri confratelli cassinesi per persuadere Pipino a non muovere guerra contro Astolfo[91]. La missione fallì e Carlomanno e i monaci cassinesi che l'avevano accompagnato furono imprigionati da Pipino che, solo tre anni dopo (757), su

---

[86] E.E. Stengel, *Urkundenbuch des Klosters Fulda*, Bd. I, Marburg 1913 (Veröffentlichungen der Historischen Kommission für Hessen und Waldeck 10, 1), nr. 12 p. 18s.

[87] Ivi p. 18.

[88] Cfr. Falco (cit. sopra alla nota 9) p. 182.

[89] MGH Epp. III, p. 467; cfr. G. Tangl, *Die Sendung des ehemaligen Hausmeiers Karlmann in das Frankenreich im Jahre 754 und der Konflikt der Brüder*, in «QFIAB», 40 (1962), pp. 1-42, particolarmente p. 5 e pp. 28ss.; H. Hoffmann, *Die älteren Abtslisten von Montecassino*, in «QFIAB», 47 (1967), pp. 224-354, particolarmente pp. 338ss.

[90] *Le Liber Pontificalis. Texte introduction et commentaire* par L. Duchesne, tom. I, Paris 1886, p. 441s.; cfr. Falco (cit. sopra alla nota 9) p. 183.

[91] Cod. Carolinus nr. 11, MGH Epp. III, p. 507; cfr. Tangl (cit. sopra alla nota 89) p. 16ss.

intervento del papa Stefano, fece ritornare i Cassinesi in patria[92]. Nel 756 anche l'ex-re longobardo Rachi lasciò il monastero cassinese per recarsi a Pavia dove venne accolto dai suoi fedeli, un evento che fu interpretato nel senso che «né Pipino né Stefano erano in grado di far sentire la loro volontà a Montecassino»[93].

Che la posizione politica del cenobio cassinese non fosse cambiata negli anni successivi sembra dimostrato dal fatto che Adalardo di Corbeia, cugino di Carlo Magno, caduto in disgrazia presso il re dopo aver disapprovato il ripudio della sua prima moglie, si rifugiò verso il 772 nell'abbazia di San Benedetto[94].

Tuttavia i molteplici contatti tra Montecassino e i Franchi spinsero la comunità cassinese a prendere una posizione favorevole al re franco, particolarmente dopo la definitiva sconfitta di Desiderio nel 774. In questo senso è probabilmente anche da interpretare l'elezione di Teodemaro, monaco cassinese di probabile origine franca (precisamente frisone), ad abate di Montecassino, elezione avvenuta secondo le acute ricerche di Hartmut Hoffmann nel 777/78[95].

Un indizio per un «nuovo orientamento politico» di Montecassino in favore dei Franchi è la donazione che ricevette il monastero nel 782 da parte di Ildeprando, duca di Spoleto, che abbiamo già avuto modo di conoscere come esponente dell'influsso franco-carolingio nelle contemporanee vicende vulturnensi. Ildeprando donò «pro mercede piissimi dominorum nostrorum regum, iterum et pro nostra» dei beni sparsi nel ducato di Spoleto, alcuni dei quali erano stati confiscati a un certo Agemundo «pro sua infidelitate»[96]. Una presa di posizione di Montecassino favorevole a Carlo Magno si rispecchia forse anche nella lettera che inviò Paolo Diacono, probabilmente all'inizio del 783, dalle rive della Mosella all'abate Teodemaro ricordandogli le preghiere «pro nostris dominis eorumque exercitu»[97].

È significativo per il prestigio di cui godeva l'abbazia di San Benedetto presso i Franchi che Carlo Magno nel 787, prima di recarsi a Capua per sotto-

---

[92] Cod. Carolinus nr. 11, MGH Epp. III, pp. 504ss.; cfr. TANGL (cit. sopra alla nota 89) p. 20s.

[93] FALCO (cit. sopra alla nota 9) p. 183.

[94] *Ex vitis Adalhardi et Walae abbatum Corbeiensium*, MGH SS II, p. 525; cfr. FALCO (cit. sopra alla nota 9) p. 184; per Adalardo cfr. J. FLECKENSTEIN, *Adalhard*, in: Lexikon des Mittelalters, vol. 1, München-Zürich 1977-80, col. 105.

[95] HOFFMANN, *Abtslisten* (cit. sopra alla nota 89) p. 249.

[96] E. GATTOLA, *Ad historiam abbatiae Cassinensis accessiones*, Venetiis 1734, p. 18; cfr. FALCO (cit. sopra alla nota 9) p. 208ss.

[97] MGH Epp. IV, Karolini aevi II, ed. E. DÜMMLER, Berolini 1895, p. 507; K. NEFF, *Die Gedichte des Paulus Diaconus. Kritische und erklärende Ausgabe*, München 1909 (Quellen und Untersuchungen zur lateinischen Philologie des Mittelalters III, 4), p. 73.

mettere Arechi, fosse salito «orationis causa» sul monte cassinese[98]. Pochi giorni dopo (nel frattempo Arechi aveva riconosciuto l'alta sovranità franca) il re franco confermò a Montecassino i suoi possedimenti, l'immunità e il diritto della libera elezione dell'abate[99].

Il ruolo che svolse Montecassino in quel periodo storico chiamato di solito carolingio, è stato descritto più di mezzo secolo or sono da Giorgio Falco con parole che mi sembrano sostanzialmente ancora valide: «Sotto l'influsso di Carlo» Montecassino «non è più soltanto la pura fonte della religione benedettina, la depositaria della Regola, a cui accorrono i devoti d'ogni parte del mondo cristiano, essa diventa, anche materialmente, un centro di lontana propagazione monastica. Non è improbabile che qui, come in molti altri casi, interesse religioso e interesse politico si fondano, che i monaci inviati in Francia e in Germania, siano in certo modo come ostaggi, garanti della fedeltà del lontano chiostro beneventano, e nello stesso tempo un tramite pel quale poteva essere mantenuta l'influenza franca. Fatto sì è che, sulle orme di Paolo Diacono e dietro richiesta del re, più di una volta le Alpi furono valicate dai Cassinesi, e furono inviate a Carlo una copia della Regola, le misure del pane e del vino, e furono minutamente descritte per suo uso le consuetudini del chiostro»[100].

Il Falco si richiama alla lettera scritta da Teodemaro «per mano di Paolo (scil. Diacono)» a Carlo. Sull'autenticità di questa lettera si è aperta una lunga discussione tra gli studiosi da quando, nel 1938, don Jacques Winandy pubblicò una riscoperta lettera di Teodemaro a un «vir gloriosus» Teoderico, identificato poi con l'omonimo conte franco, imparentato con Carlo Magno e vicino a Benedetto di Aniane[101]. Siccome nelle due lettere si trovano delle differenze relative all'interpretazione della regola di S. Benedetto e delle consuetudini cassinesi, il Winandy riteneva che una delle lettere attribuite a Teodemaro non fosse autentica. Convinto dell'anteriorità cronologica della lettera a Teoderico, il Winandy sosteneva che quella diretta a Carlo era un falso; come motivo della falsificazione indicò una protesta cassinese contro i capitolari monastici emanati nell'817 ad Aquisgrana da Ludovico il Pio sotto l'influsso di Benedetto di Aniane[102].

---

[98] Come sopra nota 5.

[99] Come sopra nota 8.

[100] FALCO (cit. sopra alla nota 9) p. 195.

[101] J. WINANDY, *Un témoignage oublié sur les anciens usages cassiniens*, in «Revue Bénédictine», 50 (1938), pp. 254-292.

[102] Le due lettere sono state edite in: *Initia consuetudinis benedictinae. Consuetudines saeculi octavi et noni*, a cura di K. HALLINGER, Sieburg 1963 (Corpus Consuetudinum Monasticarum I), nr. 8: «Theodomari abbatis Casinensis epistula ad Theodoricum gloriosum (778-797)», edd. J. WINANDY e K. HALLINGER (pp. 125-136), nr. 9: «Theodomari abbatis Casinensis epistula ad Karolum regem (saec. IX.in.)», edd. K. HALLINGER e M. WEGENER (pp. 137-175).

La tesi del Winandy fu accettata dalla maggior parte degli studiosi[103], benché don Tommaso Leccisotti, che però non poté trattare la questione fino in fondo, avesse espresso nel 1956 forti dubbi a questo proposito[104]. Nel 1971 il problema fu affrontato in modo dettagliato da don Jean Neufville: egli ha ritenuto autentiche ambedue le lettere, giustificando le incongruenze nel contenuto con la tesi che la lettera a Teoderico era stata redatta personalmente da Teodemaro, rispecchiando dunque la sua interpretazione della regola e delle consuetudini, mentre la lettera a Carlo era stata non soltanto scritta ma anche redatta personalmente da Paolo Diacono per cui evidenzia una posizione più carolingia e meno cassinese[105]. Il problema sembrava risolto.

Recentemente, però, l'autenticità della lettera a Teoderico è stata messa in dubbio da Hartmut Hoffmann con argomenti non facilmente confutabili[106]. La questione della autenticità delle due lettere rimane dunque aperta. Prescindendo da ciò rimane il fatto che il re franco scelse come punto di riferimento per la riforma monastica propagata da lui l'abbazia di S. Benedetto e che si fece mandare da Montecassino una copia della regola «de ipso codice, quem ille (scil. S. Benedictus) suis sanctis manibus exaravit»[107].

Dopo la morte di Teodemaro, avvenuta nel 796, fu eletto ad abate cassi-

---

[103] Cfr. NEUFVILLE (cit. sotto alla nota 105) p. 297.

[104] T. LECCISOTTI, *A proposito di antiche Consuetudini Cassinesi*, in «Benedictina», 10 (1956), pp. 329-338, particolarmente pp. 335ss.

[105] J. NEUFVILLE, *L'authenticité de l'«Epistula ad regem Karolum de monasterio sancti Benedicti directa et a Paulo dictata»*, in «Studia Monastica», 13 (1971), pp. 295-309.

[106] H. HOFFMANN, *Zur Geschichte Montecassinos im 11. und 12. Jahrhundert*, in: H. DORMEIER, *Montecassino und die Laien im 11. und 12. Jahrhundert*, Stuttgart 1979 (Schriften der MGH 27), pp. 1-20, particolarmente p. 3 nota 10. Gli argomenti dello Hoffmann sono: 1) la menzione del monastero di S. Salvatore come «maius monasterium» presuppone la costruzione del cenobio sotto Gisulfo ed è dunque incompatibile con l'autore Teodemaro; 2) nella lettera è riferito che tutti i monaci cassinesi facevano lavori manuali «quia servis caremus»; è, però, attestato nelle fonti storiche (*Chronicon S. Benedicti Casinensis* ed. G. WAITZ, MGH SS rer. Lang. et ital., Hannover 1878, p. 480; *Chronicon monasterii Casinensis*, cit. sopra alla nota 5, I 10, pp. 39-41, I 14, pp. 49-51) che l'abbazia cassinese disponeva già nella seconda metà del sec. VIII di numerosi *servi* che eseguivano questi lavori; 3) la lettera dimostra coincidenze non soltanto con la redazione più antica dell'*Ordo Casinensis II* (ed. T. LECCISOTTI, in: Corpus Consuetudinum Monasticarum I, cit. sopra alla nota 102, pp. 105-123), ma anche con la redazione più recente dovuta all'abate Bertario (856-883). Una dipendenza della redazione dell'*Ordo* dovuta a Bertario dalla lettera la quale è meglio stilizzata («sehr viel besser stilisiert»), è da escludere. Dall'altra parte una relazione diretta tra i due testi è soltanto da rifiutare se si volesse supporre l'esistenza di una redazione intermedia perduta, da cui derivano sia la lettera a Teoderico sia la redazione bertariana dell'*Ordo Casinensis II*. Tale ipotesi è, secondo lo Hoffmann, troppo ardita e non potrebbe eliminare le incongruenze interne contenute nella lettera. — Cfr. recentemente A.O. CITARELLA — H.M. WILLARD, *The Ninth-Century Treasure of Monte Cassino in the Context of Political and Economic Developments in South Italy*, Montecassino 1983 (Miscellanea Cassinese 50), p. 107s. nota 185: «... The best opinion, however, is that at base the letter is genuine, though with later conflations...».

[107] *Theodomari epistula ad Karolum regem* (cit. sopra alla nota 102) p. 159.

nese Gisulfo appartenente alla famigia dei duchi di Benevento. L'elezione di un Beneventano come successore del franco (frisone) Teodemaro è stata interpretata come «un mutamento nell'indirizzo, nel tono della vita cassinese»[108]. Ricordiamo che negli ultimi anni del regime abbaziale di Teodemaro la situazione politica nel Beneventano era mutata: Grimoaldo III che finora (dal 788 fino al 791) aveva riconosciuto la sovranità di Carlo, si ribellò nel 791 contro la supremazia franca e condusse fino alla sua morte (avvenuta nell'806) una politica indipendente, che fu continuata dal suo successore Grimoaldo IV (806-817) fino all'812, quando fu stabilita di nuovo una subordinazione del ducato beneventano al regno franco[109]. Tuttavia la pace dell'812 ebbe soltanto «scarsi risultati pratici per l'avvenire»[110] e i duchi beneventani continuarono una politica «indipendente» tra l'Impero d'Occidente, il Papato e l'Impero d'Oriente. Sotto l'abate Gisulfo, Montecassino aumentò notevolmente la sua potenza economica[111].

La ricchezza raggiunta dal monastero sotto l'abate beneventano attrasse nel periodo successivo, cioè dalla morte di Gisulfo (avvenuta il 24 dicembre 817) fino alla distruzione del cenobio da parte dei Saraceni (avvenuta nell'ottobre dell'833), le mire dei potenti e in particolare dei vicini duchi beneventani, come per esempio di Sicardo di cui Erchemperto nella sua *Historia Langobardorum* riferisce che egli «pro amore pecuniae» depose ed incarcerò, verso la fine dell'834 l'abate cassinese Deusdedit, il quale morì in prigione[112].

L'abbazia cassinese richiese la protezione dei Carolingi: nell'835 una delegazione cassinese raggiunse a Pavia l'imperatore Lotario e ricevette da lui la conferma del privilegio rilasciato da Carlo Magno e una donazione (21 febbraio 835)[113]. La protezione imperiale non fu, però, molto efficace. I Carolingi non riuscirono a controllare effettivamente l'Italia centro-meridionale e la posizione del cenobio cassinese divenne, nella movimentata situazione politica in cui si trovava il Mezzogiorno intorno alla metà del IX secolo, sempre più precaria. Accenniamo soltanto alle numerose ruberie compiute nell'843/44 da Siconolfo a danno del tesoro cassinese, per menzionare un caso clamoroso[114].

---

[108] FALCO (cit. sopra alla nota 9) p. 201.

[109] Cfr. BERTOLINI, *Carlomagno* (cit. sopra alla nota 4) pp. 655-670.

[110] FALCO (cit. sopra alla nota 9) p. 193.

[111] Cfr. ivi pp. 206-216.

[112] *Erchemperti historia Langobardorum Beneventanorum*, ed. G. WAITZ, MGH SS rer. Lang., c. 13 p. 239.

[113] MGH Diplomatum Karolinorum tom. III: *Lotharii I. et Lotharii II. diplomata*, ed. T. SCHIEFFER, Berlin-Zürich 1966, DLoI 24 pp. 96-98; il diploma DLoI 140 pp. 312-315 è un falso ad opera di Pietro Diacono.

[114] *Chronica monasterii Casinensis* (cit. sopra alla nota 5) I 26 pp. 74ss.; cfr. recentemente CITARELLA-WILLARD (cit. sopra alla nota 106) pp. 83ss.

Intanto aumentò la minaccia saracena e gli abati di Montecassino e di S. Vincenzo al Volturno, Bassacio e Giacomo, sollecitati «a primoribus patriae» si recarono nell'852 in Francia per chiedere aiuto all'imperatore Lotario[115]. Comunque, le spedizioni di Ludovico II contro i Saraceni (847, 848, 852, 860, 866-871) ebbero soltanto una efficacia temporanea[116]. Il fallimento della politica imperiale nel Mezzogiorno fu dimostrato clamorosamente nell'871, quando il duca beneventano Adelchi II prese come ostaggio l'imperatore, sua moglie e sua figlia[117].

La politica imperiale di ricuperare l'Italia centro-meridionale all'Impero franco-germanico trovò l'appoggio cassinese. L'abate Bertario nell'860 è attestato al seguito di Ludovico II[118]. Sono noti i soggiorni di Lotario II nell'866 e nell'869 a Montecassino[119] e si sa pure che nel marzo dell'874 Ludovico II rilasciò un diploma a favore del monastero[120]. Però, sotto l'abate Bertario è anche da constatare un orientamento politico dell'abbazia cassinese verso Capua[121]. Comunque, al momento dell'attacco dei Saraceni nell'833, il cenobio di San Benedetto si trovava isolato ed i Saraceni poterono senza alcuna difficoltà distruggere Montecassino[122].

Sulla vita interna della comunità monastica cassinese in questo periodo storico sappiamo poco. La notizia riportata nel *Chronicon Casinense* secondo cui i capitolari relativi alla riforma monastica rilasciati nell'817 ad Aquisgrana furono osservati anche a Montecassino è probabilmene dovuta ad una interpolazione di Pietro Diacono[123]. Però siccome nel Codice Cassinese 175 della prima metà del sec. X in cui sono contenute le antiche consuetudini cassinesi[124], si trova anche una copia dei decreti aquisgranensi, don Tommaso Leccisotti riteneva che «prescindendo anche dalla loro reale osservanza, è innegabile che essi

---

[115] *Erchemperti historia* (cit. sopra alla nota 112) p. 242.

[116] Cfr. G. MUSCA, *L'emirato di Bari 847-871*, Bari 1964, 2. ed. 1978, pp. 147ss.

[117] Cfr. recentemente C. RUSSO MAILLER, *La politica meridionale di Ludovico II e il «Rhytmus de captivitate Ludovici imperatoris»*, in «Quaderni medievali», 14 (dicembre 1982), pp. 6-27.

[118] *Chronica S. Benedicti Casinensis*, ed. G. WAITZ, MGH SS rer. Lang., c. 13 p. 475.

[119] *Chronica monasterii Casinensis* (cit. sopra alla nota 5) I 36 p. 99; *Annales Bertiniani*, ed. G. WAITZ, Hannover 1883 (MGH SS rer. Germ. in usum scholarum), p. 99.

[120] BM² 1262; gli altri due diplomi rilasciati da Ludovico II a favore di Montecassino (BM² 1237 e 1238, 867 febbr. 21) sono falsi: v. HOFFMANN, *Abtslisten* (cit. sopra alla nota 89) p. 258 nota 112.

[121] Cfr. FALCO (cit. sopra alla nota 9) pp. 233ss.

[122] *Chronica monasterii Casinensis* (cit. sopra alla nota 5) I 44 p. 114.

[123] Ivi I 16 p. 56; cfr. LECCISOTTI, *A proposito* (cit. sopra alla nota 104) p. 331 nota 11; SCHMITZ (cit. sopra alla nota 76) p. 415.

[124] Cfr. *Bibliotheca Casinensis IV*, Montecassino 1890, pp. 17-34; M. INGUANEZ, *Codicum Casinensium Catalogus*, I, pars II, Montecassino 1923, pp. 258-260; E.A. LOWE, *Scriptura Beneventana*, Oxford 1929, I, p. XXXIX; LECCISOTTI, *A proposito* (cit. sopra alla nota 104) pp. 335-338.

venivano considerati (a Montecassino) come parte ufficiale della legislazione e tradizione monastica» [125].

Cerchiamo alla fine riassumendo i risultati della nostra ricerca di rispondere alle domande che ci siamo poste all'inizio, cioè: «Quali erano i rapporti di S. Vincenzo al Volturno e di Montecassino con i Carolingi?» e: «Quale importanza aveva l'influsso franco all'interno dei due monasteri?«.

Per non correre il rischio di osservare il monachesimo meridionale isolato dalla situazione monastica nel resto d'Italia conviene includere nelle nostre considerazioni il monastero di Farfa, perché confrontando le vicende vulturnensi e cassinesi con quelle farfensi ci risultano più chiare le peculiarità dei rapporti di ognuno di questi due cenobi con i Carolingi.

È significativo che i diplomi carolingi furono rilasciati a questi tre cenobi dopo che la situazione politica si era stabilizzata in favore dei Franchi: i diplomi per Farfa furono emanati il 24 maggio e il 29 maggio 775 [126], dunque dopo la definitiva sconfitta di Desiderio; i diplomi per S. Vincenzo al Volturno e per Montecassino risalgono rispettivamene al 24 marzo e al 28 marzo 787, cioè immediatamente dopo la sottomissione di Arechi. Le tre grandi abbazie dell'Italia centrale e meridionale furono considerate, dunque, come garanti della stabilità del regno carolingio.

L'intensità dei rapporti di questi cenobi con i Carolingi sarà, però, successivamente diversa. L'abbazia di Farfa fu particolarmente vicina al potere franco nell'ultimo quarto dell'VIII secolo: infatti, a partire dal 776 ricevette numerose donazioni da parte del duca Ildeprando di Spoleto e sotto i tre abati franchi *Ragombaldus presbiter in Gallia civitate ortus* (781-786), *Altbertus Parisius civitate exortus* (786-790) e *Mauroaldus natione Francus Wormatia oriundus civitate* (790-802) arrivò a un primo culmine della sua potenza economica [127]. Successivamente, dopo l'816, è da costatare un sensibile calo delle donazioni [128].

La posizione di S. Vincenzo al Volturno in questo periodo, cioè sotto l'abate Giosuè (792/3 - 817) rimane oscura. Meglio informati siamo per Montecassino: nei primi anni dopo il rilascio del privilegio di Carlo Magno i rapporti con la corte carolingia rimasero stretti. Però, successivamente, sotto l'abate Gisulfo, imparentato con i duchi di Benevento, si nota un distacco, ed il culmine della potenza economica viene raggiunto dall'abbazia cassinese grazie all'appoggio beneventano e non a quello franco. Quando poi, nel corso del IX secolo, a causa della tormentata situazione politica nell'Italia meridionale la

---

[125] Leccisotti, *A proposito* (cit. sopra alla nota 104) p. 331 nota 11.
[126] MGH DKar. 98 e 99.
[127] Per quest'epoca della storia farfense cfr. recentemente Felten (cit. sopra alla nota 15) pp. 10ss. con ulteriori indicazioni bibliografiche.
[128] Ivi p. 23.

posizione di S. Vincenzo e di Montecassino divenne sempre più precaria, è da costatare un avvicinamento ai Carolingi per ottenere la loro protezione. La presenza franca nel Mezzogiorno fu però troppo scarsa per essere effettiva e non poteva, alla fine, impedire la distruzione delle due grandi abbazie da parte dei Saraceni.

Per quanto riguarda l'influsso franco all'interno dei monasteri, conviene anche qui dare uno sguardo alla situazione farfense. L'abbazia di Farfa era stata diretta dal 716 fino al 769 esclusivamente da abati provenienti dalla Francia, gli ultimi tre dall'Aquitania. Quando verso il 769 l'abate Alano designò come il suo futuro successore Guiberto, un vescovo anglosassone che si era fermato nel monastero, il convento si ribellò e si rivolse al re longobardo Desiderio che lo depose. Al posto del vescovo anglosassone i monaci farfensi elessero *Probatus Sabiniensi provincia natus*[129]. È interessante osservare che era lui a ricevere nel 775 i privilegi carolingi e sin dal 776 le donazioni da parte del duca spoletino Ildeprando. Ciò dimostra, a mio avviso, che il fatto della provenienza etnica dell'abate non è necessariamente determinante per l'orientamento politico. Per l'abate deve stare al primo posto — almeno in teoria — il bene della comunità da lui guidata. Perciò l'abate Probato inviò dopo la sconfitta di Desiderio una delegazione farfense in Francia per assicurarsi la protezione di Carlo come nuovo *rex Langobardorum*.

Diversa era la situazione a S. Vincenzo al Volturno dove, anche dopo il 774, rimase forte l'influsso longobardo-beneventano. L'abate franco Ambrogio Autperto eletto nel 777, si dimise alla fine dell'anno successivo. Il suo successore, Potone, che era ovviamente poco favorevole all'influsso franco-carolingio, fu deposto nel 783 da Carlo a causa della sua *infidelitas*. È però significativo che anche lui si rivolse al re franco riconoscendo così l'autorità di Carlo. Anche la comunità monastica vulturnense si rivolse dopo il giudizio papale del 784 direttamene al re per ottenere la restituzione della carica abbaziale a Potone. Certamente non è senza significato che erano monaci franchi e monaci longobardi che si rivolsero al re. Però ciò non significa che non esistevano precedentemente tensioni tra Franchi e Longobardi nel cenobio di S. Vincenzo. Dell'abate vulturnense Paolo, che ricevette nel 787 il diploma carolingio, la provenienza etnica non è nota, ed essa non mi sembra neanche importante in quanto egli riconobbe l'autorità carolingia.

Una tradizione del tutto particolare ha l'influsso franco-carolingio a Montecassino perché l'abbazia di San Benedetto, la cui regola fu propagata dai Carolingi nell'interesse dell'unità politica del loro impero, godeva già da tempo di un grande prestigio presso i Franchi. Ai rapporti tra i Franchi e Montecassino abbiamo già precedentemente accennato. Perciò non desta meraviglia che nell'abbazia di San Benedetto — a differenza di S. Vincenzo al Volturno — l'elezione di un Franco ad abate non fu contestata. A Montecassino la donazione di Ildeprando (782) avvenne, diversamente da Farfa, prima del diploma carolingio (787). Però, a differenza di Farfa e S. Vincenzo, successivamente Montecassino, sotto l'abate Gisulfo sciolse un po' i legami con i Carolingi orientandosi verso i duchi beneventani per riprendere poi nel corso del IX secolo i tradizionali legami con i Franchi.

Infine va messo nel dovuto risalto che non fu tanto Montecassino a subire l'influsso franco-carolingio, quanto i Franchi ad essere influenzati dal cenobio di San Benedetto. Infatti, il monachesimo benedettino che trae la sua origine dal fondatore di Montecassino impregnò profondamente la società di tutto l'impero carolingio e fu di fondamentale importanza per la cultura e la civiltà europea non soltanto dell'alto medioevo.

AGGIORNAMENTO BIBLIOGRAFICO

— Per il titolo di *princeps gentis Langobardorum* cfr. E. GARMS-CORNIDES, *Die langobardischen Fürstentitel (774-1077)*, in: *Intitulatio II. Lateinische Herrscher- und Fürstentitel im neunten und zehnten Jahrhundert*, a cura di H. WOLFRAM, Wien - Köln - Graz 1973 (Mitteilungen des Instituts für Österreichische Geschichtsforschung, Ergänzungsband 24), pp. 354ss. La GARMS-CORNIDES interpreta le vicende intorno alla deposizione dell'abate Potone di S. Vincenzo al Volturno come indizio per il fatto, comunque non attestato nelle fonti, che Arechi, già nel periodo tra il 774 e il 787, si sarebbe sottomesso a Carlo Magno (ivi, p. 370s.). Carlo avrebbe stabilito con Arechi una specie di «patto di non aggressione» per potersi dedicare meglio alla soggezione dei Sassoni e del duca di Baviera (ivi, p. 371). «Intorno al 775» Arechi avrebbe prestato un giuramento di fedeltà simile a quello prestato nel 757 e nel 781 dal duca bavarese Tassilo (ivi, p. 371). Per il significato di *terra* e di *patria* cfr. ivi, pp. 432ss.

— Il diploma rilasciato nel 782 dal duca Ildeprando a favore di Montecassino (cit. sopra alla nota 96) è adesso in: *Codice Diplomatico Longobardo* IV/1, a cura di C. BRÜHL, Roma 1981 (Fonti per la storia d'Italia 65), nr. 36 pp. 105-109 con ulteriori indicazioni bibliografiche.

— L'importanza di Montecassino come luogo di incontro tra gli abati-fondatori dei monasteri di Leno (presso Brescia) e di Nonantola (presso Modena), cioè di Ermoaldo e di Anselmo, è stata messa in evidenza da M. SANDMANN, *Herrscherverzeichnisse als Geschichtsquellen. Studien zur langobardisch-italischen Überlieferung*, München 1984 (Münstersche Mittelalter-Schriften 41), p. 125s. I menzionati due cenobi erano in rapporti particolarmente stretti con i re longobardi: mentre la fondazione del monastero di Leno, avvenuta nel 758, è dovuta all'iniziativa del re Desiderio (757-774), quella dell'abbazia di Nonantola (751/2) è dovuta al duca Anselmo (poi abate), cognato del re Astolfo (749-756). Da un testo finora sfuggito agli studiosi di storia cassinese, cioè da una notizia inserita in un elenco dei re (longobardi e franchi) d'Italia, redatto nell'883 nel monastero di Leno (Padova, Bibl. Antoniana ms. 27 Scaff. I, fol. 123v-124r; ed. SANDMANN, pp. 77-81), risulta che il primo abate di Leno insieme ai primi undici monaci, proveniva da Montecassino da dove erano arrivate anche alcune reliquie di S. Benedetto (ivi p. 80). Va corretta, dunque, l'affermazione del FALCO (cit. sopra alla nota 9, p. 192) secondo cui nelle fonti storiche non si trovano tracce di rapporti tra Montecassino e i re longobardi. Il re Desiderio chiamava alcuni monaci cassinesi a formare la prima comunità monastica a Leno, perché questi furono considerati come garanti del monachesimo benedettino (SANDMANN, p. 285: «Dem König Desiderius lag offenbar an einem Konvent benediktinischer Prägung so wie sie in der zweiten Hälfte des 8. Jahrhunderts verstanden wurde und möglich war.») La SAND-MANN ritiene infine possibile un influsso cassinese sul monastero femminile di S. Salvatore (S. Giulia) di Brescia, anch'esso fondato da Desiderio e particolarmente vicino alla dinastia longobarda (ivi p. 215: «Doch ist sehr wohl möglich, daß Desiderius bei der Einrichtung des Frauenklosters auch Anregungen aus Monte Cassino folgte...»).

— Per la deposizione dell'abate Potone di S. Vincenzo al Volturno da parte di Carlo Magno cfr. adesso anche G. PICASSO, *Il pontificato romano e l'abbazia di San Vincenzo al Volturno*, in: *Una grande abbazia* (cit. sopra alla nota 78) pp. 233-248, particolarmente pp. 240-243, e M. MC CORMICK, *The Liturgy of War in the Early Middle Ages: Crisis, Litanies, and the Carolingian Monarchy*, in «Viator», 15 (1984), pp. 1-23, particolarmente pp. 3-6.

— V. anche sotto pp. 53 e 82.

Capitolo secondo

Carlo Magno e la deposizione dell'abate Potone di S. Vincenzo al Volturno*

Rex Francorum et Langobardorum atque patricius Romanorum era il titolo con il quale Carlo Magno appariva nei diplomi regi dopo aver conquistato nel 774 il regno longobardo rinchiudendo l'ultimo re longobardo Desiderio in un monastero[1]. Con l'assunzione di questo titolo Carlo metteva in evidenza che egli si considerava oltre che re dei Franchi e patrizio dei Romani anche re dei Longobardi, mirando in tal modo al dominio sul ducato longobardo di Benevento[2]. Questa intenzione di Carlo suscitò però la resistenza del papa Adriano I (772-795) e del duca Arechi II di Benevento (758-787), entrambi preoccupati di non cadere in dipendenza del re dei Franchi.

Arechi si intitolò sin dal 774 programmaticamente *princeps gentis Langobardorum* considerandosi successore legittimo di suo suocero Desiderio, re dei Longobardi[3]. Mentre il ducato longobardo di Spoleto fu sottoposto presto al dominio carolingio, il ducato di Benevento, favorito dalla sua posizione geografica, riuscì per ora a conservare una certa autonomia tra il regno franco e l'impero bizantino. Il re dei Franchi e l'imperatore bizantino erano occupati con problemi più urgenti e non potevano dedicare un'attenzione particolare all'Italia meridionale situata ai confini delle loro zone di dominio.

* Pubblicato (in lingua tedesca) con il titolo *Karl der Große und die Absetzung des Abtes Potho von San Vincenzo am Volturno* in «Quellen und Forschungen aus italienischen Archiven und Bibliotheken» 65 (1985) pp. 405-417.

[1] MGH DKar. 81 (774 luglio 16).

[2] Cfr. P. CLASSEN, *Karl der Große, das Papsttum und Byzanz*, in: *Karl der Große. Lebenswerk und Nachleben*, a cura di W. BRAUNFELS, I: *Persönlichkeit und Geschichte*, a cura di H. BEUMANN, Düsseldorf 1965, p. 552s.

[3] Cfr. H.H. KAMINSKY, *Zum Sinngehalt des Princeps-Titels Arichis'II. von Benevent*, in «Frühmittelalterliche Studien», 8 (1974), pp. 81-92, particolarmente p. 84. Sulla corte di Arechi II istituita secondo il modello bizantino cfr. H. BELTING, *Studien zum beneventanischen Hof im 8. Jahrhundert*, in «Dumbarton Oaks Papers», 16 (1962), pp. 141-193. Cfr. anche P. BERTOLINI, *Arechi II*, in: *Dizionario biografico degli Italiani* 4, Roma 1962, pp. 71-78.

Questa situazione cambiò, almeno per quanto riguarda il re dei Franchi, nel 787. Dopo che Carlo sembrava aver definitivamente sottomesso i Sassoni (nel 785) e dopo che agli altri confini del suo regno la situazione era tranquilla, egli poteva occuparsi dell'Italia centro-meridionale raggiungendo presto la sottomissione di Arechi II. In quest'ambito Carlo visitava «orationis causa» Montecassino[4] e rilasciò dei privilegi a favore della chiesa vescovile di Benevento[5] e dei monasteri di S. Vincenzo al Volturno[6] e di Montecassino[7].

Queste due abbazie, le quali già da tempo intrattenevano buoni rapporti con i Franchi[8], furono considerate ovviamente come garanti del dominio franco al confine meridionale del regno[9]. Entrambe erano situate nella parte settentrionale del ducato beneventano poco distante dal confine con i territori pontifici ed entrambe avevano anche possedimenti nel ducato di Spoleto.

Montecassino godeva come monastero di S. Benedetto di un prestigio enorme presso gli Anglosassoni e presso i Franchi. Villibaldo, un monaco peregrinante proveniente dal Wessex, si fermava a Montecassino dal 730 fino al 739, cioè finché venne chiamato dal suo parente Bonifacio come missionario in Germania diventando infine vescovo di Eichstätt[10]. Il monaco bavarese Sturmi, allievo di Bonifacio e più tardi abate di Fulda, entrò nel 747/8 con due compagni nel monastero di S. Benedetto fermandosi qui per quasi un anno[11]. A Montecassino Sturmi incontrò probabilmente Carlomanno, zio di Carlo Magno, che viveva qui come monaco sin dal 747[12]. Bonifacio stesso si rivolse nel 751 all'abate cassinese Optato chiedendo un affratellamento

---

[4] *Chronica monasterii Casinensis*, ed. H. HOFFMANN, Hannover 1980 (MGH Scriptores 34), I 12, p. 47.

[5] MGH DKar. 156 (Capua, 787 marzo 22).

[6] MGH DKar. 157 (Capua, 787 marzo 24).

[7] MGH DKar. 158 (Roma, 787 marzo 28) (interpolato, cfr. H. HOFFMANN, *Chronik und Urkunde in Montecassino*, in «Quellen und Forschungen aus italienischen Archiven und Bibliotheken», 51 [1971], p. 189s.).

[8] Cfr. sopra pp. 17ss.

[9] Cfr. la carta geografica presso F. PRINZ, *Schenkungen und Privilegien Karls des Großen*, in: *Karl der Große* I (cit. sopra alla nota 2) dopo p. 488.

[10] *Vita Willibaldi episcopi Eichstetensis*, ed. O. HOLDER-EGGER, MGH Scriptores 15, 1, p. 102; cfr. G. FALCO, *Lineamenti di storia cassinese nei seoli VIII e IX*, in: *Casinensia 2*, Montecassino 1929, p. 460s., rist. in: ID., *Albori d'Europa. Pagine di Storia medievale*, Roma 1947, p. 179; K.H. KRÜGER, *Königskonversionen im 8. Jahrhundert* in «Frühmittelalterliche Studien», 7 (1973), p. 222.

[11] P. ENGELBERT, *Die Vita Sturmi des Eigil von Fulda*, Marburg 1968 (Veröffentlichungen der Historischen Kommission für Hessen und Waldeck 29), p. 145s. (senza menzione di Montecassino); *Supplex Libellus*, ed. J. SEMMLER, in: *Corpus Consuetudinum Monasticarum* I, a cura di K. HALLINGER, Siegburg 1968, p. 324; *Vita Leobae abbatissae Biscofesheimensis auctore Rudolfo Fuldensi*, ed. G. WAITZ, MGH Scriptores 15, 1, p. 125; cfr. KRÜGER (cit. sopra alla nota 10) p. 199 con la nota 146 e p. 222.

[12] Cfr. KRÜGER (cit. sopra alla nota 10) pp. 183ss.

liturgico[13]. A Montecassino Carlo Magno chiese infine una copia della regola di S. Benedetto perché voleva farla introdurre in tutti i monasteri del suo regno[14]. Inoltre va ricordato Paolo Diacono il quale alla corte di Carlo soffriva di nostalgia di Montecassino[15]. Non desta meraviglia dunque, se il re dei Franchi nel 787, durante la campagna militare contro Arechi II di Benevento, salì «orationis causa» sul monte cassinese confermando pochi giorni dopo al monastero i suoi possedimenti, l'immunità e il diritto della libera elezione dell'abate[16].

Un simile privilegio ricevette qualche giorno prima l'abbazia di S. Vincenzo al Volturno[17]. Anche questo cenobio non era ignoto a Carlo. Infatti, pochi anni prima, egli aveva deposto l'abate Potone a causa della sua *infidelitas* non restituendogli la sua carica nonostante alcuni interventi del papa[18]. In precedenza erano accaduti contrasti all'interno della comunità vulturnense. Queste vicende suscitarono l'interesse degli storici perché esse furono viste nel contesto della resistenza longobarda contro l'espansione del dominio franco verso l'Italia meridionale. Infatti, l'abate si era rifiutato, così l'accusa, di partecipare alle preghiere della comunità per la salute del re dei Franchi e della sua famiglia. Potone aveva inoltre offeso Carlo e i Franchi e aveva fatto incarcerare alcuni monaci che si volevano rivolgere al re[19]. Qualche anno prima il franco Ambrogio Autperto, eletto abate di S. Vincenzo al Volturno, si era dimesso dopo un breve regime abbaziale[20]. Siccome durante l'inchiesta pontificia del caso «decem primati monachi ipsius venerabilis monasterii, quinque ex genere Francorum et quinque ex genere Langobardorum» dovevano prestare il giuramento purgatorio per il deposto abate Potone[21], la maggior parte degli studiosi ritenne che i contrasti nel monastero vulturnense si basavano sull'antagonismo

---

[13] E.E. Stengel, *Urkundenbuch des Klosters Fulda* 1, Marburg 1913 (Veröffentl. d. Hist. Komm. f. Hessen u. Waldeck 10, 1), nr. 12 p. 18s.

[14] Cfr. J. Semmler, *Karl der Große und das fränkische Mönchtum*, in: *Karl der Große* (cit. sopra alla nota 2) II: *Das geistige Leben*, a cura di B. Bischoff, Düsseldorf 1965, pp. 255ss., rist. in: *Mönchtum und Gesellschaft im Frühmittelalter*, a cura di F. Prinz, Darmstadt 1976 (Wege der Forschung 312), pp. 204ss.

[15] K. Neff, *Die Gedichte des Paulus Diaconus*, München 1908 (Quellen und Untersuchungen zur lateinischen Philologie des Mittelalters III, 4), pp. 69ss.

[16] V. sopra le note 4 e 7.

[17] V. sopra la nota 6.

[18] *Codex Carolinus*, ed. W. Gundlach, MGH Epp. III, nr. 66 e 67, pp. 593-597.

[19] Ivi p. 595s.

[20] Per la cronologia cfr. J. Winandy, *Les dates de l'abbatiat et de la mort d'Ambroise Autpert*, in «Revue bénédictine», 59 (1949), pp. 206-210. Per la persona dell'abate cfr. A. Mancone, *Ambrogio Autperto*, in: *Dizionario biografico degli Italiani* 2, Roma 1960, pp. 711-713; H. Riedlinger, *Ambrosius Autpertus*, in: *Lexikon des Mittelalters* 1, München-Zürich 1977-80, col. 525.

[21] MGH Epp. III, p. 596.

tra monaci franchi e monaci longobardi all'interno della stessa comunità e su un atteggiamento ostile di Potone nei confronti di Carlo Magno[22].

Una diversa interpretazione delle vicende vulturnensi e della deposizione dell'abate Potone è stata proposta recentemente da Franz J. Felten: le accuse contro Potone furono inventate dai monaci ai quali il loro abate sembrava troppo severo con lo scopo di metterlo in cattiva luce presso Carlo[23]. Il re dei Franchi cadde nella trappola e depose l'abate, forse anche per approfittare dell'occasione «di far valere in una vicenda così importante la sua pretesa di dominio anche su questa regione di confine prima che il ducato di Benevento fosse sottomesso...»[24].

La nostra conoscenza di ciò che accadde a S. Vincenzo al Volturno si basa su due lettere del famoso *Codex Carolinus* in cui Carlo fece raccogliere le lettere che fino al 791 i papi avevano inviato ai maggiordomi prima e ai re franchi poi[25]. Siccome nelle copie delle lettere le indicazioni cronologiche della *datatio* furono omesse e siccome la sistemazione delle lettere nel *Codex Carolinus* non è rigidamente cronologica, per ogni lettera la data precisa deve essere accertata sulla base del contenuto[26].

Le lettere che ci interessano qui, cioè quelle relative alla deposizione dell'abate Potone (nr. 66 e 67), risalgono al 783/4. La prima lettera fu inviata dal papa Adriano I al re dei Franchi probabilmente non molto tempo dopo la morte di Ildegarda, prima moglie di Carlo Magno, avvenuta il 30 aprile 783[27]; qui

---

[22] Cfr. V. FEDERICI, *Ricerche per l'edizione del «Chronicon Vulturnense» del monaco Giovanni*, II, in «Bull. dell'Ist. Stor. Ital.», 57 (1941), pp. 104ss. con bibliografia; M. DEL TREPPO, *Longobardi, Franchi e Papato in due secoli di storia vulturnese*, in «Arch. Stor. per le Prov. Napoletane», 34 (1953-54), pp. 43, 51ss.; O. BERTOLINI, *Carlomagno e Benevento*, in: *Karl der Große* I (cit. sopra alla nota 2) pp. 626ss.

[23] F.J. FELTEN, *Zur Geschichte der Klöster Farfa und S. Vincenzo al Volturno im achten Jahrhundert*, in «Quellen und Forschungen aus italienischen Archiven und Bibliotheken», 62 (1982), p. 35s.: «Die Brisanz der Anschuldigungen gegen Potho, die letztlich auch zum Erfolg seiner Widersacher führte, rührt aber gerade aus ihrer Zuspitzung auf eine Person, die des neuen Herrschers. Nicht nur aufgrund der vielfältigen Schwiergkeiten, die einer verengt "nationalen" Interpretation im Wege stehen, erscheint daher die Erwägung sinnvoll, ob die gegen Potho erhobenen Vorwürfe vielleicht nur vorgeschobene Argumente waren, von denen ihre Urheber (zu Recht) annahmen, daß sie geeignet seien, Potho bei Karl zu desavouiren und ihn, den man aus anderen Gründen nicht als Abt haben wollte, durch Karls Eingreifen 'loszuwerden'. Einer dieser uns nicht bekannten Gründe könnte etwa sein, daß er einem großen Teil des Konvents zu streng war».

[24] Ivi, p. 36.

[25] MGH Epp. III, pp. 469-657; *Codex Epistolaris Carolinus. Österreichische Nationalbibliothek Codex 449*, a cura di F. UNTERKIRCHER, Graz 1962 (Codices selecti 3); cfr. anche *Repert. fontium hist. medii aevi* 3 (1970) p. 143.

[26] Le indicazioni cronologiche contenute nell'edizione del *Cod. Carolinus* nei MGH, edizione fortemente criticata già da P.F. KEHR (v. «Götting. Gelehrte Anzeigen» 1893, pp. 871-898), non sono sempre attendibili.

[27] Cfr. WINANDY (cit. sopra alla nota 20) p. 208s.

sentiamo per la prima volta che l'abate di S. Vincenzo al Volturno — il suo nome non è indicato, però dalla lettera successiva risulta che si deve trattare di Potone — a causa della sua *infidelitas* era stato accusato e deposto. Il papa chiede al re, su insistente richiesta dell'intera comunità monastica, di concedere il perdono all'abate, che era ovviamente in viaggio per recarsi presso Carlo, e di rimetterlo in carica poiché l'accusa contro di lui era infondata[28].

Nella lettera successiva, redatta probabilmente nel febbraio 784[29], il papa riferisce in maniera particolareggiata al re sull'esito di un'inchiesta contro Potone svoltasi nel frattempo a Roma sotto la presidenza del pontefice[30]. Il re dei Franchi aveva ovviamente respinto la richiesta del papa di restituire la carica abbaziale a Potone rimettendo il caso all'esito di un'inchiesta da tenersi a Roma. La commissione che doveva accertare i contrasti emersi tra i monaci e gli abati di S. Vincenzo al Volturno, cioè di Ambrogio Autperto dimessosi e di Potone deposto, era composta oltre che dal papa dalle seguenti persone: un arcivescovo franco di nome Possessore, attestato più volte come messo di Carlo in Italia[31], quattro abati[32], il duca Ildeprando di Spoleto accompagnato da due persone[33], quattro funzionari papali[34] «et ceteri plures».

L'udienza cominciò con l'accusa presentata dal monaco Rodicauso (l'abate Ambrogio Autperto era deceduto poco tempo prima[35]) il quale riferì che nel

---

[28] MGH Epp. III, p. 593s.

[29] Cfr. WINANDY (cit. sopra alla nota 20) p. 209.

[30] MGH Epp. III, pp. 594-597.

[31] Cfr. E. HLAWITSCHKA, *Franken, Alemannen, Bayern und Burgunder in Oberitalien (774-962)*, Freiburg i. Br. 1960 (Forschungen zur oberrheinischen Landesgeschichte 8), p. 27 nota 20. Mentre HLAWITSCHKA supponeva che si trattasse di un vescovo di Embrun (ivi, p. 30), O.G. OEXLE, *Die Karolinger und die Stadt des heiligen Arnulf*, in «Frühmittelalterliche Studien», 1 (1967), p. 342 sosteneva che si trattasse «forse» di un «vescovo di Tarantaise».

[32] Si tratta di Ansoaldo, abate di un monastero intitolato a S. Pietro, probabilmente di Benevento (MGH DKar. 157 viene confermato all'abbazia di S. Vincenzo al Volturno un «monasterium sancti Petri apostoli, quod fundatum est prope muros civitatis Benevento»); Aquilino, abate di Sant'Angelo di Barrea (presso Villetta Barrea; prov. L'Aquila); Raginbaldo, abate di Farfa (cfr. FELTEN, cit. sopra alla nota 23, p. 12 nota 50 e p. 31); Gisulfo, abate di un monastero intitolato a S. Pietro e non identificato, il quale veniva identificato erroneamente dal FELTEN, loc. cit. p. 31, con l'abate Gisulfo di Montecassino (796-817).

[33] Cfr. FELTEN (cit. sopra alla nota 23) p. 31 con nota 135.

[34] Si tratta di: Teofilatto, bibliotecario; Stefano, tesoriere («saccellarius») (a differenza di JAFFÉ, MGH Epp. III, p. 595 nota 7, ritengo possibile che egli sia identico con lo «Stephanus dudum saccellarius ecclesiae Romanae» attestato nelle lettere del *Cod. Carol.* nr. 57, MGH Epp. III, p. 582s. - la data di questa lettera è da correggere in 776 febbr.: cfr. BERTOLINI, cit. sopra alla nota 3, p. 615 nota 28 - e nr. 71, MGH Epp. III, p. 601s. del 781/2); Campulo, notaio (cfr. W. MOHR, *Campulo*, in: *Diz. biogr. d. Italiani* 17, 1974, pp. 621-623); Teodoro, duca e nipote del papa (cfr. *Cod. Carol.* nr. 60, MGH Epp. III, p. 587; nr. 61, ivi p. 588s.; nr. 68, ivi p. 598: «Theodorum eminentissimum consulem et ducem nostrumque nepotem»).

[35] Cfr. WINANDY (cit. sopra alla nota 20) p. 209.

momento in cui la comunità monastica di S. Vincenzo al Volturno pregava, come di solito, per la salute del re dei Franchi e della sua prole, Potone si alzò rifiutandosi di partecipare[36]. Riferì inoltre che lo stesso abate gli avrebbe detto che «se non fosse stato per il bene del monastero e della regione beneventana» lo (cioè Carlo) avrebbe «considerato come un cane». E ancora che egli si augurava che fossero rimasti nel beneventano tanti Franchi quanti egli ne poteva portare sulle spalle[37].

Potone contestò l'accusa ritenendo che si trattasse di un fraintendimento. Nel cenobio vulturnense, disse l'abate, si era pregato da sempre per la salute del re e della sua famiglia. Egli si era alzato durante l'ufficio liturgico solo perché chiamato da urgenti doveri *ad utilitatem monasterii*. Egli non avrebbe mai fatto una dichiarazione offensiva nei confronti di Carlo, ma detto solamente: «Se non fosse stato per non abbandonare il monastero, io avrei deciso di avviarmi in quella terra, in un luogo dove non sarei stato infastidito da nessuno». Per quanto riguarda le dichiarazioni offensive contro i Franchi, esse non sarebbero mai state pronunciate[38].

Il monaco Rodicauso fu dunque interrogato se poteva addurre dei testimoni che potevano confermare le dichiarazioni contestate a Potone. Rodicauso non era però in grado di farlo, perché il colloquio tra lui e l'abate si era svolto a quattr'occhi[39]. Alcuni dei monaci più autorevoli del cenobio vulturnense contestarono poi a Rodicauso il diritto di accusare l'abate essendo stato lo stesso Rodicauso degradato da presbitero a semplice monaco a causa di stupro commesso alla propria nipote[40].

---

[36] MGH Epp. III p. 595: «Et dum ingressus fuisset Rodicausus eiusdem monasterii monachus, referebat adversus eundem Pothonem abbatem testimonium dicens: 'Domine, (cum) cursum hore sextae explessemus et secundum consuetudinem pro regis incolumitate eiusque prolis propheticum decantaremus psalmus, videlicet: "Deus, in nomine tuo salvum me fac", subito surrexit abba et psallere noluit'».

[37] *Ibidem*: «Et dixit mihi abba iterum: "Quia, si non mihi fuisset pro monasterio et terra Beneventana, talem eum habuisse sicut unum canem." Et iterum adversus eum addidit: "Quia tantos ex Francos remansissent, quantos ego in umero vegetare valeo"».

[38] MGH Epp. III p. 595s.: «Et dum a nobis sciscitatus fuisset prelatus Potho abba, si ita esset, cum nimia satisfaccione respondit dicens: 'Quia semper congregatio nostra pro eius excellentia, simul pro ipsius prole procul dubio in monasterio psallit. Sed dum in opera essem cum ipso et ceteris, infantes expleta oratione prostrati in terra initiantes psallere: "Deus, in nomine tuo salvum me fac", subito surrexi pro opera, quae ad utilitatem ipsius monasterii fiebat. De vero itineris collocutione nullo modo ad iniuriam eius regalis excellentiae quicquam locutus sum, nisi fatus sum: "Quod, si pro monasterii desertione seu terram illam mihi non fuisset, omnino in talem pergere habui loco, ubi a nemine curassem". Porro de Francis quod fatus est, nullo modo talia proferui, aut ex meo exivit ore; sed contagio ex omni parte mihi opponit'».

[39] MGH Epp. III p. 596: «Dum a nobis interrogatus fuisset prenominatus Rodicausus, si haec alii cum eo audissent, tunc adfirmavit, quia solus esset et nullus secum alius audisset».

[40] *Ibidem*: «Tunc plures ex ipsis priores monachi asserebant, testimonio pro ipso Rodicauso dicentes: 'Quia, in stupro captus cum propria nepte sua, ex presbitero factus monachus effectus

Un'altra accusa contro Potone fu presentata da tre monaci venuti a Roma insieme al duca Ildeprando di Spoleto. Essi che avevano seguito l'abate Ambrogio Autperto in esilio, accusarono Potone di averli incarcerati quando si volevano rivolgere al re[41]. Anche quest'accusa fu contestata da Potone il quale dichiarò di aver fatto arrestare solo quei monaci che volevano infrangere il voto monastico ritornando nel mondo *ad suum vomitum*. Inoltre egli non poteva essere considerato responsabile dell'arresto dei tre monaci menzionati in quanto era allora assente da S. Vincenzo al Volturno perché in viaggio per recarsi presso Carlo[42].

Dopo tre giorni di udienza la commissione assolse Potone non potendo provare la sua colpa e in considerazione delle norme del diritto canonico che vietavano le ribellioni di chierici e di monaci contro i loro superiori e che ritenevano non valida l'accusa di un *criminosus*[43]. Per confermare l'innocenza di Potone il papa gli fece giurare di non aver mai pronunciato alcuna frase contro il re franco, di non essergli mai stato infedele e di non esserlo mai in futuro per tutta la sua vita[44]. Dieci monaci del cenobio vulturnense, cioè cinque franchi e cinque longobardi, dovevano giurare che Potone non aveva mai offeso Carlo[45]. I monaci vulturnensi pregarono però il papa di permettere loro di recarsi direttamente presso il re e ciò fu concesso[46].

---

est. Et tale crimen adversus abbatem nostrum inponere minime valebit, quia a sacris canonibus respuetur'».

[41] *Ibidem*: «Et introducti sunt alii tres monachi, qui cum Hildibrando duce venerunt et cum Autberto abbate moraverunt, adserentes adversus Pothonem abbatem: 'Quia nos, cupientes apud excellentissimum regem peragrari, a custodia comprehensi sumus et in carcerem missi'».

[42] *Ibidem*: «Ad haec respondit ante dictus abba: 'Veritas est, quia custodes habui in ponte, non eos qui apud regem irent devetare, sed eos, qui suam regulam relinquunt et ad suum vomitum in saeculo, peccato inminente, revertunt, eos conprehendere iussi. Et tunc, quando dicunt, ibidem minime fui, sed aput magnum regem iter carpebam'».

[43] *Ibidem*.

[44] *Ibidem*: «... et quia, utrum vera essent an non, districta diutius per triduum fecissemus inquisitione perquiri, et nullam in ea de his, quae dicta fuerant, culpam invenissemus, sed, ne quid nobis videretur obmissum aut nostro potuisset cordi dubium remanere, praefatum abbatem Pothonem sacramentum proferri decrevimus: quia nulla talia pro infidelitate regalis vestrae potentiae dixisset, sed nec aliquando eiusdem magni regis infidelis fuit vel erit cunctis diebus vite suae»;

[45] *Ibidem*: «simul et alii decem primati monachi ipsius venerabilis monasterii, quinque ex genere Francorum et quinque ex genere Langobardorum, statuimus, ut preberent sacramentum: quia numquam audierunt ex ore abbatis quamlibet infidelitatem adversus vestram regalem excellentiam».

[46] MGH Epp. III, p. 596s. - Come appendice alla lettera nr. 67 del *Cod. Carolinus* si è conservato un elenco di 42 nomi di persone, considerato generalmente come l'elenco dei monaci vulturnensi che si volevano recare presso Carlo (MGH Epp. III, p. 597). L'appartenenza della lista, la quale non porta nessun titolo e la quale nel ms. conservatosi del *Cod. Carolinus* è separata mediante un rigo lasciato in bianco dalla precedente lettera nr. 67 (v. la riproduzione fotografica, cit. sopra alla nota 25, fol. 72r), al monastero vulturnense è probabile, anche se però non è sicuro al cento per cento. Sono da notare nella lista il *Paulus presbiter* (il primo nome della lista) il quale potrebbe

Gli eventi risultanti dalle due lettere papali devono essere visti sullo sfondo della situazione politica nel ducato di Benevento alla fine degli anni settanta e all'inizio degli anni ottanta del sec. VIII. Nell'abbazia di S. Vincenzo al Volturno, fondata da Longobardi e inizialmente posta sotto l'influsso del duca di Benevento, vivevano sia monaci longobardi sia monaci di origine franca. Quando uno di questi Franchi, cioè il noto teologo Ambrogio Autperto fu eletto abate (nell'ottobre 777), dopo un regime di poco più di un anno fu costretto a dimettersi (il 28 dicembre 778)[47]. Le sue dimissioni vanno viste forse nel contesto del tentativo del duca Arechi II di svolgere una politica indipendente respingendo l'influsso franco[48], nonostante che il duca inizialmente fosse stato in buoni rapporti con l'abate Autperto[49].

All'epoca del successore di Autperto, cioè dell'abate Hayrirado (2 genn. 779 - 2 nov. 782)[50], sulla cui persona e sul cui regime abbaziale non sappiamo quasi nulla, accadde un evento che causò un profondo cambiamento della situazione politica nel ducato beneventano. Quando nella Pasqua del 781 Carlo Magno soggiornò a Roma, il papa Adriano I faceva da padrino al figlio secondogenito di Carlo che aveva quattro anni e che dopo il battesimo eseguito dal papa ricevette invece del nome originariamente attribuitogli, cioè Carlomanno, il nuovo nome di Pipino. Entrambi i figli di Carlo Magno, cioè Ludovico e Pipino, furono unti e incoronati re dal pontefice[51]. Probabilmente durante la stessa primavera del 781 a Roma arrivò una delegazione bizantina per concordare con Carlo un'alleanza matrimoniale: Rotruda, una figlia di Carlo Magno, fu fidanzata con Costantino VI, il figlio dell'imperatrice Irene, «la quale per rafforzare la sua posizione personale cercava la pace con l'Occidente e l'alleanza con i Franchi»[52].

Il vantaggio di questo fidanzamento per i Franchi era la legittimazione della nuova posizione di Carlo Magno da parte di Bisanzio, cioè da parte della potenza non soltanto più ricca di tradizione e di prestigio, ma anche politicamente più forte[53]. Il duca Arechi II di Benevento, la cui politica si era basata finora sul presupposto dell'antagonismo franco-bizantino, veniva messa in una

---

essere identico al futuro abate Paolo, nonché il *Iosue diaconus* (il settimo nome della lista) il quale è forse da identificare con l'abate Giosuè (792/3-817) che era il successore di Paolo; cfr. più dettagliatamente sopra pp. 28ss. con le note 69, 70 e 76.

[47] WINANDY (cit. sopra alla nota 20) p. 209s.

[48] Cfr. BERTOLINI (cit. sopra alla nota 3) pp. 620ss.

[49] Cfr. DEL TREPPO (cit. sopra alla nota 22) p. 50: «proprio al franco Autperto *reverentissimo abbati*... conferiva un privilegio nel 778... e in quel documento *dux* non *princeps* si intitolava con modestia».

[50] Cfr. WINANDY (cit. sopra alla nota 20) p. 209s.

[51] Cfr. CLASSEN (cit. sopra alla nota 2) p. 557s.

[52] Ivi p. 559.

[53] *Ibidem*.

posizione difficile a causa dell'immediata riconciliazione degli ex-nemici. Arechi doveva constatare, senza poter intervenire, che il dominio di Carlo Magno fu riconosciuto presto, cioè al più tardi intorno al 783, a S. Vincenzo al Volturno[54]. L'abate Potone, probabilmente di origine longobarda, eletto il 5 novembre 782 successore del defunto Hayrirado, dopo un breve periodo di regime abbaziale fu deposto da Carlo Magno a causa della sua *infidelitas*. I monaci di S. Vincenzo pregavano il papa a fungere come mediatore. Questi pregò però invano Carlo di rimettere in carica Potone il quale nel frattempo (cioè intorno alla metà del 783) si stava recando presso il re dei Franchi per chiedere di essere graziato. Carlo però non ritirò la sua decisione rimandando il caso ad una commissione d'inchiesta presieduta dal papa e da un arcivescovo franco come messo di Carlo. La commissione assolse l'abate dall'accusa dell'*infidelitas* per insufficienza di prove. Eloquenti sono alcuni dettagli comunicati dal papa nella sua seconda lettera al re. L'accusa dell'*infidelitas* dell'abate si basava su tre punti: 1) il rifiuto di pregare per la salute del re dei Franchi, 2) dichiarazioni offensive nei confronti della persona di Carlo e nei confronti dei Franchi, 3) l'arresto di alcuni monaci che si volevano rivolgere al re. Anche se l'accusa dei monaci che avevano seguito il defunto abate Ambrogio Autperto e che erano venuti a Roma in compagnia significativa del duca Ildeprando di Spoleto favorevole all'influsso franco[55], nei dettagli era forse un poco esagerata, alla veridicità del nucleo dell'accusa (cioè all'*infidelitas*), a mio avviso, non può sussistere dubbio[56]. Il fatto che il papa richiedeva che il giuramento pur-

---

[54] Cfr. BERTOLINI (cit. sopra alla nota 3) p. 631.

[55] Per questi cfr. HLAWITSCHKA (cit. sopra alla nota 31) pp. 23-25, 27, 34, 199, e FELTEN (cit. sopra alla nota 23) pp. 10s., 17, 20ss., 28-31.

[56] La tesi che i contrasti a S. Vincenzo al Volturno e la deposizione dell'abate sono probabilmente «riconducibili, più che a contrasti nazionali all'interno del monastero o ad un'eventuale resistenza dell'abate ai Franchi, al fatto che i suoi avversari nel monastero utilizzassero la situazione politica per manifestare la propria opposizione alla più stretta osservanza delle regole (probabilmente vuol dire: della regola) perseguita da Potone stesso» (FELTEN, cit. sopra alla nota 23, p. 58, riassunto), non trova riscontro nelle fonti storiche. I singoli argomenti su cui si basa questa tesi, sono poco convincenti. Fra l'altro si sostiene che il motivo per la deposizione di Potone fosse ignoto (ivi, p. 36: «Was Karl dazu bewog, Potho abzusetzen wissen wir nicht... Ein allgemeines Motiv Karls mag darin zu sehen sein, daß er die Gelegenheit wahrnahm, in einer so wichtigen Angelegenheit seinen Machtanspruch auch in dieser Grenzregion zur Geltung zu bringen, noch bevor das Herzogtum unterworfen war...»). L'argomento che «von Herzog Arichis von Benevent, der — vorsichtig formuliert — Karl sehr reserviert gegenüberstand, kein Engagement zugunsten Pothos bekannt (ist); man sollte annehmen, er hätte Potho unterstützen müssen, wenn dieser die ihm zugeschriebene Funktion eines 'Führers der antifränkischen, 'nationalistischen' langobardischen Opposition im Kloster gehabt hätte» (ivi, p. 34s.) è un *argumentum e silentio*. Qui non viene considerato il fatto che, in seguito al patto matrimoniale franco-bizantino del 781, Arechi era politicamente isolato e che egli dunque doveva evitare di provocare un intervento da parte di Carlo nell'Italia meridionale (cfr. BERTOLINI, cit. sopra alla nota 3, p. 631). Non convincente è l'argomento (FELTEN, cit. sopra alla nota 23, p. 34) che il fatto che il giuramento purgatorio a favore di Potone

gatorio fosse prestato da monaci vulturnensi metà di provenienza franca e metà di origine longobarda, dimostra l'esistenza di contrasti nazionali all'interno della comunità.

È dunque probabile che i contrasti a S. Vincenzo al Volturno e la deposizione dell'abate Potone da parte di Carlo Magno erano causati da una resistenza longobarda contro l'espansione del dominio dei Franchi verso Sud.

Il forte influsso esercitato da Carlo nel ducato di Benevento già prima della sottomissione di Arechi II avvenuta nel 787, viene dimostrato forse anche dal fatto che nel 777/8 a Montecassino fu eletto abate il franco (frisone?) Teodemaro[57]. Per una posizione del monastero di S. Benedetto favorevole ai Franchi può essere addotto anche il fatto che l'abbazia cassinese ricevette nel 782 una donazione del duca Ildeprando di Spoleto contenente fra l'altro un possedimento situato nel ducato spoletino che era stato confiscato a un certo Agemundo «pro infidelitate sua»[58]. Anche se per le abbazie di S. Vincenzo al Volturno e di Montecassino sarebbe esagerato parlare, come lo fece molti anni fa Hans Grasshoff, di una conquista monastica dell'Italia ad opera dei Franchi la quale avrebbe preceduta la conquista politica[59], non è però da contestare che già prima della sottomissione del ducato di Benevento sotto l'alta sovranità franca, almeno nella parte settentrionale del ducato l'influsso franco era così forte da far riconoscere il dominio di Carlo Magno a S. Vincenzo al Volturno e a Montecassino già all'inizio degli anni ottanta del sec. VIII.

doveva essere prestato anche da monaci franchi provasse che l'abate non era sostenuto solo da Longobardi non disposti a compromessi, ma anche da monaci franchi. Qui sfugge il fatto che il giuramento dei monaci sta alla fine di tutta la vicenda. In precedenza possono aver esistito veramente dei conflitti tra Franchi e Longobardi all'interno della comunità vulturnense.

[57] Cfr. sopra p. 33.

[58] E. GATTOLA, *Ad historiam abbatiae Cassinensis accessiones*, Venezia 1734, p. 18; cfr. FALCO (cit. sopra alla nota 10) pp. 493ss. (rist. pp. 208ss.).

[59] H. GRASSHOFF, *Langobardisch-fränkisches Klosterwesen in Italien*, Phil. Diss. Göttingen 1907, p. 36.

AGGIORNAMENTO BIBLIOGRAFICO

— Il saggio del CLASSEN (cit. sopra alla nota 3) è adesso da usare nella sua terza ed ampliata ed.:
P. CLASSEN, *Karl der Große, das Papsttum und Byzanz. Die Begründung des karolingischen Kaiser-*
tums. Nach dem Handexemplar des Verf. hg.v. H. FUHRMANN u. C. MÄRTL, Sigmaringen
1985 (Beiträge zur Geschichte und Quellenkunde des Mittelalters 9).
— V. sopra p. 41 e sotto p. 82.

Capitolo terzo

Il saccheggio del monastero di S. Modesto in Benevento: un ignoto episodio delle incursioni arabe nel Mediterraneo*

Nell'attuale stato della ricerca storica la celebre tesi di Henri Pirenne, secondo cui il medioevo non nacque a causa delle invasioni germaniche bensì con l'espansione araba, che avrebbe provocato una rottura delle relazioni fra l'Occidente e l'Oriente e costretto il mondo latino-germanico a chiudersi in se stesso, va corretta, secondo le recenti indicazioni di Giovanni Tabacco «nel senso che l'espansione musulmana fu la premessa alla libertà di azione dei Franchi verso il Mediterraneo centrale, nel vuoto politico creato dalla necessità in cui venne a trovarsi Bisanzio di fronteggiare in Oriente un pericolo del tutto inatteso: la premessa dunque all'avvenire latino-germanico anziché romano-bizantino della storia d'Europa»[1].

La prima fase dell'invasione araba nel cuore dell'Europa fu duplicemente respinta nella prima metà dell'ottavo secolo: dopo il pericoloso assedio arabo di Costantinopoli nel 717 l'imperatore bizantino Leone III riuscì a sconfiggere definitivamente gli Arabi, mentre il franco Carlo Martello respinse nel 732 o 733 nei pressi di Tours e di Poitiers l'invasione araba in Gallia. Anche se con questi eventi furono segnati «per sempre i limiti dell'impero arabo nel Mediterraneo e in Europa»[2], le incursioni arabe rimasero per i due secoli seguenti una permanente minaccia per la popolazione del Mediterraneo.

I Saraceni, come erano allora chiamati, avevano nell'827 iniziato la conquista della Sicilia bizantina. Questi Bérberi di fede musulmana provenienti dall'Africa settentrionale, conquistarono nell'838 Brindisi, città che allora era sotto

* Pubblicato in «Annali del Dipartimento di Scienze Storiche e Sociali dell'Università di Lecce», 1 (1982), Galatina 1983, pp. 125-138, e in: *Una grande abbazia altomedievale nel Molise: S. Vincenzo al Volturno*. Atti del I Convegno di studi sul Medioevo meridionale (Venafro - S. Vincenzo al Volturno, 19-22 maggio 1982), a cura di F. AVAGLIANO, Montecassino 1985 (Miscellanea Cassinese 51), pp. 233-248.
[1] G. TABACCO - G.G. MERLO, *Medioevo, V-XV secolo*, Bologna 1981 (La civiltà europea nella storia mondiale 1), p. 121.
[2] Ivi, p. 129.

il dominio di Sicardo di Benevento[3]. Mentre Brindisi dopo il saccheggio e l'incendio fu lasciata dai Saraceni, un'altra città portuale pugliese di grande importanza, Taranto, rimase dopo l'occupazione dei musulmani nell'840 per parecchi anni nelle loro mani[4]. Bari, invece, riuscì alla fine dell'840 o all'inizio dell'841 a respingere un primo assalto arabo[5].

L'episodio più spettacolare delle incursioni arabe nell'Italia[6] fu senza dubbio il saccheggio della basilica di S. Pietro a Roma, avvenuto nell'agosto dell'846. In questa drammatica situazione, causata e favorita dall'anarchia tra i Longobardi dell'Italia meridionale da una parte, e dalla debolezza di Bisanzio dall'altra, le città della Campania si rivolsero all'imperatore franco-germanico[7], Lotario I (840-855), che mandò, probabilmente nell'847, un esercito[8] comandato dal figlio Ludovico II, unto e incoronato nell'844 dal papa a Roma *rex Langobardorum*[9].

Prima che Ludovico II, però, arrivasse nell'848 nell'Italia meridionale, i Saraceni ottennero un successo considerevole: nell'autunno dell'847 Bari cadde nelle loro mani[10]. Le prime azioni di Ludovico II erano battaglie per la conquista della città di Benevento dove gli Arabi, dopo essere stati chiamati come mercenari, si erano impadroniti della città. Un tentativo di riordinamento della situazione politica nel Mezzogiorno sotto l'autorità dell'impero franco-

---

[3] Cfr. G. Musca, *Saraceni e Bizantini*, in *Storia della Puglia*, vol. 1: *Antichità e Medioevo*, Bari 1979, pp. 161-178.

[4] Cfr. F. Gabrieli, *Taranto araba*, in «Cenacolo», 4 (1977), pp. 3-8; V. Farella, *La Chiesa di Taranto nell'alto Medioevo*, in: *La Chiesa di Taranto*, vol. 1: *Dalle origini all'avvento dei Normanni*, a cura di C.D. Fonseca, Galatina 1977, pp. 53-81, particolarmente pp. 73-81: «Taranto durante la dominazione musulmana».

[5] Cfr. G. Musca, *L'emirato di Bari 847-871*, Bari 1964, ²1967, pp. 22ss.

[6] Cfr. N. Cilento, *I Saraceni nell'Italia meridionale nei secoli IX e X*, in «Archivio Storico per le Province Napoletane», 77 (1959), pp. 109-122; ampliata ristampa con il titolo *Le incursioni saraceniche nell'Italia meridionale*, in: N. Cilento, *Italia meridionale longobarda*, Napoli ²1971, pp. 135-166.

[7] Cfr. Musca, *L'emirato di Bari* (cit. sopra alla nota 5) p. 28.

[8] MGH Capitularia regum Francorum, II, edd. A. Boretius - V. Krause, Hannover 1897, pp. 65-68, nr. 203: «Hlotharii Capitulare de expeditione contra Sarracenos facienda. 846. fere Oct.»; questa datazione fu contestata da L. Dupraz, *Le Capitulaire de Lothaire I, empereur, 'De expeditione contra Sarracenos facienda' et la Suisse romande (847)*, in «Zeitschrift für schweizerische Geschichte», 16 (1936), pp. 241-293, particolarmente pp. 244-250: «I. La date du capitulaire *De expeditione contra Sarracenos facienda*».

[9] *Annales Bertiniani*, ed. G. Waitz, Hannover 1883 (MGH SS rer. Germ. in usum scholarum), ad a. 844, p. 30: «Qui Romam venientes, honorifice suscepti sunt, peracto negotio, Hlodowicum pontifex Romanus unctionem in regem consecratum cingulo decoravit, ...»; cfr. A. Henggeler, *Die Salbungen und Krönungen des Königs und Kaisers Ludwig II. (840 - 850 - 872)*, Freiburg i.d. Schweiz (Phil. Diss.) 1934, pp. 28-35.

[10] Musca, *L'emirato di Bari* (cit. sopra alla nota 5) p. 36 e pp. 157-160.

germanico era la divisione dei territori longobardi meridionali tra Radelchi di Benevento (839-851) e Siconolfo di Salerno (839-849), avvenuta su pressione di Ludovico II[11].

In realtà non l'imperatore occidentale, ma i Saraceni dominavano nel Mezzogiorno d'Italia. A Bari essi riuscirono a fondare un vero e proprio Stato musulmano, che viveva di scorrerie, di saccheggi e di commercio di schiavi[12]. Le prime campagne di Ludovico II contro i Saraceni nell'848 e nell'852, l'ultima su richiesta degli abati Bassacio di Montecassino e Giacomo di S. Vincenzo al Volturno, erano rimaste senza grande effetto[13]. Anche una spedizione a Benevento nell'860 non fu molto efficace[14].

La situazione cambiò, soltanto, quando dopo la fine delle lotte conseguenti al matrimonio del fratello di Ludovico II, Lotario II, nel'865, l'Italia meridionale attrasse in modo più intenso l'attenzione dell'impero occidentale[15]. Ludovico II, nell'850 unto a Roma imperatore[16] e così associato nella dignità imperiale al padre, chiamò nell'866 tutta l'Italia alle armi[17].

Dopo una visita all'abbazia di Montecassino e l'assedio di Capua, dove erano stati promulgati l'11 giugno dell'866 privilegi per le due abbazie «antisaracene e filofranche» di Montecassino e di S. Vincenzo al Volturno[18], cominciò nell'867 la lotta contro i Saraceni, che si concluse con l'assedio di Bari, il 3

---

[11] MGH Leges IV (*Leges Langobardorum*), edd. F. BLUHME - A. BORETIUS, Hannover 1868, pp. 221-225: «Radelgisi et Siginulfi principum divisio ducatus Beneventani. a. 851»; MUSCA, *L'emirato di Bari* (cit. sopra alla nota 5) p. 39, data l'accordo tra Radelchi e Siconolfo «quasi certamete all'inizio dell'849».

[12] Per l'emirato di Bari è fondamentale il libro di MUSCA, *L'emirato di Bari* (cit. sopra alla nota 5).

[13] Ivi, pp. 45ss.

[14] Ivi, p. 64s.

[15] Ivi, p. 91s.

[16] *Annales Bertiniani*, ed. WAITZ (cit. sopra alla nota 9) ad a. 850, p. 38: «Lotharius filium suum Ludoicum Romam mittit; qui a Leone papa honorifice susceptus et in imperatorem unctus est»; cfr. HENGGELER, *Die Salbungen und Krönungen* (cit. sopra alla nota 9) pp. 35-93. Secondo le ricerche della Henggeler Ludovico II fu incoronato imperatore soltanto nell'872, anche se dopo la unzione dell'850 era già di fatto diventato imperatore: *Annales Bertiniani*, ed. WAITZ (cit. sopra alla nota 9) ad a. 872, p. 120: «Hludowicus autem imperator vigilia pentecosten Romam venit, et in crastinum coronatus ab Adriano papa, post celebrata missarum solemnia una cum eo ad Lateranense palatium cum pompa equitando coronatus perrexit»; cfr. HENGGELER, *Die Salbungen und Krönungen* (cit. sopra alla nota 9) pp. 39ss.

[17] MGH Capitularia II (cit. sopra alla nota 8) pp. 94-96, nr. 218: «Constitutio de expeditione beneventana, 866. ineunte».

[18] *Chronicon Vulturnense del monaco Giovanni*, ed. V. FEDERICI, Roma 1925-38 (Fonti per la storia d'Italia 58-60), I, doc. 70, p. 325; cfr. M. DEL TREPPO, *La vita economica e sociale di una grande abbazia del Mezzogiorno: S. Vincenzo al Volturno nell'alto Medioevo*, in «Archivio Storico per le Province Napoletane», 74 (1956), pp. 31-110, particolarmente p. 38.

febbraio 871[19]. Dopo la fine della dominazione araba nella futura capitale pugliese, durata per più di due decenni, l'integrazione dell'Italia meridionale nell'impero occidentale sembrava vicina. Cominciarono attacchi contro i Saraceni a Taranto e in Calabria.

Le ambizioni imperiali crollarono, però, quando il duca Adelchi II di Benevento, il 13 agosto dell'871, fece prigioniero l'imperatore Ludovico II e lo tenne come ostaggio fino al 17 settembre dello stesso anno[20]. La reazione dei Saraceni seguì immediatamente: essi prepararono una spedizione contro la Calabria e Taranto. Ludovico II riuscì nell'873 a battere di nuovo i Saraceni, presso Capua, ma ritornò nello stesso anno nell'Italia settentrionale senza aver avuto successo nella sua politica meridionale. Con la sua morte, avvenuta nell'875 nei pressi di Brescia, finì anche formalmente la sovranità dell'impero franco-germanico nell'Italia meridionale. «Il crollo del programma di Ludovico II era tanto più clamoroso», come scrisse in un suo splendido saggio Bruno Ruggiero, «in quanto non solo egli non era riuscito a soggiogare le forze particolaristiche locali, ma non aveva neppure creato tra esse quello spirito di solidarietà che avrebbe potuto portarle a combattere tutte unite contro i Saraceni e la rinnovata minaccia bizantina»[21].

In questo contesto storico si collocano due testimonianze agiografiche redatte in un monastero ben lontano dall'Italia meridionale, cioè nell'abbazia di Reichenau sul lago di Costanza. La prima è la *Translatio s. Ianuarii et sociorum eius*; in questo testo[22] viene raccontato come le reliquie dei santi martiri *Ianuarius, Proculus, Eutyches* e *Acutius* siano pervenute dall'Italia meridionale nell'abbazia di Reichenau: Un giovane vassallo alamanno andò con l'esercito di Ludovico II *in Campaniam* per combattere contro i Saraceni che l'avevano invasa. Cercando lì delle reliquie incontrò un prete anziano che gli indicò un luogo *ubi corpora praedictorum martyrum, Ianuarii videlicet, Proculi, Euticetis et*

---

[19] Cfr. MUSCA, *L'emirato di Bari* (cit. sopra alla nota 5) pp. 114ss. e per la data dell'occupazione di Bari ivi p. 115 nota 50, dove viene dimostrato che la data del 2 febbraio, tradizionalmente accettata, non è più sostenibile.

[20] *Rhytmus de captivitate Ludovici imperatoris*, MGH Poetae lat. III (1896), p. 404s.; cfr. MUSCA, *L'emirato di Bari* (cit. sopra alla nota 5) p. 126s.

[21] B. RUGGIERO, *Il Ducato di Spoleto e i tentativi di penetrazione dei Franchi nell'Italia meridionale*, in «Archivio Storico per le Province Napoletane», 3ª ser. V-VI (1966-67), pp. 77-116; ristampa in: B. RUGGIERO, *Potere, istituzioni, chiese locali: Aspetti e motivi del Mezzogiorno medioevale dai Longobardi agli Angioini*, Bologna 1977 (Centro salentino di Studi medievali, Nardò), pp. 1-44, ivi p. 34.

[22] Ed. A. HOLDER-EGGER, MGH SS XV/1, Hannover 1887, p. 472s.; BHL 4131; cfr. recentemente T. KLÜPPEL, *Reichenauer Hagiographie zwischen Walahfrid und Berno*, Sigmaringen 1980, pp. 57ss. — Per le relazioni di traslazioni di reliquie e altre fonti del culto delle reliquie cfr. M. HEINZELMANN, *Translationsberichte und andere Quellen des Reliquienkultes*, Turnhout 1979 (Typologie des sources du moyen âge occidental 33).

Acutii, essent in quadam aecclesia iam propter timorem hostium ab accolis deserta recondita. Il giovane alamanno insieme con alcuni compagni seguì il prete nella menzionata chiesa deserta, dove trovò reliquie in una preziosa tomba di marmo. In seguito, il giovane alamanno portò le reliquie al monastero di Reichenau, che le ricevette nell'871.

Ma questa storia destava già il sospetto dei Bollandisti. Il primo punto di sospetto era l'indicazione che le reliquie si sarebbero trovate tutte insieme nella stessa chiesa, mentre nel periodo del loro trafugamento — cioè prima dell'871 — quelle di S. Gennaro si trovavano, ad eccezione della testa e delle ampolle di sangue rimaste a Napoli, a Benevento, e quelle dei Santi Proculo, Eutyche e Acutio a Pozzuoli[23]. Perciò i Bollandisti supponevano che il nome di S. Gennaro fosse stato interpolato, e che soltanto le reliquie dei Santi Proculo, Eutyche e Acutio fossero pervenute nell'abbazia di Reichenau. Di conseguenza erano dell'opinione che la chiesa deserta, menzionata nel testo della *Translatio*, si sarebbe trovata a Pozzuoli. Uno degli argomenti per questa tesi era il preteso fatto che i Saraceni in quel periodo non fossero stati a Benevento, e che dunque, la chiesa deserta per timore dei Saraceni sia da ricercare altrove[24].

Un altro dubbio sull'autenticità della *Translatio s. Ianuarii* sorse dal fatto che l'abbazia di Reichenau aveva già ricevuto una reliquia di S. Gennaro nell'838 dall'imperatore Lotario I, come sappiamo da una poesia di Walafrido Strabone[25]. Perché nella *Translatio* dell'871 non si trova menzione di questo fatto importante? Recentemente si è supposto che durante il nono secolo a Reichenau si sarebbero dimenticati della reliquia del famoso Santo napoletano[26]. Come argomento si adduceva che la menzionata poesia di Walafrido Strabone facesse parte di una collezione di poesie di Reichenau, che forse nella seconda metà del nono secolo non si sarebbe trovata più in quel monastero[27]. Un'altra supposizione, anche proposta recentemente, sostiene che la donazione della reliquia di S. Gennaro fatta da Lotario I sarebbe forse stata messa in dubbio; perciò si sarebbe inventata una storia per provare l'autenticità della traslazione

---

[23] Acta Sanctorum, t. LXXI, Sept. VI (1867), p. 788.

[24] *Ibidem*: «Secundo anno 871, aut paulo ante, quando inventio fuit facta, corpus S. *Januarii* non erat *in ecclesia jam propter timorem hostium ab accolis deserta*, ut fuisse dicuntur inventa corpora; sed in civitate Beneventana, quam Saraceni non obtinebant, et in qua dux Beneventanus habitabat».

[25] MGH Poetae lat. II, p. 451s.; cfr. A. HOLDER-EGGER, MGH SS XV/1, p. 473 nota 1; A. MANSER-K. BEYERLE, *Aus dem liturgischen Leben der Reichenau*, in: *Die Kultur der Abtei Reichenau*, a cura di K. BEYERLE, München 1925, ristampa: Aalen 1970, pp. 316-437, particolarmente p. 354s.

[26] W. HAUBRICHS, *Neue Zeugnisse zur Reichenauer Kultgeschichte des neunten Jahrhunders*, in «Zeitschrift für die Geschichte des Oberrheins», 126 N.F. 87 (1978), pp. 1-43, particolarmente p. 39.

[27] Ivi, p. 39s.

della reliquia[28], e mediante l'aggiunta del nome di S. Gennaro in un rapporto genuino sulla traslazione dei meno celebri Santi Proculo, Eutyche e Acutio si sarebbe dato più valore a queste reliquie[29].

Dubbi sul valore storico della *Translatio s. Ianuarii et sociorum eius* sorsero anche dal fatto che essa è in gran parte identica al testo della *Translatio s. Fortunatae et sociorum eius*[30]. Questo racconto comincia infatti con le stesse parole della *Translatio s. Ianuarii: Qualiter autem corpora sanctorum ad nos, id est Augiam insulam, delata sint, paucis monstrabimus*, cui segue un'identica descrizione dell'arrivo del giovane alamanno[31] nell'Italia meridionale.

Più ampio è, invece, il passo sulla chiesa deserta in cui erano conservate le reliquie: mentre nella *Translatio s. Ianuarii* si parla soltanto di *quadam aecclesia iam propter timorem hostium ab accolis deserta*, nella *Translatio s. Fortunatae* si legge a proposito di questa *permagna aecclesia: Quam iam fratres ibi Christo servientes ob Sarracenorum infestam deserebant persecutionem; tres tantum ibi iam pauperrimi effecti remanserant, ne sanctorum reliquiae sine custodia et obsequio canonicarum horarum existerent*. Inoltre — a differenza della *Translatio s. Ianuarii* — la *Translatio s. Fortunatae* ci fa sapere che il prete che faceva da guida al giovanotto alamanno era un monaco: *monachum et presbyterum*.

Come anno della traslazione delle reliquie di S. Fortunata e dei suoi fratelli Carponio, Euagristo e Prisciano è indicato l'anno 874. Questa sarebbe dunque avvenuta tre anni dopo la *Translatio s. Ianuarii et sociorum eius*. Alla fine della *Translatio s. Fortunatae et sociorum eius* è aggiunto un passo che non si trova nella *Translatio s. Ianuarii*, a proposito dei *viri sancti* che erano rimasti *in praefata basilica* come custodi e che, vedendo aprire le tombe per rubare le reliquie, avrebbero cominciato a lamentarsi e a piangere strappandosi i capelli e ferendosi il viso con i pugni, seguendo i ladri sacrileghi finché le forze non li abbandonarono[32].

È ovvia la difficoltà di ricavare tra gli evidenti topoi agiografici i riflessi della realtà storica in cui queste testimonianze furono concepite. Sono, dunque,

---

[28] KLÜPPEL, *Reichenauer Hagiographie* (cit. sopra alla nota 22) p. 58.

[29] Ivi, p. 57s.

[30] Ed. A. HOLDER-EGGER, MGH SS XV/1, p. 473; BHL 3083; cfr. KLÜPPEL, *Reichenauer Hagiographie* (cit. sopra alla nota 22) p. 58s.

[31] Soltanto in un manoscritto del sec. XIV (Basilea, Universitätsbibliothek ms. A.VI.36) è aggiunto *nomine Rudhoch*: v. MGH SS XV/1, p. 473; la descrizione di questo ms. si deve a G. BINZ, *Die Deutschen Handschriften der Öffentlichen Bibliothek der Universität Basel*, Bd. 1: *Die Handschriften der Abteilung A*, Basel 1907, pp. 66-69.

[32] MGH SS XV/1, p. 473: «Sancti autem viri qui herendo excubiis sanctorum in praefata basilica, ubi sepulta fuerant corpora sanctorum, remanserant, ut viderunt aperiri sepulchra et sacras auferri reliquias, cruciabant semet ipsos fletibus et nimio eiulato capillosque suis de capitibus extrahentes pectoraque et ora pugnis ferientes, eatenus recedentes secuti sunt, quousque cursum exinde recedere festinantium consequi non valuerunt».

questi racconti sulla traslazione delle reliquie soltanto interessanti per lo studio della produzione letteraria, e particolarmente di quella agiografica nel monastero di Reichenau? Si tratta soltanto di edificanti favole inventate da devoti monaci per provare la dubbia autenticità di reliquie conservate nella loro abbazia? O si tratta, invece, di documenti che rispecchiano, indirettamente, aspetti del passato, cioè di testimonianze di relazioni ancora poco conosciute tra l'Italia meridionale e l'Alamannia?

Domande queste, alle quali nell'attuale stato di ricerca è difficile rispondere. Ci vorrebbe un'attenta e acuta rilettura di tutte le fonti relative a questi problemi. Un tale impegno non si dovrebbe limitare alle fonti 'tradizionali' come gli annali, le cronache, i diplomi ecc., ma dovrebbe includere anche le testimonianze finora poco studiate o quasi dimenticate. Accenno alla tradizione commemorativa con i suoi *libri memoriales* e necrologi, in gran parte ancora non sufficientemente editi e studiati[33].

Un documento che può fornire nuovi aspetti sulle relazioni altomedievali tra l'Alamannia (con i territori dell'Alsazia, della Germania sudoccidentale e della Svizzera settentrionale) e l'Italia meridionale, e che, tra l'altro rispecchia un finora ignoto episodio delle incursioni arabe nel Mezzogiorno, si trova nel *liber memorialis* di Reichenau[34]. In questo codice liturgico, in cui furono registrate le persone da commemorare durante la messa, si trova un elenco di monaci del monastero di S. Modesto in Benevento con l'intestazione: NOMINA FRATRUM DE MONASTERIO *Beati Modesti martyris. Venerunt sarisinos (!), incenderunt monasterium nostrum et omnes fratres per(di)derunt. Sed et Meginhartus solus remansit. In nomine Domini Jesu Christi.* Seguono i nomi dei monaci: (1) *Cundhart abbas*, (2) *Petrus*, (3) *Iohannes*, (4) *Radeuuin*, (5) *Cesarius*, (6) *Fluduinus magister scole*, (7) *Adalbreht*, (8) *Adalbreht*, (9) *Promar*, (10) *Iohannes*, (11) *Heribrant quem sar(asini) decol(laverunt)*, (12) *Lantpreht*, (13) *Radolt*, (14) *Iohannes*, (15) *Leo*, (16) *Heriuualt*, (17) *Asinpertus*, (18) *Dauid*, (19) *Crisilpoto*, (20) *Iohannes*, (21) *Amalrihc*, (22) *Ansculo*, (23) *Adalkis*, (24) *Martinus*, (25) *Amalpreht*, (26) *Ansilurid*, (27) *Asinpertus*.

Il *Cundhart abbas* è identico al *Gontarius abbas monasterii Sancti Modesti*, attestato in una carta del febbraio dell'852[35]. Gontario è il primo abate di S.

[33] Cfr. H. HOUBEN, *La realtà sociale medievale nello specchio delle fonti commemorative*, in «Quaderni medievali», 13 (giugno 1982), pp. 82-97 con ulteriori indicazioni bibliografiche.

[34] L'edizione di P. PIPER, *Libri confraternitatum Sancti Galli, Augiensis, Fabariensis*, Berlin 1884 (MGH Libri confraternitatum), p. 249, è oggi da considerarsi superata e va sostituita da *Das Verbrüderungsbuch der Abtei Reichenau* (Zentralbibliothek Zürich, Hs. Rh. Hist. 27): *Einleitung, Facsimile und Register*, a cura di J. AUTENRIETH, D. GEUENICH e K. SCHMID, Hannover 1979 (MGH Libri memoriales et Necrologia, Nova Series 1), p. 85.

[35] F. BARTOLONI, *Le più antiche carte dell'abbazia di San Modesto in Benevento (secoli VIII-XIII)*, Roma 1950 (Regesta Chartarum Italiae 33), nr. 3, pp. 5-7; *Chronica monasterii Casinensis*,

Modesto di Benevento, di cui abbiamo notizia e appare citato nelle fonti soltanto questa sola volta nell'852. Il suo successore, Pietro, è attestato in una carta probabilmente risalente all'anno 879[36]. Quest'anno è dunque un *terminus ante quem* per la redazione della lista dei monaci di S. Modesto, inserita nel *liber memoriais* di Reichenau e forse anche *terminus ante quem* per la distruzione del monastero beneventano da parte dei Saraceni, testimoniata soltanto nel testo sopra riportato. Le fonti storiche relative alle incursioni arabe nel Mezzogiorno non riferiscono nulla su questo episodio.

Sono attestati però altri episodi della presenza saracena a Benevento durante il nono secolo. I *Chronica S. Benedicti Casinensis* riferiscono che Massar, il capo dei mercenari musulmani chiamati da Radelchi a Benevento, si era impadronito della città e saccheggiato il monastero di S. Maria in Cingla (com. di Ailano; prov. Caserta)[37]. Ciò avvenne probabilmente nell'846[38]. Una connessione tra questo evento e la distruzione di S. Modesto, riferita nel *liber memorialis* di Reichenau, non è da escludere; sembra però più probabile che il saccheggio di S. Modesto sia avvenuto più tardi, perché nel documento dell'abate Gontario, emanato nel febbraio dell'852, manca qualsiasi accenno a tale avvenimento[39].

La distruzione di S. Modesto è dunque probabilmente avvenuta in altro ambito. Le fonti ci parlano di diverse scorrerie saccheggiatrici organizzate dal terzo emiro di Bari, il famoso Sawdān (circa 857-871)[40]. Sotto questo personaggio, chiamato da Giosuè Musca «un condottiero d'eccezione, crudele saccheggiatore ma anche statista colto e saggio»[41], Bari diventò il centro di un vero e proprio Stato musulmano. L'emirato viveva innanzitutto di scorrerie saccheggiatrici e di commercio di schiavi. Ai tempi di Sawdān sono documentate cinque scorrerie, ma probabilmente furono molte di più: la prima devastò verso l'857 le terre beneventane[42]; poco dopo, nell'858 circa, Sawdān saccheggiò le

ed. H. Hoffmann, Hannover 1980 (MGH SS 34), p. 70s.; per il contenuto di questo documento cfr. R. Iorio, *Canne e il suo territorio nell'Alto Medioevo*, in «Quaderni medievali» 10 (dicembre 1980), pp. 10-70, ivi, p. 52s.

[36] Bartoloni, *Le più antiche carte* (cit. sopra alla nota 35) nr. 4, pp. 7-11.

[37] *Chronica S. Benedicti Casinensis*, ed. G. Waitz, MGH SS rer. langobard. et ital. saec. VI-IX, Hannover 1878, p. 473 : «Aliquantis interim elapsis temporibus, Massar dux Benevento residens in auxilium Radelchisi principis, beatissimae Dei genitricis in Cingla Mariae monasterium devastabit castellumque postmodum Sancti qui cognominatur Viti coepit».

[38] Musca, *L'emirato di Bari* (cit. sopra alla nota 5) pp. 25 e 28s.

[39] V. sopra nota 35.

[40] Musca, *L'emirato di Bari* (cit. sopra alla nota 5) pp. 61-76.

[41] Ivi, p. 61.

[42] Erchempertus, *Historia Langobardorum Beneventanorum (744-889)*, ed. G. Waitz, MGH SS rer. lang. et ital., Hannover 1878, pp. 231-264, particolarmente p. 245: «Inter haec Saugdan nequissimus ac sceleratissimus rex Hismahelitum totam terram Beneventanam igne, gladiis et captivitate crudeliter devastabat, ita ut non remaneret in ea alitus».

terre napoletane, poi nell'861 circa, Ascoli Satriano (in Puglia) e l'alta valle del Volturno[43].

I *Chronica S. Benedicti Casinensis* descrivono il saccheggio dell'abbazia di S. Vincenzo al Volturno: i monaci si salvarono con la fuga, però, sorpresi dall'improvviso attacco dei musulmai dovettero lasciare tutto il tesoro del monastero, gli arredi sacri e le provviste alimentari[44]. Il cronista cassinese racconta che il *nefandissimus* Sawdān beveva nei sacri calici e si faceva dare l'incenso con i turiboli d'oro[45]. Questo *pestifer impiissimus atque crudelissimus latro*, come viene chiamato dal cronista, avrebbe ogni giorno ucciso circa 500 uomini e si sarebbe seduto sui cadaveri mangiando come un cane puzzolente: *Nullus omnimo praeteribat dies, quod ad quingentos et eo amplius non interficeret homines* [...] *Nam sevus ille tyrannus super cadavera mortuorum sedens, edebat tamquam unus putridus canis*[46]. Questi passi dei *Chronica* sono meno interessanti per una oggettiva valutazione di Sawdān che per l'individuazione 'ideologica' del cronista. L'arabo Sawdān che in una fonte ebraica, la cronaca di Ahimaaz di Oria, appare come una persona colta e saggia[47], doveva sembrare all'anonimo monaco cassinese, a causa dei suoi saccheggi di monasteri, la personificazione della spada dell'indignazione divina che puniva i peccatori: *Interim gladius dominicae indignatonis huc illucque discurrens, in deliquentium cervicibus grassabatur*[48].

Nell'862 Sawdān, dopo aver invano assediato da Venafro, dove aveva istaurato una base per le sue scorrerie, la città di Conza, saccheggiò le terre dell'abbazia di Montecassino[49]. Le incursioni svolte da Sawdān verso la fine del sesto e l'inizio del settimo decennio del nono secolo (857, 858, 861, 862) non riguardavano la Puglia — ad eccezione di Ascoli Satriano e Canosa —, perché questa regione era probabilmente già sotto il suo controllo; non riguardavano neanche la Lucania, regione troppo povera per un buon bottino, né il territorio di Salerno i cui padroni erano in buoni rapporti con gli arabi. Particolarmente minacciata dalle scorrerie saracene era invece la valle del Volturno e la Liburia[50]; queste terre ricche dovevano in modo particolare sopportare le conseguenze delle lotte e dell'anarchia tra i Longobardi del Mezzogiorno.

---

[43] MUSCA, *L'emirato di Bari* (cit. sopra alla nota 5) pp. 63ss.

[44] *Chronica S. Benedicti Casinensis* (cit. sopra alla nota 37) p. 477; cfr. MUSCA, *L'emirato di Bari* (cit. sopra alla nota 5) p. 66.

[45] *Chronica S. Benedicti Casinensis* (cit. sopra alla nota 37) p. 477: «Nefandissimus autem Seodan rex in sacris calicibus bibebat, et cum turibulis aureis incensum sibi fieri iubebat».

[46] Ivi, p. 476.

[47] Cfr. MUSCA, *L'emirato di Bari* (cit. sopra alla nota 5) pp. 77ss.

[48] *Chronica S. Benedicti Casinensis* (cit. sopra alla nota 37) p. 476.

[49] Cfr. MUSCA, *L'emirato di Bari* (cit. sopra alla nota 5) p. 67.

[50] Ivi, p. 68.

In questo contesto storico è probabilmente da collocare la distruzione di S. Modesto di Benevento, testimoniata soltanto mediante il *liber memorialis* di Reichenau. È probabile che l'abbazia di S. Modesto fu saccheggiata durante una delle scorrerie di Sawdān, nel periodo tra l'857 e l'862 circa, così come può rilevarsi dalla carta geografica delle scorrerie saracene redatta da Giosuè Musca, e dalla quale si nota come Benevento, antico nodo stradale tra la Via Appia e la Traiana, si trovava proprio al centro di tali incursioni[51].

La notizia inserita nel *liber memorialis* di Reichenau riferisce che i Saraceni incendiarono il monastero di S. Modesto e costrinsero alla fuga i monaci: *venerunt sarisinos (!), incenderunt monasterium nostrum et omnes fratres per(di)derunt*[52]. Rimase soltanto un certo Meginhartus: *Sed et Meginhartus solus remansit*, mentre il monaco Heribrant venne decapitato dai Saraceni: *Heribrant quem sar(asini) decol(laverunt)*. Oltre a questa notizia sulla finora ignota distruzione di S. Modesto da parte dei Saraceni il *liber memorialis* di Reichenau ci fornisce anche l'elenco dei monaci ivi commoranti, dandoci così un'altra preziosa testimonianza su un periodo storico del Mezzogiorno per altri versi scarsamente documentato[53].

La lista dei nomi suggerisce che la comunità monastica di S. Modesto contava sotto l'abate Gontario (attestato nell'852) ventisette o — se si conta anche il *Meginhartus* che *solus remansit* — ventotto membri. Interessante è la menzione di *Fluduinus magister scole*, che fa pensare all'esistenza di una scuola nel monastero beneventano[54]. I nomi dei monaci sono in parte longobardi[55] come (4) *Radeuuin*, (6) *Fluduinus*, (13) *Radolt*, (17) *Asinpertus*, ecc.; però, già nel nono secolo, come è noto, il nome non era più indicativo dell'origine etnica di una persona[56].

---

[51] Ivi, p. 88-89: «L'Italia meridionale alla metà del secolo nono».

[52] Come sopra nota 34; a differenza di quello che scrisse A. EBNER, *Die klösterlichen Gebets-Verbrüderungen bis zum Ausgang des karolingischen Zeitalters. Eine kirchengeschichtliche Studie*, Regensburg - New York - Cincinnati 1890, p. 48s. nota 4, ritengo che in questo caso *perdere* non significhi «morire» (in ted. «umkommen»), ma «disperdere».

[53] Per la scarsa documentazione del monastero di S. Modesto di Benevento nel sec. IX cfr. BARTOLONI, *Le più antiche carte* (cit. sopra alla nota 35) e *Italia Pontificia*, IX, a cura di W. HOLTZMANN, Berlin 1962 (Regesta Pontificum Romanorum..., congessit P.F. KEHR), p. 97s.

[54] La città di Benevento era nell'alto medioevo famosa per i suoi dotti chierici: cfr. WATTENBACH - LEVISON - LÖWE, *Deutschlands Geschichtsquellen im Mittelalter*, Heft 4, Weimar 1963, p. 433s.

[55] Per gli antroponimi longobardi cfr. M.G. ARCAMONE, *Antroponimia altomedievale nelle iscrizioni murali*, in *Il Santuario di S. Michele sul Gargano dal VI al IX secolo. Contributo alla storia della Longobardia meridionale*. Atti del Convegno tenuto a Monte Sant'Angelo il 9-10 dicembre 1978, a cura di C. CARLETTI e G. OTRANTO, Bari 1980 (Vetera Christianorum, Scavi e Ricerche 2), pp. 255-317.

[56] Ivi, p. 260: «... a una data tradizione onomastica non corrisponde necessariamente lo stesso stato etnico: questo è vero in misura rilevante per i secoli VIII e IX...».

Rimane un ultimo problema: la trasmissione della lista all'abbazia di Reichenau. Nella prima redazione del *liber memorialis* di Reichenau, avvenuta nell'824, si trovano liste di nomi di monaci e chierici appartenenti a comunità ubicate nell'impero franco e dunque anche nell'Italia settentrionale come Leno, Nonantola e Monteverdi; più tardi vennero aggiunti anche nomi di chierici di Ceneda (Vittorio Veneto; prov. Treviso), di monaci di S. Antimo (presso Chiusi; prov. Siena), e altri[57].

La lista dei monaci di S. Modesto di Benevento è l'unica proviniente dall'Italia meridionale. Come si spiega il fatto che il piccolo monastero di S. Modesto di Benevento fu ammesso alla commemorazione liturgica dell'abbazia alamanna sul lago di Costanza, a differenza di una famosa abbazia come Montecassino? Sembra possibile che l'elenco dei monaci di S. Modesto sia pervenuto a Reichenau tramite il giovane alamanno che veniva nel Mezzogiorno d'Italia al seguito di Ludovico II e che, secondo quanto riferiscono la *Translatio s. Ianuarii* e la *Translatio s. Fortunatae*, trovò le reliquie in una chiese rimasta deserta per paura dei Saraceni. Le date delle traslazioni di queste reliquie, l'871 e l'874, non escludono la possibilità che sia la notizia sulla distruzione di S. Modesto, avvenuta forse verso l'860, sia la lista dei monaci, redatta nello stesso periodo, siano pervenute a Reichenau insieme con le reliquie.

L'inserzione dei nomi dei monaci di S.Modesto di Benevento nel *liber memorialis* di Reichenau nella seconda metà del nono secolo, potrebbe confermare la tesi, che anche dopo il trattato di Verdun dell'834, con il quale l'impero carolingio fu diviso tra i figli dell'imperatore Ludovico I il Pio, cioè tra Ludovico II il Germanico, Lotario I e Carlo II il Calvo, la regione intorno al lago di Costanza, assegnata a Ludovico il Germanico non lasciava i suoi rapporti con l'Italia, tradizionalmente molto stretti[58].

La lista dei monaci di S. Modesto di Benevento e la notizia sulla distruzione saracena del monastero nel *liber memorialis* di Reichenau può dunque essere considerata come argomento valido non soltanto in una discussione sull'attendibilità delle notizie di traslazioni di reliquie dall'Italia meridionale in Alamannia, ma anche come testimonianza eloquente dei rapporti intercorsi nell'alto medioevo tra l'Alamannia e il Mezzogiorno[59].

---

[57] Cfr. K. Schmid - J. Wollasch, *Die Gemeinschaft der Lebenden und Verstorbenen in Zeugnissen des Mittelalters*, in «Frühmittelalterliche Studien», 1 (1967), pp. 365-405 con una carta geografica delle comunità affratellate all'abbazia di Reichenau («Reichenauer Gebetsverbrüderung mit geistlichen Gemeinschaften»). Tra le comunità italiane troviamo le abbazie di Leno, Nonantola, Monteverdi, S. Giulia di Brescia, S. Faustino di Brescia, Novalese, S. Modesto di Benevento, S. Antimo, e i capitoli cattedrali di Ceneda e di Milano.

[58] Cfr. K. Schmid, *Zur historischen Bestimmung des ältesten Eintrags im St. Galler Verbrüderungsbuch*, in: Alemannica. Landeskundliche Beiträge. Festschrift für Bruno Boesch (Alemannisches Jahrbuch 1973/75), Bühl 1976, pp. 500-532, particolarmente p. 528s.

[59] Cfr. sotto pp. 67ss.

AGGIORNAMENTO BIBLIOGRAFICO: v. sotto p. 82.

Capitolo quarto

Benevento e Reichenau: contatti tra l'Italia meridionale e l'Alamannia in epoca carolingia*

La regione intorno al lago di Costanza era nella tarda antichità una zona di confine dove si incontrarono diverse tribù, popoli e culture: Celti e Reti, Romani e Alamanni. L'integrazione di questa zona nel contesto storico europeo è dovuta al monachesimo. Il missionario irlandese Colombano, di cui Arno Borst scrisse che egli mediante i suoi continui pellegrinaggi che lo condussero dall'Irlanda all'Italia, avesse fondato l'unità spirituale dell'Europa medioevale[1], venne intorno all'anno 610 a Bregenz; poco tempo dopo, il suo allievo Gallo fondò una cella monastica presso la Steinach dalla quale più tardi nasceva il famoso monastero di San Gallo. Se si prende sul serio l'idea colombaniana dell'unità di un'Europa cristiana che si estendeva dal Mare del Nord al Mediterraneo, la regione intorno al lago di Costanza si sarebbe dovuta trasformare da una zona di confine in una zona centrale dell'Europa.

Ciò, però non avvenne. In epoca merovingia e carolingia l'Alamannia e con essa la regione intorno al lago di Costanza rimase al margine dell'interesse politico. Per i detentori del potere nel regno franco la zona intorno al lago di Costanza rimase inizialmente nient'altro che una zona di confine poco sicura.

Solo con la politica italiana di Carlo Magno le regioni vicine alle Alpi acquistarono importanza a causa delle loro strade di accesso ai passi alpini. Il preludio alla conquista del regno longobardo da parte di Carlo Magno era, come è noto, il ripudio della sua prima moglie che era una figlia del re longobardo Desiderio, avvenuto nel 771, e il successivo matrimonio con Ildegarda, figlia di un nobile alamanno († 783). Chiamato in aiuto dal papa, Carlo si recò nel 773 in Italia dove egli stesso assumeva nel 774, in seguito alla conquista di Pavia e alla reclu-

* Pubblicato (in lingua tedesca) con il titolo *Benevent und Reichenau: süditalienisch-alemannische Kontakte in der Karolingerzeit* in «Quellen und Forschungen aus italienischen Archiven und Bibliotheken» 63 (1983) pp. 1-19.

[1] A. Borst, *Mönche am Bodensee. 610-1525*, Sigmaringen 1978 (Bodensee-Bibliothek 5), p. 29.

sione di Desiderio in un monastero, la dignità di re dei Longobardi. Sin da allora egli si intitola nei documenti ufficiali come *rex Francorum et Langobardorum* (per la prima volta il 5-VI-774) e nella sua funzione come protettore della città di Roma anche come *patricius Romanorum* (per la prima volta il 16-VII-774)[2]. «E Carlo non si limitava ad introdurre nuovi titoli nei diplomi regi», come alcuni anni or sono, metteva in risalto Karl Schmid. «Anzi egli dava ai nuovi titoli un contenuto concreto assumendo decisamente i suoi doveri come nuovo re dei Longobardi e come *patricius* dei Romani mettendo infine in evidenza il suo potere politico nell'assunzione del titolo di imperatore»[3].

Con l'assunzione del titolo di re dei Longobardi Carlo Magno pretese teoricamente anche la sottomissione dei ducati longobardi dell'Italia centro-meridionale, cioè di Spoleto e di Benevento, nonostante che essi, almeno in teoria, appartenessero al *patrimonium s. Petri*[4]. Mentre il ducato di Spoleto si piegava presto al dominio franco legandosi mediante l'immigrazione di Franchi e di Alamanni in modo più stretto all'impero franco, come è stato dimostrato efficacemente da Bruno Ruggiero[5], il ducato di Benevento invece non era incline a sottomettersi. Il duca Arechi II di Benevento (758-787) il quale aveva sposato una figlia di Desiderio, re dei Longobardi, si intitolava anzi proprio sin dal 774 programmaticamente *princeps gentis Langobardorum*[6]. Egli pretese dunque di essere l'erede del regno longobardo[7] e Arechi e i suoi successori riuscirono infatti a conservare il loro ducato longobardo come di fatto indipendente tra gli Imperi d'Occidente e d'Oriente avendo nella cappella palatina

[2] Cfr. T. Schieffer, *Das Karolingerreich*, in: *Handbuch der europäischen Geschichte*, a cura di T. Schieder, vol. 1, Stuttgart 1976, p. 550 con ulteriori indicazioni bibliografiche.

[3] K. Schmid, *Zur Ablösung der Langobardenherrschaft durch die Franken*, in «Quellen und Forschungen aus italienischen Archiven und Bibliotheken», 52 (1972), p. 2: «Und Karl begnügte sich nicht damit, in seinen Königsurkunden lediglich neue Titel zu führen. Vielmehr gab er ihnen einen konkreten Inhalt, indem er seinen Verpflichtungen als neuer Langobardenkönig und als *Patricius* der Römer entschlossen nachkam und schließlich seiner Herrscherstellung in der Annahme des Kaisertitels Ausdruck verlieh».

[4] B. Ruggiero, *Il Ducato di Spoleto e i tentativi di penetrazione dei Franchi nell'Italia meridionale*, in «Archivio Storico per le Province Napoletane», 3ª ser. 5-6 (1966-67), pp. 77ss., rist. in: Id., *Potere, istituzioni, chiese locali*, Bologna 1977, pp. 2ss.: «... secondo il racconto del biografo pontificio, in una solenne riunione tenutasi a Roma il 6 aprile 774 Carlo Magno confermò la *promissio donationis* ricevuta vent'anni innanzi da Stefano II a Quierzy...; il re dei Franchi concedeva al *Patrimonium s. Petri* vastissimi territori italiani entro il confine da Luni e dalla Corsica a Monselice, comprendenti anche «cunctum ducatum Spoletinum seu Beneventanum». A questa solenne promessa, comunque, non fu data pratica attuazione...».

[5] Ivi pp. 4ss.

[6] Cfr. O. Bertolini, *Carlomagno e Benevento*, in: *Karl der Große. Lebenswerk und Nachleben*, a cura di W. Braunfels, I, Düsseldorf 1965, pp. 609-671.

[7] Cfr. N. Cilento, *Le origini della signoria capuana nella Longobardia minore*, Roma 1966 (Istituto storico ital. per il medioevo, Studi storici 69-70), pp. 47ss. e 72s.

ducale di S. Sofia a Benevento il suo centro spirituale e culturale[8].

Nell'integrazione del regno longobardo nell'impero franco l'abbazia di Reichenau ebbe una parte notevole. Carlo Magno destinò nel 781 l'abate Waldo (786-806), il «fondatore del secolo aureo di Reichenau» come egli è stato chiamato da p. Emanuel Munding[9], a diventare il precettore e il consigliere del figlio decenne Pipino, destinato da Carlo Magno a re d'Italia e incoronato e unto dal papa. Alcuni anni più tardi, l'abate di Reichenau diventò, su esplicito desiderio di Carlo, anche vescovo di Pavia, cioè della vecchia capitale del regno longobardo.

Il ruolo che ebbe il monastero di Reichenau, situato su di un'isola nel lago di Costanza, nella «successione dei Franchi al dominio dei Longobardi», è stato messo in nuova luce dalle ricerche svolte da Karl Schmid sulle liste dei monaci di monasteri longobardi inserite nel *liber memorialis* di Reichenau[10]: La sorprendente consistenza delle liste dei monaci di Leno (220 nomi), di Nonantola (854 nomi) e di Monteverdi (293 nomi + circa 252 nomi perduti = circa 545 nomi)[11] dimostrano il grande afflusso a questi monasteri i quali, fondati nella fase finale del dominio regio longobardo[12], diventarono luoghi di rifugio per gran parte della popolazione longobarda. L'inserimento dei nomi dei membri di queste comunità monastiche nei *libri memoriales* di monasteri situati sul lago di Costanza, cioè di Reichenau e di San Gallo, è stato interpretato come una espressione della forza integrativa del monachesimo, il quale sulla base della sua funzione religiosa, era in grado di costruire ponti tra l'antico e il nuovo potere politico[13].

Guardando le comunità canonicali e monastiche registrate nel *liber memorialis* di Reichenau durante la prima redazione, si nota subito, e ciò è stato già rilevato dagli studiosi, un orientamento verso Sud. Konrad Beyerle metteva in risalto che subito dopo San Gallo sono stati registrati «i monasteri lungo la strada per l'Italia», cioè Pfäfers, Disentis, Müstair, Leno e Nonantola[14]. Iso

---

[8] Cfr. H. BELTING, *Studien zum beneventanischen Hof im 8. Jahrhundert*, in «Dumbarton Oaks Papers», 16 (1962), pp. 141-193.

[9] E. MUNDING, *Abt-Bischof Waldo, Begründer des goldenen Zeitalters der Reichenau*, Beuron 1924 (Beuroner Texte und Arbeiten 10-11).

[10] K. SCHMID, *Anselm von Nonantola, olim dux militum - nunc dux monachorum*, in «Quellen und Forschungen aus italienischen Archiven und Bibliotheken», 47 (1967), pp. 1-122; ID., *Zur Ablösung der Langobardenherrschaft* (cit. sopra alla nota 3).

[11] ID., *Zur Ablösung der Langobardenherrschaft* (cit. sopra alla nota 3) p. 31.

[12] Ivi p. 30: «Die Klöster sind ... dadurch charakterisiert, daß sie im gleichen Jahrzehnt der Endphase der langobardischen Königsherrschaft ins Leben traten: Nonantola 752/53, Monteverdi 754 und Leno 758».

[13] Ivi p. 34.

[14] K. BEYERLE, *Das Reichenauer Verbrüderungsbuch als Quelle der Klostergeschichte*, in: *Die Kultur der Abtei Reichenau*, a cura di K. BEYERLE, München 1925, rist. Aalen 1970, p. 1111.

Müller metteva in evidenza che si trattava della stessa strada sulla quale arrivarono le reliquie provenienti dall'Italia e parlava dunque di una «strada delle reliquie»[15]. Queste osservazioni furono accolte e approfondite da Karl Schmid che rilevò che questo orientamento verso Sud sia da vedere «come una parte dell'orizzonte dell'abbazia di Reichenau in epoca carolingia in relazione con la situazione politica nel periodo precedente al trattato di Verdun (843)»[16].

I rapporti intercorsi tra la Reichenau e l'Europa meridionale non si rispecchiano soltanto nelle comunità religiose registrate durante la redazione originaria del *liber memorialis* avvenuta nell'824. Anche in seguito alla prima redazione furono registrate nel *liber memorialis* del monastero situato sul lago di Costanza molti nomi e gruppi di nomi provenienti dall'Italia. Le liste di monaci e di chierici italiani registrate dopo l'824 sono state finora poco studiate[17].

In seguito dimostreremo sull'esempio della lista dei monaci del monastero di S. Modesto di Benevento come si può arrivare mediante lo studio di un tale elenco di nomi, realizzato nel confronto con altre fonti coeve, a nuovi risultati relativi ai rapporti dell'abbazia alamanna di Reichenau con il Mezzogiorno. Si vedrà che la lista dei monaci beneventani, allo stesso modo dei menzionati

---

[15] I. MÜLLER, *Die Altar-Tituli des Klosterplans*, in: *Studien zum St. Galler Klosterplan*, a cura di J. DUFT, St. Gallen 1962 (= Mitteilungen zur vaterländischen Geschichte 42), p. 143.

[16] K. SCHMID, *Bemerkungen zur Anlage des Reichenauer Verbrüderungsbuches*, in: *Landesgeschichte und Geistesgeschichte. Festschrift für O. Herding zum 65. Geburtstag*, a cura di K. ELM, E. GÖNNER e E. HILLENBRAND, Stuttgart 1977 (Veröffentlichungen der Kommission für geschichtliche Landeskunde in Baden-Württemberg, B 92), p. 27.

[17] Presso K. SCHMID-J. WOLLASCH, *Die Gemeinschaft der Lebenden und Verstorbenen in Zeugnissen des Mittelalters*, in «Frühmittelalterliche Studien», 1 (1965), carta geografica nr. 2 (prima di p. 407) «Reichenauer Gebetsverbrüderung mit geistlichen Gemeinschaften» sono elencati:

— Novalese, abbazia, lista del sec. IX
— Milano, capitolo cattedrale, lista posteriore al 900
— S. Giulia di Brescia, abbazia, liste del sec. IX
— S. Faustino di Brescia, abbazia, lista del sec. IX
— Leno, abbazia, liste tra i *capitula* (824)
— Ceneda, capitolo cattedrale, lista del sec. IX
— Nonantola, abbazia, liste tra i *capitula* (824)
— Monteverdi, abbazia, liste tra i *capitula* (824)
— S. Antimo, abbazia, lista posteriore al 900
— S. Modesto di Benevento, abbazia, lista del sec. IX

Sulla pagina 81 del *Verbrüderungsbuch der Abtei Reichenau* (Zentralbibliothek Zürich, Hs. Rh. hist. 27), edd. J. AUTENRIETH, D. GEUENICH e K. SCHMID, Hannover 1979 (MGH Libri memoriales et Necrologia, N.S. 1), segue al titolo «INCIPIUNT NOMINA FRATRUM EX MONASTERIO SANCTI BIBIANO (!)» una lista di chierici comprendente 40 nomi: «(1) Bonetus diaconus, (2) Eppus diaconus, (3) Ragnebertus presbiter, ...» La discrepanza tra il titolo che si riferisce probabilmente al monastero femminile (!) di S. Bibiana a Roma, attestato nell'806 (cfr. per questo monastero G. FERRARI, *Early Roman Monasteries*, Città del Vaticano 1957 [Studi di Antichità Cristiana 23], pp. 68ss.), e la successiva lista di chierici finora non è stata chiarita.

elenchi longobardi registrati durante la redazione originaria del *liber memorialis*, non può essere interpretata senza mettere in conto gli eventi politici dell'epoca carolingia.

La lista dei monaci di Benevento si trova a pagina 85 del *liber memorialis* dell'abbazia di Reichenau. Qui si legge: «NOMINA FRATRUM DE MONASTERIO Beati Modesti martyris. Venerunt sarisinos (!), incenderunt monasterium nostrum et omnes fratres per(di)derunt. Sed et Meginhartus solus remansit. In nomine domini Jesu Christi.» Seguono i nomi dei monaci: «(1) Cundhart abbas, (2) Petrus, (3) Iohannes, (4) Radeuuin, (5) Cesarius, (6) Fluduinus magister scole, (7) Adalbreht, (8) Adalbreht, (9) Promar, (10) Iohannes, (11) Heribrant quem sar(asini) decol(laverunt), (12) Lantpreht, (13) Radolt, (14) Iohannes (15) Leo, (16) Heriuualt, (17) Asinpertus, (18) Dauid, (19) Crisilpoto, (20) Iohannes, (21) Amalrihc, (22) Ansculo, (23) Adalkis, (24) Martinus, (25) Amalpreht, (26) Ansilurid, (27) Asinpertus.»[18]

Prima di tutto si pongono due domande: 1. A quale epoca risalgono la lista e la notizia relativa all'incursione dei Saraceni? 2. In che modo questa testimonianza arrivò dall'Italia meridionale a Reichenau?

Esaminiamo prima il problema cronologico: l'abate *Cundhart* è attestato nelle fonti storiche una sola volta e cioè in una carta del febbraio 852. Egli, *Gontarius abbas monasterii Sancti Modesti*, donava in esecuzione dell'ultima volontà della principessa Adelchisa e per la salute della sua anima nonché di quella di Sicardo, suo marito, all'abbazia di Montecassino alcuni beni situati nel territorio di Canosa di Puglia sulle quali la principessa non aveva dato disposizione nel testamento[19]. Questa carta è anche la testimonianza più antica pervenutaci del monastero di S. Modesto di Benevento. Siccome in una carta risalente probabilmente all'anno 879 appare come abate di S. Modesto un certo *Petrus*[20], quell'anno è da considerare come *terminus ante quem* per la redazione del sopracitato elenco dei monaci. Una precisazione della data della redazione dell'elenco viene ostacolata dal fatto che non è possibile stabilire con esattezza il periodo in cui l'abate *Cundhart* (*Gontarius*) dirigeva il monastero. Gli unici documenti del sec. IX che abbiamo del monastero sono le già citate carte dell'852 e dell'879: il primo documento successivo è infatti del 991/2[21].

Rimane dunque solo la possibilità di precisare la data della registrazione commemorativa attraverso le notizie inerenti ad essa, relative all'incursione dei

[18] *Das Verbrüderungsbuch der Abtei Reichenau* (cit. sopra alla nota 17) p. 85.

[19] F. BARTOLONI, *Le più antiche carte dell'abbazia di San Modesto in Benevento (secc. VIII-XIII)*, Roma 1950 (Regesta Chartarum Italiae 33), nr. 3 pp. 5ss.; per il contenuto di questa carta cfr. adesso R. IORIO, *Canne e il suo territorio nell'Alto Medioevo*, in «Quaderni medievali», 10 (dicembre 1980), p. 52s.

[20] BARTOLONI (cit. sopra alla nota 19) nr. 4 pp. 7ss.

[21] Ivi nr. 5 pp. 11ss.

Saraceni. Ma anche qui la situazione documentaria è poco favorevole. Le fonti storiche coeve dell'Italia meridionale come i *Chronica S. Benedicti Casinensis* redatti da un anonimo monaco cassinese[22] o la *Historia Langobardorum Beneventanorum* di Erchemperto[23] alle quali dobbiamo la maggior parte delle informazioni sulla storia dell'Italia meridionale nel secolo IX, non riferiscono nulla su una distruzione e su un saccheggio del monastero di S. Modesto in Benevento ad opera dei Saraceni.

Sappiamo però di altre incursioni dei Saraceni nell'Italia meridionale avvenute nel secolo IX[24]. I Saraceni — si tratta di Bérberi nordafricani di fede musulmana — avevano cominciato già nell'827 l'invasione della Sicilia allora in mano ai Bizantini. Nell'838 saccheggiarono la città di Brindisi e nell'840 si insediarono a Taranto, allora un importante porto e un centro commerciale per vasi di terracotta e per vino, e rimasero qui per alcuni anni[25]. Nell'agosto dell'847 gli Arabi occuparono la città di Bari istaurando qui un piccolo Stato musulmano, l'emirato di Bari. Questo emirato che durò circa venticinque anni, viveva innanzitutto di azioni saccheggiatrici e del commercio di schiavi[26].

A Benevento gli Arabi chiamati come mercenari dal principe Radelchi si erano impadroniti, sotto il loro capo Massar, del potere e saccheggiarono la città e i suoi dintorni. Fra l'altro essi devastarono, probabilmente nell'846, il monastero di S. Maria in Cingla (com. Ailano; prov. Caserta)[27]. Se essi, in questa occasione danneggiarono anche il monastero di S. Modesto, non è noto; nella citata carta dell'abate Gontario dell'852 non si trova comunque nessun accenno a un tale evento.

La distruzione del cenobio di S. Modesto di cui il *liber memorialis* di Reichenau ci dà notizia, mi sembra essere avvenuta nel contesto di altre incursioni dei Saraceni intraprese in questa regione[28] e cioè nell'ambito delle azioni saccheggiatrici del famoso Sawdān, terzo emiro di Bari (circa 857-871). Sotto il

---

[22] *Chronica S. Benedicti Casinensis*, ed. G. WAITZ, Hannover 1878 (MGH SS rer. langob. et ital. saec. VI-IX), pp. 467-480.

[23] *Erchemperti Historia Langobardorum Beneventanorum (774-889)*, ed. G. WAITZ, ivi, pp. 231-264.

[24] Per queste vicende cfr. G. MUSCA, *L'emirato di Bari 847-871*, Bari 1964, 2. ed. 1967, rist. 1978.

[25] Cfr. F. GABRIELI, *Taranto araba*, in «Cenacolo», 4 (1974), pp. 3ss.; V. FARELLA, *La Chiesa di Taranto nell'alto medioevo*, in: *La Chiesa di Taranto*, a cura di C.D. FONSECA, I, Galatina 1977, pp. 73ss.

[26] Cfr. MUSCA (cit. sopra alla nota 24).

[27] *Chronica S. Benedicti* (cit. sopra alla nota 22) p. 473: «Aliquantis interim elapsis temporibus, Massar dux Benevento residens in auxilium Radelchisi principis, beatissimae Dei genitricis in Cingla Mariae monasterium devastabit castellumque postmodum Sancti qui cognominatur Viti coepit.» Per la data di questo evento cfr. MUSCA (cit. sopra alla nota 24) pp. 25, 28s.

[28] Cfr. sopra pp. 62s.

regime di questo Bérbero presentatoci da una coeva fonte ebraica dell'Italia meridionale come un uomo di Stato saggio e prudente[29], sono attestate tre razzie le quali conducevano tutte più o meno a Benevento o nei suoi dintorni[30]: intorno all'857 veniva saccheggiato il retroterra beneventano; verso l'858 la zona di Napoli; nell'861 circa la città di Ascoli Satriano in Capitanata e l'alta valle del Volturno. Probabilmente nell'ambito di una di queste razzie anche il monastero di S. Modesto veniva saccheggiato e incendiato: «venerunt sarisinos (!), incenderunt monasterium nostrum». I monaci, ad eccezione di un certo *Heribrant* che fu decapitato dai Saraceni («quem sarasini decollaverunt»), salvarono probabilmente la vita attraverso la fuga. La frase «omnes fratres perdiderunt» tradurrei con «tutti i monaci venivano dispersi» e non con «morirono» come proponeva l'Ebner[31]. Solo un certo *Meginhart* rimase solo nel monastero: «solus remansit».

Le circostanze concrete del saccheggio di S. Modesto non emergono dalla breve nota inserita nel *liber memorialis* di Reichenau. Probabilmente non erano molto diverse da quelle del saccheggio contemporaneo dell'abbazia di S. Vincenzo al Volturno su cui i *Chronica S. Benedicti* ci forniscono dei particolari: i monaci del tutto sorpresi dall'attacco dei Saraceni, salvarono con la fuga solo la vita essendo costretti ad abbandonare tutto quello che possedevano inclusi gli arredi sacri rimasti nel monastero. Con molto sdegno riferisce il cronista che il capo degli Arabi, il «nefandissimus, pestifer, impiissimus atque crudelissimus latro» Sawdān, abbia bevuto il vino dai calici sacri facendosi dare l'incenso dai turiboli d'oro[32].

Rimane da spiegare il fatto perché il saccheggio di S. Modesto in Benevento, cioè un evento di cui nessuna delle fonti storiche contemporanee dell'Italia meridionale parla, fu menzionato in una nota commemorativa del lontano monastero alamanno di Reichenau. Se non ci si vuole accontentare facendo riferimento al famoso «Zufall der Überlieferung», si pone la domanda concreta in quale modo la notizia sul saccheggio del monastero di S. Modesto e l'elenco con i nomi dei suoi monaci siano pervenuti dal Mezzogiorno in Alamannia.

In questo contesto sembra opportuno esaminare nuovamente alcune testimonianze, ben note agli studiosi già da tempo, in cui si parla di traslazioni di reliquie dall'Italia meridionale a. Reichenau: si tratta della «Translatio S.

---

[29] Si tratta della cronaca di Ahimaaz di Oria: cfr. Musca (cit. sopra alla nota 29) pp. 77ss. con ulteriori indicazioni bibliografiche.

[30] A Benevento si incrociano la *Via Appia* e la *Via Traiana*: cfr. la carta geografica presso Musca (cit. sopra alla nota 24) p. 88s.

[31] A. Ebner, *Die klösterlichen Gebets-Verbrüderungen bis zum Ausgang des karolingischen Zeitalters*, Regensburg - New York - Cincinnati 1890, p. 48s.

[32] *Chronica S. Benedicti* (cit. sopra alla nota 22) p. 476s.

Ianuarii et sociorum eius» e della «Translatio S. Fortunatae et sociorum eius»[33].

Nella «Translatio S. Ianuarii et sociorum eius», conservatasi in un manoscritto di Reichenau del sec. IX — il testo della *Translatio* fu aggiunto nel codice Karlsruhe, Badische Landesbibliothek Aug. Perg. 109[34] — viene raccontato come le reliquie dei Santi Gennaro, Proculo, Eutyche e Acutio pervenivano a Reichenau («ad nos, id est Augiam insulam»)[35]: l'imperatore Lotario I, intitolato nel testo solo come *rex*, divise sul letto di morte il suo impero tra i figli Ludovico (II) e Lotario (II). Mentre Ludovico ricevette l'Italia con le regioni connesse («et ei cohaerentibus provinciis»), a Lotario fu assegnata quella parte dell'impero che suo padre aveva posseduta «in Frantia»[36]. Non viene fatta menzione del terzo figlio dell'imperatore, cioè di Carlo il quale aveva il dominio sulla Borgogna e sulla Provenza († 863). Dopo l'invasione dei Saraceni in Campania, i quali saccheggiarono tutto, Ludovico II il quale nel testo viene intitolato solo come *rex*, nonostante che egli fosse stato già nell'850 unto imperatore (prima di essere incoronato imperatore nell'872)[37], muoveva con un grande esercito contro i Saraceni per strappare a loro questa regione (chiamata nuovamente *provincia*)[38]. Nell'esercito si trovava anche un vassallo alamanno di nobile origine («quidam vasallus ex Alamannia nobiliter natus») caratterizzato come dotto, intelligente e coraggioso («litteris non mediocriter doctus, ingenio etiam subtilis et ad omne bonum vivaciter strenuus»)[39].

Arrivato nell'Italia meridionale fu informato da un sacerdote su un luogo dove si custodivano delle reliquie di Santi delle quali egli si potesse impadronire «suo iuri»[40]. Il prete descritto come «senior voluntati iuvenis paratissimus», lo

---

[33] *Bibliotheca hagiografica latina antiquae et mediae aetatis*, 2 voll., Bruxelles 1898-1901, nr. 4131 e 3082; ed. O. HOLDER-EGGER, Hannover 1887 (MGH Scriptores 15, 1), p. 473; cfr. T. KLÜPPEL, *Reichenauer Hagiographie zwischen Walahfrid und Berno*, Sigmaringen 1980, pp. 57ss.

[34] Cfr. A. HOLDER, *Die Reichenauer Handschriften* 1, Leipzig 1906 (= *Die Handschriften der großherzoglichen badischen Hof- und Landesbibliothek in Karlsruhe* 5, 1), p. 283s.

[35] MGH SS 15, 1, p. 473: «Qualiter autem corpora sanctorum ad nos, id est Augiam insulam, delata sint, paucis monstrabimus».

[36] *Ibidem*: «Lotharius rex duos filios regni, quod in partem suam contra fratres suos susceperat, moriens reliquit heredes, Hlodowicum scilicet et Lotharium. Hlodowicum praeposuit Italiae et ei cohaerentibus provinciis, Lotharium autem parti quam in Frantia tenuit».

[37] Cfr. A. HENGGELER, *Die Salbungen und Krönungen des Königs und Kaisers Ludwig II. (840 - 850 - 872)*, Phil. Diss. Freiburg i.d. Schweiz 1934.

[38] MGH SS 15, 1, p. 473: «Irruentibus autem in Campaniam Sarracenis et non per paucos annos ibidem cuncta vastantibus, praedictus rex ad ereptionem iam dictae provintiae obviam Sarracenis perrexit, exercitu undique contracto».

[39] *Ibidem*: «Contigit autem, ut cum domino suo quidam vasallus ex Alamannia nobiliter natus eidem exercitui interesset, qui litteris non mediocriter doctus, ingenio etiam subtilis et ad omne bonum vivaciter strenuus».

[40] *Ibidem*: «Hic quendam presbiterum inibi habuit hospitem, quem de diversis rebus praedic-

condusse in una chiesa dove erano conservate le reliquie dei Santi Gennaro, Proculo, Eutyche e Acutio. In questa chiesa abbandonata per paura dei nemici, cioè dei Saraceni («aecclesia iam propter timorem hostium ab accolis deserta»), l'Alamanno prese, aiutato da alcuni compagni, le reliquie contenute in una preziosa tomba marmorea. Con paura e riverenza essi deponevano le reliquie «in scriniis». Più tardi, cioè appena gli fu possibile («statim ut spatium habuit»), il menzionato Alamanno portò le reliquie a Reichenau dove furono accolte nell'871[41].

In gran parte identico a questo racconto è un'altra relazione su traslazioni di reliquie, anch'essa redatta a Reichenau, cioè la «Translatio S. Fortunatae et sociorum eius». La sua tradizione più antica che risale alla fine del sec. IX, si è conservata in un codice miscellaneo prima in possesso del monastero di Reichenau e oggi conservato a Zurigo (Zentralbibliothek, ms. Rh.81). Questo codice «non solo a causa del tipo di scrittura, ma anche per il suo contenuto» rileva la sua provenienza da Reichenau[42]. La «Translatio S. Fortunatae» comincia con le stesse parole della «Translatio S. Ianuarii»: «Qualiter autem corpora sanctorum ad nos, id est Augiam insulam, delata sint, paucis monstrabimus». Anche le frasi seguenti che parlano dell'arrivo del giovane Alamanno nell'Italia meridionale, sono identiche a quelle della «Translatio S. Ianuarii». Solo quando si tratta delle reliquie dei Santi, invece di San Gennaro e dei suoi compagni sono menzionati S. Fortunata e i suoi fratelli Carponio, Euagristo e Prisciano[43].

A differenza della «Translatio S. Ianuarii» in cui a proposito della chiesa dove erano custodite le reliquie si accenna solo al fatto che essa era stata abbandonata per paura dei nemici, nella «Translatio S. Fortunatae» si racconta che i *fratres* che qui eseguirono il servizio di Cristo erano fuggiti per le persecuzioni dei Saraceni («ob Sarracenorum infestam persecutionem»). Solo tre di loro rimasero per non lasciare le reliquie senza custodia e senza il servizio divino («sine custodia et obsequio canonicarum horarum»)[44]. Anche per quanto riguarda i

---

tus iuvenis sciscitatus est, maxime de reliquiis sanctorum, si alicubi inveniri possent, quas suo iuri adsciscere valeret».

[41] *Ibidem*: «Annuit senior et voluntati iuvenis paratissimus indicavit, ubi corpora de numero praedictorum martyrum, Ianuarii videlicet, Proculi, Euticetis et Acutii, essent in quadam aecclesia iam propter timorem hostium ab accolis deserta recondita. Sequitur ergo iuvenis cum sociis praeeuntem senem usque ad locum sepulchri. Quod, praemissa oratione, aperientes, invenerunt pulcherrimo marmore subtus et supra, dextra levaque tumbam compositam. Tollentes ergo ipsa corpora cum timore et reverentia, condiderunt in scriniis et abierunt ad diversorium. Quae post, statim ut spatium habuit, praedictus iuvenis ad nos detulit anno ab incarnatione Domini 871, indictione 4, 32. Hludowici regis regnante in orientali Francia».

[42] KLÜPPEL, (cit. sopra alla nota 33) p. 58.

[43] Cfr. MGH SS 15, 1, p. 473.

[44] *Ibidem*: «Quam iam fratres ibi Christo servientes ob Sarracenorum infestam deserebant

dettagli del furto delle reliquie la «Translatio S. Fortunatae» è più particolareggiata della «Translatio S. Ianuarii»: il menzionato sacerdote, chiamato qui «monachus et presbiter», e il giovane Alamanno irruppero con una folla di seguaci («cum multitudine maxima», mentre nella «Translatio S. Ianuarii» si dice solo «cum sociis») nella chiesa chiamata qui *basilica*. Quando gli «uomini santi» rimasti nella chiesa come custodi, videro aprire le tombe dei Santi e prelevare le reliquie, cominciarono a lamentarsi ad alta voce strappandosi i capelli come espressione del loro dolore e ferendosi il petto e il viso con i pugni seguendo i rapitori delle reliquie finché cessarono le loro forze[45]. La traslazione delle reliquie di S. Fortunata avenne nell'874, dunque tre anni dopo la traslazione delle reliquie di S. Gennaro.

Mentre in tutti i manoscritti più antichi in cui sono conservate le relazioni sulle traslazioni delle reliquie si parla sempre solo di un certo vassallo alamanno senza indicare il suo nome, in un manoscritto contenente la «Translatio S. Fortunatae» e risalente al sec. XIV (Basilea, Biblioteca universitaria ms. A.VI.36) è aggiunto «nomine Rudhoch»[46]. Non è possibile, per ora, accertare se questa indicazione sia dovuta ad un'interpolazione arbitraria del copista trecentesco o se risale a un testo più antico.

Gli eventi storici che fanno da sfondo alle citate relazioni sulle traslazioni di reliquie a Reichenau sono ben noti: la campagna militare di Ludovico II contro i Saraceni menzionata nel racconto con l'indicazione che questi raccoglieva da tutte le direzioni un esercito («exercitu undique contracto») cominciò nell'866 con una mobilitazione generale dell'Italia da parte di Ludovico II[47]. Questi, già nell'847 era sceso in campo di battaglia contro i Saraceni che avevano invaso l'Italia meridionale. Le diverse azioni militari intraprese da lui negli anni 848, 852 e 860 rimasero però senza successi durevoli[48]. Uno dei motivi di questo insuccesso va cercato nella situazione instabile creatasi all'interno dell'impero franco in seguito al ripudio di Teudrada, moglie di Lotario II, da parte del marito; di conseguenza, Ludovico II non poteva concentrarsi pienamente a seguire la situazione precaria creatasi nel Mezzogiorno. Solo dopo che il papa

---

persecutionem; tres tantum ibi iam pauperrimi effecti remanserant, ne sanctorum reliquiae sine custodia et obsequio canonicarum horarum existerent».

[45] *Ibidem*: «Sancti autem viri qui herendo excubiis sanctorum in praefata basilica, ubi sepulta fuerant corpora sanctorum, remanserant, ut viderunt aperiri sepulchra et sacras auferri reliquias, cruciabant semet ipsos fletibus et nimio eiulato capillosque suis de capitibus extrahentes pectoraque et ora pugnis ferientes, eatenus recedentes secuti sunt, quousque cursum exinde recedere festinantium consequi non valuerunt».

[46] *Ibidem*; per il ms. cfr. G. BINZ, *Die Deutschen Handschriften der Öffentlichen Bibliothek der Universität Basel* 1, Basel 1907, pp. 66ss.

[47] *Constitutio de expeditione beneventana*, edd. A. BORETIUS - V. KRAUSE, Hannover 1897 (MGH Capitularia regum Francorum 2), nr. 218 pp. 94ss.

[48] Cfr. MUSCA (cit. sopra alla nota 24) pp. 45ss., 64s.

aveva costretto Lotario II, nell'865, ad accogliere Teudrada definitivamente, la situazione all'interno dell'impero franco si tranquillizzava e Ludovico II poteva occuparsi adesso con tutte le sue forze dell'Italia[49]. Un primo passo era la già menzionata mobilitazione generale decretata all'inizio dell'866 per tutto il regno d'Italia.

La campagna militare contro i Saraceni a causa della sua migliore preparazione aveva più successo di quelle precedenti. I combattimenti cominciarono nell'867 quando Ludovico II passava l'inverno a Benevento accerchiando e assediando successivamente la città di Bari. I movimentati combattimenti si conclusero almeno per un certo periodo, quando il 3 febbraio 871 fu espugnata la città di Bari la quale, come è già stato detto, era stata per quasi 25 anni il centro di un piccolo Stato musulmano[50]. Ludovico sembrava essere vicino alla sua meta, cioè all'inclusione dell'Italia meridionale nell'impero franco. Cominciarono poi azioni militari contro i Saraceni insediatisi a Taranto e in Calabria. I progetti del carolingio furono però interrotti improvvisamente quando il duca Adelchi II prese come prigioniero, il 13 agosto 871 a Benevento, l'imperatore, la sua consorte e la sua figlia tenendoli in ostaggio fino al 17 settembre successivo[51].

La notizia di quell'atto considerato inaudito dai contemporanei, si diffuse in un baleno nell'Europa come dimostra il noto «Rhytmus de captivitate Ludovici imperatoris»[52]. Anche se Ludovico II veniva presto rilasciato in libertà, la sua prigionia a Benevento sembra averlo convinto profondamente delle difficoltà, se non dell'impossibilità dell'integrazione dell'Italia meridionale nell'Impero. Di conseguenza, nonostante che egli avesse ottenuto un'altra vittoria, nell'873 presso Capua, sui Saraceni diventati nuovamente attivi in seguito alla prigionia dell'imperatore, nello stesso anno Ludovico II si ritirò nell'Italia settentrionale dove morì due anni più tardi, nei pressi di Brescia[53].

Sullo sfondo di questi eventi devono essere considerati i racconti sulle traslazioni di reliquie dall'Italia meridionale. L'attendibilità di queste narrazioni fu però già da tempo messa in dubbio a causa di alcune contraddittorietà contenute in esse.

Già i Bollandisti notavano che la notizia contenuta nella «Translatio S. Ianuarii» secondo la quale le reliquie di San Gennaro si sarebbero trovate nella stessa chiesa in cui furono custodite le reliquie dei Santi Proculo, Eutyche e Acutio, è difficilmente compatibile con la realtà storica. Infatti, è noto che le

---

[49] Cfr. ivi p. 91.

[50] Cfr. ivi pp. 91-116.

[51] Cfr. ivi pp. 126ss.

[52] Ed. L. TRAUBE, Berlin 1896 (MGH Poetae latini 3), pp. 403ss.

[53] Cfr. anche H. ENZENSBERGER, *Unteritalien seit 774*, in: *Handbuch der europäischen Geschichte* 1 (cit. sopra alla nota 2) p. 792s.

reliquie di S. Gennaro nella seconda metà del sec. IX si trovarono a Benevento, mentre a Napoli erano rimaste solo la testa e le ampolle con il sangue del Santo. Le reliquie dei Santi Proculo, Eutyche e Acutio venivano custodite e venerate invece a Pozzuoli nei pressi di Napoli. Secondo i Bollandisti la chiesa abbandonata per paura dei nemici sarebbe da cercare probabilmente a Pozzuoli dato che sono attestati saccheggi da parte dei Saraceni nel retroterra napoletano e dato che, almeno secondo l'opinione dei Bollandisti, i Saraceni non erano mai entrati a Benevento. Dunque sarebbe probabile che il nome di S. Gennaro fosse stato interpolato posteriormente nel racconto[54].

La stessa «Translatio S. Ianuarii» fu menzionata da Konrad Beyerle nell'ambito del culto di S. Gennaro a Reichenau. Siccome sappiamo da un'ode di Walafrido Strabone che l'abbazia di Reichenau aveva ricevuto una reliquia di S. Gennaro da parte dell'imperatore Lotario I nell'838, il Beyerle interpretava la «Translatio S. Ianuarii» come una narrazione posteriormente «sovrapposta al sicuro fondo storico»[55]. Sembra dunque che il Beyerle giudicasse come poco attendibili le notizie sui contatti intercorsi tra Reichenau e l'Italia meridionale tramite il vassallo di Ludovico II.

In studi più recenti le due relazioni sulle traslazioni delle reliquie sono state interpretate in maniera diversa: Wolfgang Haubrichs sosteneva che nell'isola di Reichenau, nel corso del sec. IX, la reliquia di S. Gennaro donata al monastero da Lotario I fosse stata dimenticata. «Riscoperta» verso la fine dello stesso secolo, essa fosse stata «legittimata» mediante la falsificazione di un racconto secondo il modello della «Translatio S. Fortunatae»[56]. Secondo il Haubrichs la «Translatio S. Fortunatae» sarebbe dunque la più antica delle due narrazioni nonostante che essa porti una data posteriore (874) alla «Translatio S. Ianuarii» (871). Questa tesi non mi sembra però del tutto convincente. Lo stesso studioso, nonostante che egli parli di una falsificazione, non sembra comunque considerare i racconti come del tutto inventati ritenendo con riferimento a questi che l'aristocrazia alamanna abbia procurato al monastero di Reichenau delle reliquie provenienti dall'Italia meridionale[57].

Altre possibili spiegazioni sono state proposte recentemente da Theodor Klüppel. La prima è la tesi già avanzata dai Bollandisti che le reliquie dei Santi Proculo, Eutyche e Acutio fossero pervenute a Reichenau da Pozzuoli. L'autore della «Translatio S. Ianuarii» inserendo il nome del più prestigioso S. Gennaro nel racconto, avrebbe cercato di dare ancora più valore a queste preziose

---

[54] Acta Sanctorum t. 71, Sept. VI (1867), p. 788.

[55] A. MANSER - K. BEYERLE, *Aus dem liturgischen Leben der Reichenau*, in: *Die Kultur der Abtei Reichenau* (cit. sopra alla nota 14) p. 355.

[56] W. HAUBRICHS, *Neue Zeugnisse zur Reichenauer Kultgeschichte des neunten Jahrhunderts*, in «Zeitschrift für die Geschichte des Oberrheins», 126 N.F. 87 (1978), p. 40.

[57] Ivi p. 42.

reliquie[58]. La seconda tesi è che forse nella seconda metà del sec. IX era stata messa in dubbio l'autenticità della reliquia donata da Lotario I e menzionata da Walafrido Strabone — una cosa simile successe alla reliquia di S. Marco conservata a Reichenau — e che dunque fosse stato redatto il racconto sulla traslazione con lo scopo di eliminare i dubbi all'autenticità di questa reliquia[59]. Secondo il Klüppel gli eventi menzionati nei racconti sulle traslazioni sono da considerare fantastiche pur descrivendo realisticamente la situazione dell'Italia meridionale che soffriva sotto le continue incursioni dei Saraceni. Del resto, secondo lo stesso studioso, non sono da mettere in dubbio i consistenti rapporti intercorsi tra l'abbazia di Reichenau e il Mezzogiorno da dove venivano molte reliquie. Per quanto riguarda le particolarità delle traslazioni delle reliquie e delle persone che parteciparono ad esse, il Klüppel non ritiene per attendibile la testimonianza dei racconti; «sicuro» è, secondo lui, «solo il riferimento di Walafrido a Lotario I»[60].

È un fatto sorprendente che a tutti gli studiosi finora menzionati che si occuparono delle citate relazioni sulle traslazioni delle reliquie, sia sfuggita una testimonianza la cui attendibilità storica non può essere messa in dubbio. Si tratta della già menzionata lista dei monaci del monastero di S. Modesto in Benevento inserita nella seconda metà del sec. IX nel *liber memorialis* dell'abbazia di Reichenau. Come abbiamo cercato di dimostrare, la lista introdotta da una nota sulla distruzione del monastero da parte dei Saraceni risale probabilmente agli anni intorno all'860. Il momento esatto dell'iscrizione nel *liber memorialis*, per ora non può essere precisato. Secondo il tipo di scrittura usata dall'amanuense non mi sembra comunque da escludere una possibile contemporaneità con i racconti sulle traslazioni dell'871 e dell'874. Una connessione tra la traslazione delle reliquie e l'inserimento dell'elenco dei monaci di S. Modesto di Benevento nel *liber memorialis* di Reichenau non mi sembra da escludere.

Vorrei citare solo un caso analogo di una connessione tra una traslazione di reliquie e un'iscrizione commemorativa: secondo la tradizione locale avvenne intorno all'830 ad opera del vescovo Ratoldo di Verona la traslazione delle reliquie dei Santi Valente e Genesio a Reichenau[61]; sulla pag. 113 del *liber memorialis* di Reichenau fu aggiunta, non molto tempo dopo la redazione originaria (avvenuta nell'824), la lista dei membri viventi e defunti del capitolo della cattedrale di Ceneda (Vittorio Veneto; prov. Treviso)[62]. Probabilmente non è un

---

[58] Klüppel (cit. sopra alla nota 33) p. 57s.

[59] Ivi p. 58.

[60] Ivi p. 59.

[61] *Annales Augienses*, MGH Scriptores 1, ad a. 830 p. 68: «Pretiosa corpora s. Valentis et s. Genesii in Augiam insulam venerunt V. id. Aprilis»; cfr. Manser - Beyerle (cit. sopra alla nota 55) p. 349.

[62] *Das Verbrüderungsbuch* (cit. sopra alla nota 17) p. 113.

caso che il vescovo *Hemmo* che sta all'inizio della lista dei viventi, è attestato come partecipante al sinodo di Mantova tenutosi nell'827, insieme al vescovo Ratoldo di Verona[63]. Si può supporre dunque che qui, come nel caso della lista di S. Modesto in Benevento, esiste una connessione tra la traslazione di reliquie e l'ammissione alla commemorazione liturgica.

Per quanto riguarda la lista di S. Modesto, la sua trasmissione a Reichenau potrebbe essere avvenuta nell'ambito delle traslazioni di reliquie ad opera dell'ignoto vassallo alamanno venuto con l'esercito di Ludovico II nell'Italia meridionale. Con questa tesi si accorda bene il fatto che la lista viene introdotta da una nota sulla distruzione del monastero ad opera dei Saraceni. Rimangono però ancora aperte troppe domande per poter provare con sicurezza una connessione. È anche poco probabile che la chiesa menzionata nei racconti sulle traslazioni, la quale era stata abbandonata per paura dei Saraceni e nella quale, secondo la testimonianza della «Translatio S. Fortunatae» erano rimasti tre *fratres*, fosse identica al monastero di S. Modesto di Benevento, incendiato dai Saraceni e dove, secondo la nota registrata nel *liber memorialis* di Reichenau, rimase solo un certo Meginardo.

Dai racconti sulle traslazioni di reliquie e dalla citata registrazione commemorativa emerge però chiaramente che nella seconda metà del sec. IX intercorsero rapporti intensi tra la Reichenau e l'Italia meridionale. I rapporti tra la regione intorno al lago di Costanza e l'Italia, tradizionalmente stretti, non rimasero danneggiati dal fatto che l'Alamannia e Reichenau appartenevano dopo il contratto di Verdun (843) al regno di Ludovico il Germanico[64]. (Nelle menzionate narrazioni le date sono indicate oltre secondo gli anni dell'incarnazione e l'indizione anche secondo gli anni «Hludowici regis regnante in orientali Francia»).

Ciò vale in misura ancora più larga per la Rezia. La diocesi di Coira apparteneva prima del contratto di Verdun alla provincia ecclesiastica di Milano e stava dunque sotto il dominio di Lotario I. Anche dopo che Lotario I aveva rinunciato nel contratto di Verdun alla Rezia non mancarono i tentativi di suo figlio Ludovico II di esercitare un influsso sulle vicende retiche. In quest'ambito Heinrich Büttner ha messo in risalto l'importanza di un diploma rilasciato da Ludovico II il 6 marzo 861 a Mantova per l'abbazia di Pfäfers[65]. Analizzando

---

[63] *Concilium Mantuanum, 827 iun. 6*, ed. A. Werminghoff, Hannover - Leipzig 1908 (MGH Concilia aevi Karolini 1, 1), nr. 47 p. 585: «(23) Rattoldus Veronensis episcopus, ... (28) Emmo Cenetensis...».

[64] Cfr. K. Schmid, *Zur historischen Bestimmung des ältesten Eintrags im St. Galler Verbrüderungsbuch*, in: *Alemmanica. Landeskundliche Beiträge. Festschrift für Bruno Boesch*, Bühl/Baden 1976 (= Alemannisches Jahrbuch 1973/75), p. 529.

[65] H.Büttner, *Zur frühen Geschichte der Abtei Pfäfers*, in «Zeitschrift für Schweizerische Kirchengeschichte», 53 (1959), pp. 15ss., rist. in: Id., *Schwaben und Schweiz im frühen und hohen Mittelalter*, Sigmaringen 1972 (Vorträge und Forschungen 15), pp. 237ss.

la situazione politica nella zona delle Alpi intorno all'860 il Büttner arrivò alla conclusione che Ludovico II seguiva dall'Italia molto bene ciò che accadeva nel regno di suo zio, cioè di Ludovico il Germanico; appena si offriva l'occasione, Ludovico II tentava di trovare nell'abbazia di Pfäfers un punto di partenza per creare la possibilità ad intervenire ulteriormente tanto nella Rezia quanto nella zona intorno al lago di Costanza[66].

Anche se tali tentativi di Ludovico II non avevano successo e anche se la regione intorno al lago di Costanza in seguito al contratto di Verdun (843) fu integrata definitivamente nel regno franco-orientale-tedesco, ciò non significa, e ciò è stato messo giustamente in evidenza da Karl Schmid, che i rapporti tra l'Alamannia e l'Italia in seguito si fossero interrotti[67]. Per questa affermazione le testimonianze di Reichenau sulle quali ci siamo fermati, mi sembrano delle prove eloquenti.

[66] Ivi p. 17 = rist. p. 238.
[67] Cfr. SCHMID (cit. sopra alla nota 64).

AGGIORNAMENTO BIBLIOGRAFICO

— Per le tesi di BELTING (cit. sopra alla nota 8) cfr. P. DELOGU, *Mito di una città meridionale (Salerno, secoli VIII-IX)*, Napoli 1977 (Nuovo Medioevo 2), pp. 21-23, dove viene contestato a S. Sofia di Benevento il carattere di chiesa palatina mettendo in evidenza la insostenibilità dell'identificazione di S. Salvatore *in palatio* con S. Sofia la quale rimase però il santuario nazionale della gente longobarda; cfr. anche C.D. FONSECA, *Longobardia minore e Longobardi nell'Italia meridionale*, in: AA.VV., *Magistra barbaritas. I barbari nell'Italia*, Milano 1984, p. 142s.

— Per il *Rhytmus de captivitate Ludovici imperatoris* cfr. C. RUSSO MAILLER, *La politica meridionale di Ludovico II e il «Rhytmus de captivitate Ludovici imperatoris»*, in «Quaderni medievali», 14 (dicembre 1982), pp. 6-27; cfr. anche P. SEGL, *I Saraceni nella politica meridionale degli imperatori germanici nei secoli X e XI*, in: *Una grande abbazia altomedievale nel Molise: S. Vincenzo al Volturno*. Atti del I Convegno di studi sul Medioevo meridionale (Venafro - S. Vincenzo al Volturno, 19-22 maggio 1982), a cura di F. AVAGLIANO, Montecassino 1985 (Miscellanea Cassinese 51), p. 66s.

— Per gli Alamanni cfr. D. GEUENICH - H. KELLER, *Alamannen, Alamannien, alamannisch im frühen Mittelalter. Möglichkeiten und Schwierigkeiten des Historikers beim Versuch der Eingrenzung*, in: *Die Bayern und ihre Nachbarn*, Teil 1, Berichte des Symposiums der Kommission für Frühmittelalterforschung (25.-28. Okt. 1982, Stift Zwettl, Niederösterreich), a cura di H. WOLFRAM e A. SCHWARCZ, Wien 1985 (Österreichische Akademie der Wissenschaften, Phil.-hist. Klasse, Denkschriften 179), pp. 135-157.

— Cfr. anche F. SENECA, *L'avventura di Ludovico II nell'Italia meridionale (855-875)*, in «Annali della scuola friulana», Udine 1951, pp. 87-137 (anche separatamente: Udine 1950), e G. ARNALDI, *Impero d'occidente e impero d'oriente nella lettera di Ludovico II a Basilio I*, in «La cultura», 1 (1963), pp. 404-424.

— I saggi di K. SCHMID, *Zur Ablösung* (cit. sopra alla nota 3), *Bemerkungen zur Anlage* (cit. sopra alla nota 16) e *Zur historischen Bestimmung* (cit. sopra alla nota 64) sono stati ristampati in: ID., *Gebetsgedenken und adliges Selbstverständnis im Mittelalter. Ausgewählte Beiträge. Festgabe zu seinem sechzigsten Geburtstag*, Sigmaringen 1983, pp. 268-304, 514-531, 481-513. Per questo volume cfr. H. HOUBEN, *Autocoscienza nobiliare e commemorazione liturgica nel Medioevo*, in «Annali del Dipartimento di Scienze Storiche e Sociali dell'Università di Lecce», 4 (1985), Galatina 1986, pp. 199-209.

— Per la politica meridionale degli imperatori franco-tedeschi cfr. adesso ID., *Il principato di Salerno e la politica meridionale dell'Impero d'Occidente*, in «Rassegna Storica Salernitana», IV/1 (1987), in corso di stampa.

— Cfr. anche sopra pp. 41 e 53.

Parte seconda:

Venosa

Capitolo primo

Una grande abbazia nel Mezzogiorno medioevale: la SS. Trinità di Venosa*

Il monastero benedettino della SS. Trinità di Venosa è stato negli ultimi anni spesso oggetto dell'interesse degli studiosi. Gli storici dell'arte si interessarono sin dallo Schulz, dal Lenormant e dal Bertaux degli edifici conservatisi dell'abbazia medievale, cioè della «chiesa anteriore», della «foresteria» e della grandiosa «chiesa incompiuta»[1]. Un accurato bilancio di queste ricerche storico-artistiche e delle loro proposte, spesso contrastanti, per la datazione delle fasi costruttive è stato tracciato, pochi anni or sono, da Corrado Bozzoni[2]. Lo storico dell'architettura attribuì allora la «chiesa anteriore» all'epoca dei primi Normanni (1043/6-1085) indicando come inizio della costruzione della grande «chiesa incompiuta» il decennio tra il 1170 e il 1180 quando l'abbazia venosina sotto l'abate Egidio avrebbe raggiunto «nuovamente un'eccezionale potenza e prestigio»[3]. Questa tesi è però stata contrastata recentemente quando, particolarmente sulla base dell'analisi storico-artistica dei capitelli, si è ritenuto che la «chiesa incompiuta» fosse stata progettata e iniziata già sotto l'abate normanno Berengario, cioè nella seconda metà del sec. XI o al più tardi all'inizio del secolo successivo, cioè all'epoca di Ruggero Borsa (1085-1111)[4].

---

* Pubblicato in «Bollettino storico della Basilicata», 2 (1986), pp. 19-44.

[1] W.H. SCHULZ, *Denkmäler der Kunst des Mittelalters in Unteritalien*, nach dem Tode des Verf. hg.v. F.v. QUAST, 2 voll., Dresden 1860, I, pp. 321-328; F. LENORMANT, *À travers l'Apulie et la Lucanie*, I, Paris 1883 (rist. anast. Cosenza 1963), pp. 206-214; É. BERTAUX, *L'art dans l'Italie méridionale. De la fin de l'Empire Romain à la conquête de Charles d'Anjou*, 2 voll., Paris 1903 (rist. anast. Paris - Roma 1963), pp. 318-325. Cfr. recentemente *Monasticon Italiae 3: Puglia e Basilicata*, a cura di G. LUNARDI, H. HOUBEN e G. SPINELLI, Cesena 1986, p. 202s.

[2] C. BOZZONI, *Saggi di architettura medievale. La Trinità di Venosa. Il duomo di Atri*, Roma 1979 (Saggi di storia dell'architettura, dir. da R. Bonelli, 3), pp. 15-29, 67-81 (note).

[3] Ivi, p. 64s. (cronologia delle fasi costruttive).

[4] Ci riferiamo a quanto esposto da P. BELLI D'ELIA durante la visita guidata (del 22-X-1985) e nella sua comunicazione tenuta (il 23-X-1985) durante il Convegno internazionale di studio su *Roberto il Guiscardo tra Europa, Oriente e Mezzogiorno* (Potenza - Venosa - Melfi, 19-23 ottobre 1985) i cui atti, a cura di C.D. FONSECA, sono in corso di stampa.

Anche per quanto riguarda la cosiddetta «foresteria» le cui origini erano state attribuite all'epoca longobarda[5], recentemente sono state avanzate nuove proposte di interpretazione: secondo Ingo Herklotz, che in un recente studio storico-artistico si era fermato sulla funzione della SS. Trinità come chiesa sepolcrale dei primi Altavilla[6], la «foresteria» risale nella sua forma odierna a due fasi costruttive. Nella prima fase attribuita dallo stesso studioso all'epoca di Roberto il Guiscardo († 1085), sarebbe stato costruito il nucleo dell'edificio destinato a ospitare gli Altavilla quando si recavano in visita all'abbazia. Nella seconda fase costruttiva, attribuita al sec. XIII, l'edificio sarebbe stato modificato e allargato, e solo allora esso avrebbe assunto la funzione di «foresteria» nel senso di ospizio di pellegrini[7].

Le recenti indagini archeologiche hanno messo in evidenza come la chiesa («anteriore») della SS. Trinità di Venosa che era stata prima della metà del sec. XI la chiesa cattedrale di Venosa, poi trasferita in altro luogo (cioè in corrispondenza dell'odierno castello allora non ancora esistente), fu oggetto di «numerosi restauri [...] promossi da Drogone di Altavilla alla metà dell'XI secolo»[8].

Anche nel campo degli studi storici relativi alla SS. Trinità di Venosa sono da segnalare notevoli progressi. Dopo che pochi anni fa nell'ambito di una ricerca sul 'libro del capitolo' del monastero (Cod. Casin. 334) è stata avviata una revisione della documentazione storica relativa al cenobio venosino[9], la recente scoperta di alcuni brani sconosciuti del *Chronicon Venusinum*[10] ha allargato notevolmente la base documentaria per ricerche sulla SS. Trinità.

È dunque diventata sempre più evidente la necessità di provvedere non soltanto all'edizione dei documenti venosini inediti, provenienti per lo più dal *Chronicon Venusinum* ma, dato che di molti documenti venosini sono disponibili soltanto edizioni non sufficientemente attendibili, anche all'edizione critica di tutte le carte della SS. Trinità di Venosa (fino alla soppressione del monastero

---

[5] M. CAGIANO DE AZEVEDO, *Considerazioni sulla cosiddetta «Foresteria di Venosa»*, in «Vetera Christianorum», 13 (1976), pp. 367-374.

[6] I. HERKLOTZ, *«Sepulcra» e «Monumenta» del Medioevo. Studi sull'arte sepolcrale in Italia*, Roma 1985 (Collana di studi di storia dell'arte, dir. da M. D'Onofrio, 5), pp. 49-84; per le tesi relative alla SS. Trinità di Venosa v. sotto p. 125s. nota 60.

[7] ID., *L'abbazia della SS. Trinità di Venosa all'epoca dei primi Normanni: considerazioni sulle strutture residenziali*, in: *Roberto il Guiscardo* (cit. sopra alla nota 4).

[8] *Archeologia nel territorio del Vulture. Due castelli e un itinerario museale*, a cura della Soprintendenza Archeologica della Basilicata e della Comunità Montana del Vulture, Venosa s.d. (ma 1985), p. 11; cfr. anche M.R. SALVATORE, *La Trinità di Venosa nell'età normanno-sveva: recenti indagini archeologiche*, in *Roberto il Guiscardo* (cit. sopra alla nota 4).

[9] H. HOUBEN, *Il 'libro del capitolo' del monastero della SS. Trinità di Venosa (Cod. Casin. 334): una testimonianza del Mezzogiorno normanno*, Galatina 1984 (Università degli Studi di Lecce, Dipartimento di Scienze Storiche e Sociali, Materiali e documenti 1).

[10] I. HERKLOTZ, *Il Chronicon Venusinum nella tradizione di Eustachio Caracciolo*, in «Rivista di Storia della Chiesa in Italia», 38 (1984), pp. 405-427.

avvenuta nel 1297). Anche se questo lavoro, a cui stiamo attendendo da qualche tempo, non è ancora terminato, sono emersi però già alcuni risultati notevoli che allargano, e in parte anche modificano la nostra conoscenza su una grande abbazia nel Mezzogiorno normanno.

I documenti che presenteremo ed esamineremo in seguito derivano quasi tutti da due codici venosini oggi perduti, cioè dalla cronaca e dal cartulario redatti entrambi *separatamente* — e ciò va rilevato perché contrasta le tesi del Ménager[11] e dello Herklotz[12] — verso la fine del sec. XII[13]. Il Ménager fraintendendo alcune annotazioni del Prignano, aveva sostenuto che a Venosa fosse stato redatto un unico codice contenente sia la tradizione storiografica sia quella documentaria. Questa tesi era ispirata dal famoso *Chronicon Casauriense* in cui sono riportate parallelamente in un unico codice la cronaca e le carte del monastero di S. Clemente a Casauria[14].

· La tesi del Ménager si basa sul presupposto che nelle cinque colonne, nelle quali secondo le indicazioni del Prignano era suddiviso il «Registro delle donationi» del monastero venosino, le ultime quattro colonne erano state destinate per le carte, mentre la prima colonna era stata riservata per il testo della cronaca[15]. Tale tesi è però da respingere perché, contrariamente a quanto indicato dal Ménager, anche nella prima colonna furono riportate delle carte[16]. Del resto è evidente che il Prignano, il quale poteva consultare l'archivio della

---

[11] L.-R. MÉNAGER, *Les fondations monastiques de Robert Guiscard, duc de Pouille et de Calabre*, in «Quellen und Forschungen aus italienischen Archiven und Bibliotheken», 39 (1959), p. 27; cfr. anche H. HOFFMANN, *Chronik und Urkunde in Montecassino*, in «Quellen und Forschungen aus italienischen Archiven und Bibliotheken», 51 (1971), p. 93s.

[12] HERKLOTZ, *Il Chronicon* (cit. sopra alla nota 10) p. 408. Altri brani contenuti nel ms. Brindisi, Bibl. De Leo B 5 sono stati segnalati da HOUBEN (cit. sopra alla nota 9) p. 23s. nota 19.

[13] Cfr. sotto p. 111s. con le note 4 e 5.

[14] *Liber instrumentorum seu chronicorum monasterii Casauriensis*. Codicem Parisinum Latinum 5411 quam simillime expressum edidimus, Amministrazione provinciale dell'Aquila, Comitato per il V° Centenario della introduzione della stampa in Abruzzo 1482-1982. Prefazione di A. PRATESI: *Il 'Chronicon Casauriense'*, L'Aquila 1982.

[15] MÉNAGER (cit. sopra alla nota 11) p. 27: «L'idée nous est donc venue que la colonne d'où est exclue la copie du cartulaire vénosien pouvait être consacrée à la *Cronica Venosina* citée parallèlement par Prignano».

[16] Citiamo solo alcuni esempi del ms. Roma, Bibl. Angelica 276: fol. 54r (in margine): «1076. Arch(ivio) della Trin(ità) di Venosa nel Reg(istro) delle don(ationi) à car. 6 nella prima colonna»; cfr. L.-R. MÉNAGER, *Recueil des actes des ducs normands d'Italie (1046-1127), 1: Les premiers ducs (1046-1087)*, Bari 1981 (Società di Storia Patria per la Puglia, Documenti e monografie 45), nr. 25 p. 90s. Ms. cit. fol. 54v (in margine): «Reg(istro) delle don(ationi) della Trin(ità) di Ven(osa) à car. 8 nella p(rima) col(onna)»; questa nota si riferisce al doc. edito da MÉNAGER, *Les fondations* (cit. sopra alla nota 11) app. nr. 14 p. 91s. Ms. cit. fol. 139v (in margine): «1076. lo stesso (= Reg. della Trin. di Venosa) nella col(onna) p(rima) à car. 6», e: «1080. nella medesima col(onna) à car. 8»; queste due note si riferiscono ai doc. editi da MÉNAGER, *Les fondations*, app. nr. 11 p. 90, e ivi nr. 14 p. 91s.

Trinità di Venosa prima della sua dispersione, cita da due manoscritti distinti: il primo era il «Registro delle donationi», cioè il cartulario, suddiviso in cinque colonne[17]; il secondo era la cronaca citata come «Cronica in bergamena» o «Anonimo Venosino», la quale, come risulta dalle accurate citazioni dello stesso Prignano, era redatta a piena pagina[18].

Il documento più antico del cartulario venosino citato dal Prignano — e ciò è finora sfuggito agli studiosi — risale al 1044. L'erudito salernitano, trattando nella sua «Historia delle famiglie normande di Salerno» della famiglia Molina[19], si occupò anche di Petrone di Trani annotando in margine che questi era menzionato nel cartulario venosino in un documento del 1044. Il Prignano citò la pagina e la colonna dove era registrato il documento nel cartulario, non disse però nulla sul suo contenuto[20].

Il normanno Petrone, già attestato nelle fonti storiche nel 1041[21] e diventato nel 1043 conte di Trani, era nel 1046 accanto a Drogone di Altavilla uno dei candidati per la successione di Guglielmo («Braccio-di-ferro») di Altavilla nella guida dei Normanni in Puglia[22]. Suo figlio Goffredo, che occupò nel maggio 1063 la città di Taranto[23], donò nel 1064 per la salute dell'anima di suo padre Petrone («magni comitis Petroni») al monastero venosino una barca per la pesca nel Mar Piccolo di Taranto[24].

---

[17] Il fatto della suddivisione del cartulario in cinque colonne rimane per adesso un enigma. Non si conosce nessun altro cartulario che riporta il testo delle carte raccolte su pagine suddivise in cinque colonne.

[18] Cfr. gli esempi riportati da HOUBEN (cit. sopra alla nota 9) p. 23s. nota 19. Il fatto che la cronaca e il cartulario si trovavano in due codici distinti diventa particolarmente evidente quando il Prignano cita le carte riportate sia nel cartulario sia nella cronaca: v. per es. ms. Roma, Bibl. Angelica 277 fol. 23r (in margine): «1081. nel medesimo (Registro degli Instrum. della Trin. di Venosa) à car. 26 nella col. 5; l'Anonimo Venosino à car. 21»; il doc. a cui si riferiscono le indicazioni del Prignano è stato edito da MÉNAGER, *Les fondations* (cit. sopra alla nota 11), app. nr. 15 p. 92s.

[19] Ms. Roma, Bibl. Angelica 276, fol. 101r-111r.

[20] Ivi, fol. 102r: «Diventò questo Pietro, o Petronio Signore di tutta la Provincia, o Principato di Taranto, et hebbe anco la sua parte nella Città di Melfi...», in margine: «1044. in q(uesto) (= Registro delle donationi della Trinità di Venosa) nella col. 3 a car. 36». - L'occupazione di Melfi da parte di Petrone di Trani risale al 1057 (v. F. CHALANDON, *Histoire de la domination normande en Italie et en Sicile*, Paris 1907, rist. New York 1960, I, p. 150), mentre Taranto cadde solo nel 1063 nelle mani di suo figlio Goffredo: v. V. VON FALKENHAUSEN, *Taranto in epoca bizantina*, in «Studi medievali», 3ª ser. 9 (1968), p. 142s.

[21] *Chronica monasterii Casinensis*, ed. H. HOFFMANN, Hannover 1980 (MGH Scriptores 34), II 66, p. 298.

[22] Guglielmo di Puglia, *Gesta Roberti Wiscardi*, ed. M. MATHIEU, Palermo 1961 (Istituto siciliano di studi bizantini e neoellenici. Testi e monumenti 4), p. 132.

[23] V. sopra nota 20.

[24] G. CRUDO, *La SS. Trinità di Venosa. Memorie storiche diplomatiche archeologiche*, Trani 1899, p. 130; G. BELTRANI, *I documenti di Corato (1046-1327)*, I, Bari 1923 (Codice Diplomatico

Sul contenuto della carta del 1044 menzionata dal Prignano a proposito di Petrone di Trani, si possono solo fare delle supposizioni. Siccome il documento era inserito nel cartulario venosino si trattò probabilmente di un atto a favore del monastero della SS. Trinità. Non sappiamo se la carta fosse stata rilasciata da Petrone stesso o se questi appariva in essa solo come testimone. Comunque sia, il perduto documento del 1044 è la carta più antica del monastero venosino di cui si abbia notizia. Sembra dunque non azzardato ritenere l'anno 1044 come un *terminus ante quem* per l'esistenza del cenobio. Ricordiamo che un anno prima, cioè nel 1043, nella divisione dei territori conquistati dai Normanni in Puglia, la città di Venosa era stata assegnata a Drogone di Altavilla, il quale, secondo una carta del 1053 ancora da menzionare, aveva fondato o rifondato il monastero venosino[25].

Per quanto riguarda la nota frase del *Chronicon Cavense* falsificato nel '700 dal Pratilli, secondo cui il cenobio venosino sarebbe stato fondato nel 942 dal principe Gisulfo di Salerno[26], è solo da notare che nelle ricerche preparatorie per l'edizione della cronaca e delle carte della SS. Trinità di Venosa finora non sono emersi elementi provanti l'attendibilità di questa notizia.

Il primo abate della SS. Trinità attestato in documenti di indubbia autenticità è l'abate Ingelberto, secondo il nome di probabile origine normanna. Fortemente dubbia è l'esistenza dell'abate Goffredo attestato solo nel falso diploma di Drogone del 1053[27]. Neanche mi sembra giustificato interpretare le parole di Orderico Vitale, secondo cui Roberto il Guiscardo affidò a Roberto di Grandmesnil, già abate di Saint Evroul in Normandia, oltre ai monasteri calabresi di Sant'Eufemia e di Mileto anche il cenobio venosino[28], nel senso che

---

Barese 9), nr. 4 p. 6; MÉNAGER, *Les fondations* (cit. sopra alla nota 11) p. 31 nota 42; R. JURLARO, *Ex Archivio Venusino*, in «La Zagaglia», 14 (1962), p. 144; HOUBEN (cit. sopra alla nota 9) p. 28 con nota 43.

[25] Cfr. ivi, p. 22. V. anche sotto p. 133ss. con le note 30 e 31.

[26] C. PELLLEGRINO - F.M. PRATILLI, *Historia principum Langobardorum*, IV, Napoli 1753, p. 413: «Anno 942... Gisulfus princeps cepit estruere monasterium S. Trinitatis in Venusii ad preces Indulfi comitis, consanguinei sui, qui postea factus est ibi monachus». Cfr. HOUBEN (cit. sopra alla nota 9) p. 21s. con ulteriori indicazioni bibliografiche.

[27] MÉNAGER, *Recueil* (cit. sopra alla nota 16), nr. 1 p. 21. Unicamente su questo falso (v. sotto pp. 133ss.) si basano le indicazioni di J. MABILLON, *Annales Ordinis S. Benedicti*, IV, Paris 1728, p. 640 (2. ed., Luca 1739, p. 588), e di Eustachio Caracciolo, *Dictionarium universale totius regni neapolitani...*, circa 1729/39 (v. HERKLOTZ, *Il Chronicon*, cit. sopra alla nota 10), ms. Napoli, Bibl. Naz. S. Martino 436, T.LII (siccome i fogli del ms. non sono numerati, citeremo in seguito separatamente i fogli della voce T.LII = «Trinitatis Venusii»), fol. 3r: «Primus igitur huius sacri cenobii abbas, qui nobis elucet, fuit nomine Gaufridus (in margine dalla stessa mano: Gaufridus abbas Venusinus primus anno MLIII obtinet tertiam partem Venusie et duas ecclesias S. Georgii); ipsius memoriam perennavit laudatus Mabillonius...».

[28] Orderico Vitale, *Historia ecclesiastica*, ed. M. CHIBNALL, vol. 2, Oxford 1969, pp. 100ss.: «Idem princeps (= Roberto il Guiscardo) coenobium sanctae Trinitatis in civitate Venusia praedicto

quest'ultimo fosse diventato veramente abate della SS. Trinità di Venosa[29]. Dalle parole di Orderico risulta solo che il Guiscardo affidò il monastero venosino — la data non è nota — a Roberto di Grandmesnil, il quale designò Berengario, monaco di Saint Evroul, ad assumere la direzione del cenobio presentandolo al papa Alessandro II (1° ott. 1061 - 21 apr. 1073). Ciò deve essere avvenuto, in ogni caso, dopo il 25 giugno 1066, giorno in cui Ingelberto è ancora attestato abate della SS. Trinità.

Il documento più antico in cui appare l'abate Ingelberto, è una carta rilasciata da Unfredo di Altavilla, successore di Drogone nella dignità di conte di Puglia, nel 1053[30] la cui autenticità però non è sicura[31]. Qui si legge che Drogone avesse fatto costruire il monastero venosino attraverso la mano dell'abate Ingelberto[32].

Il primo documento di indubbia autenticità, in cui è attestato l'abate Ingelberto, è dunque la bolla papale rilasciata da Niccolò II il 25 agosto 1059 per il monastero venosino[33]. Qui leggiamo — e queste mi sembrano le prime notizie storiche assolutamente sicure sul cenobio venosino — che il monastero della SS. Trinità era stato costruito (o ricostruito) da Drogone di Altavilla e che l'abate Ingelberto aveva cominciato a *restaurare* il cenobio[34]. Siccome il dominio sulla città di Venosa era stato assegnato a Drogone nel 1043, e siccome il documento più antico del monastero venosino di cui abbiamo notizia è del 1044, mi sembra probabile che la fondazione o rifondazione del cenobio venosino fosse avvenuta intorno a quegli anni (1043/44).

L'ascesa di Drogone alla guida dei Normanni in Puglia, avvenuta nel 1046 dopo la morte di suo fratello Guglielmo «Braccio-di-ferro», probabilmente non

patri commendavit. Ille autem Berengarium, filium Ernaldi filii Helgonis, Uticensem monachum elegit, et ad suscipiendum regimen Venusiensis coenobii Alexandro papae praesentavit».

[29] Caracciolo (cit. sopra alla nota 27), fol. 3r scrive, riferendosi al citato passo di Orderico (v. sopra nota 28) di cui aveva conoscenza attraverso l'opera del Mabillon (v. sopra nota 27): «Hec Mabillonius ex quo etiam addiscimur huic successisse Robertum (in margine: Robertus abbas Venusinus secundus anno MLXIII) iam abbatem Uticensem in Normannia. Nam [...] loquens de ipso Roberto [...] ait cum XI monachis in anno MLXIII confugit ad Alexandrum pontificem...».

[30] Ménager, *Recueil* (cit. sopra alla nota 16), nr. 3 p. 25s.

[31] V. sotto pp. 137ss.

[32] Ménager, *Recueil* (cit. sopra alla nota 16), nr. 3 p. 26: «... de monasterio sanctae Trinitatis foras muros civitatis Venusie, quem nostro germano domno Drogoni comiti, comes comitorum (!) et dux ducorum (!), construere fecit pro anima Guilielmo fratre suo per manus Ingelberto abbate...».

[33] J. von Pflugk-Harttung, *Acta Pontificum Romanorum inedita*, II, Stuttgart 1884 (rist. Graz 1958), nr. 120 p. 86s.; *Italia Pontificia* 9, a cura di W. Holtzmann, Berlino 1962, p. 493 nr. 4.

[34] von Pflugk-Harttung (cit. sopra alla nota 33) p. 86: «Quapropter carissime fili Ingelberte, monasterium sanctae Trinitatis de veteri civitate Venusia labore extructum a Dregone comite, restaurari ceptum per te quoque, prout facultas suppeditavit, recte protectum...».

rimase senza riflessi positivi per la sorte del monastero venosino. Anche se la carta di donazione di Drogone del 1053 è indubbiamente falsa, come è del resto anche non sicura l'autenticità delle carte rilasciate nello stesso anno (1053) da suo fratello e successore Unfredo[35], sono però probabili atti di munificenza effettuati dagli Altavilla in questo periodo verso l'abbazia della SS. Trinità.

Di particolare importanza per le fortune venosine era l'interesse dimostrato per il monastero da Roberto il Guiscardo, fratello minore e sin dal 1057 successore di Unfredo nella dignità di conte di Puglia e nel 1059 elevato alla dignità di duca della Puglia, della Calabria e della Sicilia ancora da conquistare. Di eminente peso era la sua decisione di destinare la SS. Trinità a chiesa sepolcrale della sua famiglia[36].

La data di tale decisione stabilita generalmente intorno all'anno 1069[37] è recentemente stata messa in discussione. Ingo Herklotz, nella sua monografia su «*Sepulcra* e *Monumenta* del Medioevo», citando «un documento del 1060, in forza del quale Roberto donò ai monaci il castello *Dordonum* con la relativa chiesa di S. Pietro ... *pro remedio anime patris et matris mee et comitum fratrum meorum ac aliorum parentum quorum corpora in monasterio sancte trinitatis Venusii jacent sepulti*», ha sostenuto che la «SS. Trinità [...] doveva fungere da chiesa funeraria degli Altavilla, almeno a partire dagli anni cinquanta del secolo [XI]». In considerazione della «nuova destinazione dell'edificio» lo studioso tedesco attribuiva «un significato particolare» al «fatto che Vittore II, nel 1055, sollecitasse il clero e il popolo di Venosa a venerare con particolare devozione le reliquie dei martiri conservate nella chiesa abbaziale»[38].

Va però detto che allo Herklotz è sfuggito che il documento pontificio del 1055, menzionato nella «Cronaca Venosina» del canonico venosino Giacomo Cenna (1560-1640), è stato indicato come privo di attendibilità nel nono volume degli «Italia Pontificia», citato dallo stesso studioso[39]. La notizia del Cenna secondo cui «Papa Victorio per breve apostolico espedito nell'anno 1055 raccomanda al Clero et populo di Venosa e di tutta Puglia la debita veneratione delle sante reliquie e corpi santi che se ritrovano nella chiesa della SS. Trinità di Venosa»[40], deriva forse da una errata interpretazione della *praefatio* alla

---

[35] V. sotto pp. 137ss.

[36] Cfr. Houben (cit. sopra alla nota 9) pp. 29ss.

[37] Ivi, p. 29 con ulteriori indicazioni bibliografiche.

[38] Herklotz, «*Sepulcra*» (cit. sopra alla nota 6) p. 50. Il doc. è stato edito da Ménager, *Recueil* (cit. sopra alla nota 16), nr. 8 p. 34.

[39] *Italia Pontificia* 9 (cit. sopra alla nota 33), p. 492: «... has notitias omni fide carere putamus...».

[40] *Giacomo Cenna e la sua Cronaca Venosina, ms. del sec. XVII della Bibl. Naz. di Napoli*, con prefazione e note di G. Pinto, in «Rassegna Pugliese», 18 (1901), p. 153; uscito anche separatamente Trani 1902 (rist. Venosa 1982), p. 237. La notizia del Cenna fu poi riportata da P.A. Corsignani, *Synodus dioecesana Venosina*, app.: *De ecclesia et civitate Venusiae eiusdemque episcopis*

«Passio sanctorum martyrum Senatoris, Viatoris, Cassiodori et Dominatae» dedicata dal suo autore, il monaco cassinese Geroldo, al papa Vittore. Come ha rilevato già il Delehaye, questo papa Vittore non è da identificare con Vittore II, ma con Vittore III, cioè con l'abate di Montecassino Desiderio, eletto papa il 23 maggio 1086, consacrato papa il 9 maggio 1087 e deceduto il 16 settembre 1087[41].

L'altro documento citato dallo Herklotz a sostegno della sua tesi, non risale al 1060 come indicato nell'edizione del Ménager, bensì al periodo del pontificato del papa Alessandro II (1° ott. 1061 - 21 apr. 1073)[42]. Siccome in questa carta sono menzionati come sepolti a Venosa i fratelli defunti di Roberto il Guiscardo, ritengo probabile che il documento sia posteriore al 1069, anno in cui il Guiscardo fece trasferire le spoglie dei suoi fratelli dai diversi luoghi della Puglia dove si trovarono sepolte, a Venosa nel monastero della SS. Trinità[43].

Mi sembra dunque necessario sottolineare la insostenibilità della tesi dello Herklotz secondo cui la SS. Trinità già negli anni cinquanta del sec. XI fosse stata destinata a chiesa sepolcrale degli Altavilla. Questa decisione importante avvenne probabilmente solo intorno al 1069 quando Roberto fece raccogliere qui le spoglie dei suoi fratelli[44].

Il periodo storico in cui Roberto il Guiscardo destinò la SS. Trinità a diventare il mausoleo della sua famiglia, coincide in larga misura con il periodo in cui l'abbazia venosina fu diretta dall'abate normanno Berengario, prove-

---

historica monumenta selecta, Venosa 1728, p. 30s., nonché da Caracciolo (cit. sopra alla nota 27), fol. 2r.

[41] H. DELEHAYE, *Saint Cassiodore*, in: *Mélanges Paul Fabre*, Paris 1902, pp. 40-50, rist. in: ID., *Mélanges d'hagiographie grecque et latine*, Bruxelles 1966 (Subsidia hagiographica 42), pp. 179-188, particolarmente p. 186s. Cfr. anche M. SALSANO, *Senatore, Viatore, Cassiodoro e Dominata*, in: *Bibliotheca Sanctorum*, XI, Roma 1968, col. 840-842; H. HOFFMANN, *Zur Geschichte Montecassinos im 11. und 12. Jahrhundert*, in: H. DORMEIER, *Montecassino und die Laien im 11. und 12. Jahrhundert*, Stuttgart 1979 (Schriften der MGH 27), p. 16 nota 69.

[42] MÉNAGER, *Recueil* (cit. sopra alla nota 16), nr. 8 p. 74: «Residente papa Alexandro II° in anno 1060 (!)...» Cfr. sotto nota 50.

[43] MÉNAGER, *Recueil* (cit. sopra alla nota 16), nr. 20 p. 81. Ritengo azzardate le tesi avanzate a proposito di questo doc. da HERKLOTZ, *«Sepulcra»* (cit. sopra alla nota 6), p. 53; v. sotto p. 125s. nota 60.

[44] Cfr. HERKLOTZ, *«Sepulcra»* (cit. sopra alla nota 6), p. 53: «Proprio durante gli anni sessanta, infatti, la politica del condottiero normanno mirava alla conquista di quella parte della Puglia ancora sotto la sovranità bizantina, processo che si concluse solo verso la fine del decennio. Nel 1069 con l'assedio di Bari iniziò l'espugnazione dell'ultimo caposaldo bizantino in territorio italiano.» - A differenza di HERKLOTZ, ivi, p. 53s., non ritengo attendibile il racconto di Orderico Vitale (*Historia ecclesiastica*, cit. sopra alla nota 28, IV, p. 18) secondo cui la SS. Trinità ricevette, dopo la morte del Guiscardo, come «trofeo e reliquia» la «presunta croce di Costantino», «la più importante fra le prede di guerra acquistate dai normanni durante la guerra contro i bizantini conquistata dal figlio maggiore di Roberto, Boemondo».

niente dal monastero di Saint Evroul. Secondo quanto riferito da Orderico Vitale, l'abate normanno[45] riformò con successo la vita monastica a Venosa: il piccolo gregge di 20 monaci che trovò «mundanis vanitatibus vehementer occupatum et in Dei cultu valde pigrum», aumentò al numero notevole di 100 monaci e, allo stesso tempo, a causa della buona fama acquistata dal cenobio venosino, alcuni di questi monaci furono chiamati altrove a dirigere diocesi e abbazie[46].

Il prestigio raggiunto verso la fine del sec. XI dal monastero venosino emerge anche dalla bolla rilasciata il 24 settembre 1089 dal papa Urbano II per l'abate Berengario. Il pontefice confermando all'abbazia venosina, fra l'altro, i suoi possedimenti, l'esenzione dalla giurisdizione vescovile, il diritto della libera elezione dell'abate, il quale ricevette la benedizione dal papa, concesse a Berengario e ai suoi successori il diritto di portare la mitra vescovile durante la celebrazione della messa nei giorni di festa[47].

Eletto nel 1094 vescovo di Venosa, Berengario sembra aver conservato nello stesso tempo la sua carica abbaziale fino alla sua morte avvenuta il 24 dicembre del 1096 (o del 1095)[48].

Come suo successore veniva eletto, il 24 aprile del 1097 (o del 1096), il monaco Pietro che era stato preposito «monasterii Aquevelle»[49], cioè della pic-

---

[45] *Terminus post quem* per l'inizio del regime abbaziale di Berengario è il 25 giugno 1066, data in cui è attestato il suo predecessore Ingelberto; cfr. HOUBEN (cit. sopra alla nota 9) p. 120s. Siccome Orderico Vitale riferisce che Berengario ricevette la benedizione come abate dal papa Alessandro II (1° ott. 1061 - 21 apr. 1073), la data del 21-IV-1073 è un *terminus ante quem*. Il *terminus ante quem* può forse essere anticipato al periodo tra il 1067 e il 1073, quando il monastero venosino e dunque probabilmente l'abate Berengario ricevette una bolla papale il cui testo però non si è conservato. Per questo doc. cfr. *Documenti pontifici in Italia. Contributi per l'«Italia Pontificia»*, a cura di R. VOLPINI, in corso di stampa (Acta Romanorum Pontificum 9), parte II cap. 5 nr. *1.

[46] Orderico Vitale, *Historia ecclesiastica* (cit. sopra alla nota 28), II, pp. 100ss.; cfr. sotto pp. 123ss.

[47] *Documenti pontifici* (cit. sopra alla nota 45), parte II cap. 5 nr. 3. In precedenza il monastero venosino aveva ricevuto una bolla di Gregorio VII (1073-85): v. ivi, nr. *2.

[48] Cenna (cit. sopra alla nota 40) p. 218 (rist. p. 254). La *depositio*, cioè la sepoltura di Berengario è registrata nel necrologio venosino il 25 dicembre: v. HOUBEN (cit. sopra alla nota 9), p. 97 e tav. 71. L'anno della morte indicato dal Cenna (1096) è forse da correggere in 1095, perché il primo documento in cui è attestato il successore di Berengario, cioè l'abate Pietro I, è forse del 1096 e non del 1097 come indica il Caracciolo probabilmente seguendo il Cenna; cfr. sotto le note 49 e 52.

[49] Caracciolo (cit. sopra alla nota 27) fol. 6r: «... in anno MXCVII, indictione quarta, die VIII. aprilis (!), currente festivitate S. Georgii marytris, fratres omnes qui erant in monasterio Sanctissimae Trinitatis, dolentes maxime de obitu Berengarii abbatis, congregati in unum et advocantes adiutorium Spiritus Sancti unanimi consensu elegerunt et nominarunt in abbatem domnum Petrum, qui erat prepositus monasterii Aquevelle, cui prestantes debitam obedientiam comunicarunt omnimodam auctoritatem pro regimine monasterii.» Siccome l'indizione IV corrisponde al 1096 e non al 1097, l'indicazione dell'anno è forse da correggere in 1096; v. anche sotto nota 52. L'indicazione

cola dipendenza venosina presso il castello omonimo, donato nel 1063 da Roberto il Guiscardo[50]. Durante il periodo del regime abbaziale di Pietro I, di cui l'anonimo autore del *Chronicon Venusinum* elogia le qualità morali e lo zelo dimostrato nell'amministrazione dei beni del monastero[51], continuarono le donazioni all'abbazia venosina eseguite dai Normanni[52].

Dopo la morte di Pietro I, avvenuta dopo il 1108 e probabilmente prima del 1114[53], venne eletto come abate il monaco Ugo, preposito dei possedimenti venosini a Corleto (fraz. di Ascoli Satriano)[54].

«die VIII. aprilis» è da correggere in «VIII. Kal. madii» (= 24 aprile), perché questo è il giorno della festa di S. Giorgio.

[50] MÉNAGER, *Recueil* (cit. sopra alla nota 16), nr. 9 pp. 35-37; per la localizzazione di *Aquabella* v. ivi p. 36 nota 2. La data del doc. indicata dal Ménager con 1060 va probabilmente corretta in 1063: v. sotto p. 141s.

[51] Caracciolo (cit. sopra alla nota 27), fol. 6r: «Qui cum esset cunctis virtutibus preditus atque, ut dicit Petrus apostolus *firmatus supra firmam petram* (cfr. *Mt. 7, 25*), totis suis viribus et maximo zelo nedum temporali sed etiam spirituali ipsius monasterii profictui incumbuit».

[52] La prima donazione attestata durante il regime abbaziale di Pietro I è probabilmente del 1096. Cfr. MÉNAGER, *Les fondations* (cit. sopra alla nota 11), app. nr. 21 p. 95s.: «MXCVI. Robertus comes Principatus [...] Quod donum apud Candelam factum est [...] et in monachorum manibus traditum et assignatum per cultrum prenominati Clarembaldi, Gervasii videlicet prioris monasterii, Heremberti monachi, et Hugonis Corniti preposti, qui aderant cum electo noviter creato.» Simile è l'estratto del doc. riportato dal Caracciolo (cit. sopra alla nota 27), fol. 6r: «Huius ergo tempore et in eodem anno (scil. MXCVII; cfr. però sopra nota 49) Robertus comes Principatus [...] Que acta fuerunt in oppido Candele [...] Et in signum traditionis donationis predicte prefatus Garembaldus tradidit cultrum in manus Gervasii prioris monasterii, Heremberti monachi, et Hugonis prepositi Corneti cum Petro abbate noviter electo, qui omnes convenerant in dicta ecclesia Sanctissimae Trinitatis.» Per gli altri atti di donazione effettuati durante il regime abbaziale di Pietro I v. HOUBEN (cit. sopra alla nota 9) p. 37s.

[53] Cfr. ivi, p. 39; v. anche sotto nota 54.

[54] Caracciolo (cit. sopra alla nota 27), fol. 7r: «Interim venerabilis Petrus abbas annis et virtutibus plenus, infirmitate correptus, abbatiam cum morte dimisit et animam Deo reddidit. Unde monachi, qui inibi erant, congregati in unum, nominarunt in abbatem Hugonem prepositum Corneti, cui tradiderunt omnem administrationem spiritualem et temporalem, et illum presentarunt summo pontifici, qui erat Callixtus II, a quo ipse accipiens sanctam benedictionem ad suos reversus est in anno tertio pontificatus, hoc est in anno MCXXII; electus enim fuerat anno MCXIX. Unde error in sequenti donatione, in qua dicitur, quod in anno MCXVII [...] prefatus Hugo abbas Sanctissimae Trinitatis Venusii noviter electus [...]» Non mi sembra convincente l'interpretazione di questo brano data da HERKLOTZ, *Il Chronicon* (cit. sopra alla nota 10), p. 422, il quale conclude che «non si può dunque dire, per il momento, nulla di definitivo» sulla data dell'inizio del regime abbaziale di Ugo. Sono accertati però i seguenti dati: nel marzo 1114 Ugo deve essere stato già eletto abate, perché si legge in una carta rilasciata in questa data, che il preposito venosino Tommaso agiva «per preceptum domini Ugonis abbate nostro»: F. CARABELLESE, *L'Apulia e il suo comune nell'alto medioevo*, Bari 1905 (Commissione provinciale di archeologia e storia patria, Documenti e monografie 7), pp. 545ss. nota. Nel giugno 1117 l'abate Ugo è attestato come presente alla corte di Ruggero II a Messina: v. HOUBEN (cit. sopra alla nota 9) p. 39s.; sembra che egli allora non avesse ancora ricevuto la benedizione pontificia in quanto chiamato ancora «noviter electus». Come preposito di Corneto Ugo è attestato nel 1096 (v. sopra nota 52).

Il giudizio che il cronista venosino dà sull'abate Ugo è piuttosto negativo. Gli viene rimproverata la dissipazione dei beni del monastero[55]. I monaci venosini tentarono senza successo di convincere l'abate a desistere da questa prassi, e alla fine si rivolsero al papa. Questi, accertata la fondatezza delle accuse, convocò l'abate a Roma per dargli la possibilità di giustificarsi. Ugo però non obbedì all'invito del pontefice rifugiandosi in Calabria. Il papa lo depose dunque in contumacia e sollecitò i monaci venosini alla elezione di un nuovo abate[56]. Fu così eletto Graziano che è attestato nel luglio 1131 come abate *noviter electus*[57].

Sembra che l'abate Graziano non fosse stato in grado di fermare il declino del monastero venosino. Va ricordato che in quegli anni la lotta tra Innocenzo II e Ruggero II scuoteva l'Italia meridionale e che in quest'ambito Ruggero II, nel 1133, mise a ferro e fuoco la città di Venosa per essersi unita al ribelle Tancredi di Conversano[58]. Secondo una notizia riportata dal Cenna nella *Cronaca Venosina*, Graziano «non molto tempo» dopo la sua elezione ad abate sarebbe stato eletto vescovo di Venosa[59]. L'attendibilità di questa notizia non può essere verificata, perché mancano altre fonti storiche relative a quell'evento[60]. Comunque nel privilegio rilasciato nel 1137 dal papa Innocenzo II a favore di Graziano, quest'ultimo viene chiamato solo *abbas*. Il papa lo richiamò a ristabilire a Venosa la disciplina monastica ed a conservare ed aumentare i beni del monastero sottratti dal suo predecessore Ugo[61]. Questi

---

[55] Caracciolo (cit. sopra alla nota 27), fol. 7v; v. sotto p. 114 nota 10.

[56] È evidente che, dopo quanto detto sopra su Ugo, è da escludere che fosse stato lui — come si è creduto per molto tempo — l'autore delle *Vitae* dei primi quattro abati di Cava: v. sotto pp. 167-175.

[57] MÉNAGER, *Les fondations* (cit. sopra alla nota 11), app. nr. 35 p. 108; v. anche sotto nota 58. - L'indicazione del Caracciolo (cit. sopra alla nota 27), fol. 7v (ed. sotto p. 114 nota 10) secondo cui Graziano avesse ricevuto la benedizione papale nel 1130 a Roma, sembra basata solo su questo doc. Non è noto quando Innocenzo II benedisse Graziano come abate: v. *Documenti pontifici* (cit. sopra alla nota 45), parte II cap. 5 nr. *10. *Terminus ante quem* è il 14 agosto 1137, data in cui Innocenzo II rilasciò una bolla per Graziano: v. ivi nr. 11.

[58] Falcone Beneventano, *Cronica*, in: G. DEL RE, *Cronisti e scrittori sincroni napoletani editi ed inediti. Storia della monarchia* I: *Normanni*, Napoli 1845, p. 217; cfr. CHALANDON (cit. sopra alla nota 20), II, pp. 27ss. - Tancredi di Conversano aveva fatto nel luglio 1131 una donazione al monastero venosino la cui autenticità è stata messa in dubbio: ed. MÉNAGER, *Les fondations* (cit. sopra alla nota 11), app. nr. 35 p. 108: «MCXXXI, mense Julio, ind. IX»; cfr. però sotto p. 148. Caracciolo (cit. sopra alla nota 27), fol. 7v, riporta questo doc. con la data di giugno 1130. Mi sembra preferibile la data del luglio 1131 essendo questa — a differenza della data del giugno 1130 — in armonia con la indizione IX.

[59] Cenna (cit. sopra alla nota 40) p. 218 (rist. p. 255).

[60] Caracciolo (cit. sopra alla nota 27), fol. 8r, non riporta la data di questo evento scrivendo a proposito di Graziano solo: «de quo dicitur assumptum fuisse ad ipsam ecclesiam Venusinam, sed de hoc nihil apud Ughellium...».

[61] *Documenti pontifici* (cit. sopra alla nota 45), parte II cap. 5 nr. 11: «1137 (agosto 14?)».

che, come abbiamo già sentito, si era rifugiato in Calabria, è attestato ancora nel maggio 1139 nel monastero calabrese, probabilmente dipendente da Venosa, di S. Fantino presso Mammola[62].

Le esortazioni del papa sembrano però rimaste senza effetto, perché, come apprendiamo dal *Chronicon Venusinum*, il cenobio venosino era caduto intorno all'anno 1140 in tale decadenza che sembrava impossibile un ripristino del suo antico splendore[63]. Intervennero dunque il papa Innocenzo II e il re Ruggero II, i quali si erano riconciliati il 25 luglio 1139 a Mignano[64], e incaricarono l'abate del monastero della SS. Trinità di Cava dei Tirreni della riforma del cenobio venosino. L'abate — si tratta di Simeone († 16 nov. 1141) — inviò a Venosa come nuovo abate il monaco cavense Pietro «qui nominabatur Divinacello», il quale, insieme ad altri dodici confratelli cavensi, doveva rinnovare la vita monastica benedettina nel monastero venosino secondo le consuetudini monastiche di Cava: «ut ibi effloresceret disciplina regularis iuxta regulas, instituta et consuetudines monasterii Cavensis»[65].

Il nuovo abate, Pietro II, ricevette il 31 dicembre 1141 dal papa Innocenzo II un privilegio confermante le bolle rilasciate per Venosa dai pontefici Niccolò II, Alessandro II, Gregorio VII, Urbano II e Callisto II[66]. Dalle notizie fornite dal *Chronicon Venusinum* sulla persona e sull'attività dell'abate, è probabile che fosse egli l'autore delle note «Vitae quatuor priorum abbatum Cavensium»[67].

Il cronista elogia l'abate come abile nell'amministrazione dei beni del monastero, come famoso per la sua dotta esegesi della Sacra Scrittura, e come pieno di *caritas* verso i poveri[68]. L'anonimo venosino riferisce anche un episodio avvenuto durante il regime abbaziale di Pietro II, di cui nessun'altra fonte storica ci dà notizia e che, dunque, è rimasto ignoto agli studiosi: nel 1146,

---

[62] F. Trinchera, *Syllabus graecarum membranarum*, Napoli 1865, nr. 121 p. 165s.; cfr. Ménager, *Les fondations* (cit. sopra alla nota 11), p. 51 con nota 131. - La morte di Ugo è registrata nel necrologio venosino il 13 gennaio (v. Houben, cit. sopra alla nota 9, p. 73 e tav. 3), mentre la morte dell'abate Graziano non è stata registrata (per il motivo v. sotto nota 71). - È comunque da chiedersi se la deposizione dell'abate Ugo e l'elezione di Graziano non siano forse da collegare allo scisma del 1130 e alle sue conseguenze. Ugo e i monaci che lo seguirono nell'esilio erano forse sostenitori di Anacleto II (e di Ruggero II), mentre Graziano e gli altri monaci venosini riconoscevano come papa Innocenzo II? Un'indizio per una tale situazione è forse la donazione che ricevette Graziano da parte di Tancredi di Conversano (v. sopra nota 58), il quale si era ribellato a Ruggero II e sosteneva di conseguenza Innocenzo II. La questione della posizione dell'abbazia venosina durante lo scisma del 1130 è comunque ancora da approfondire in un contesto più ampio.

[63] Cfr. sotto p. 171.

[64] Cfr. Chalandon (cit. sopra alla nota 20), II, pp. 90ss.

[65] Cfr. sotto p. 171.

[66] *Documenti pontifici* (cit. sopra alla nota 45), parte II cap. 5 nr. 13.

[67] Cfr. sotto pp. 171ss.

[68] Caracciolo (cit. sopra alla nota 27), fol. 9v-10r, ed. sotto p. 172s.

Alvisa, badessa del monastero di S. Giovanni presso Barletta, avendo sentito della buona fama del monastero venosino e particolarmente della santità della vita condotta dall'abate Pietro, conoscendo del resto anche l'alta spiritualità della comunità venosina, donò con il consenso delle monache e dell'*advocatus* del monastero il cenobio e i suoi possedimenti all'abate venosino. Come motivo della donazione il cronista menziona, oltre l'età avanzata della badessa, la quale non si sentiva più in grado di dirigere la comunità, il fatto che il sobborgo dove era sorto il monastero (il quale era stato ben dotato da Goffredo, conte di Andria), fosse diventato troppo densamente popolato. La badessa, preoccupata di lasciare il monastero senza suscitare scandalo, convocate le monache, affidò il cenobio nonché un'altra chiesa intitolata a S. Sabino e situata fuori del sobborgo con tutte le rendite ad essa connesse, all'abate venosino facendo promettere alle monache di obbedire all'abate allo stesso modo dei monaci venosini [69]. Due anni dopo, nel 1148, il re Ruggero II confermò all'abbazia venosina il possesso della chiesa di S. Giovanni presso Barletta [70].

---

[69] V. sotto p. 187s. - Nel necrologio venosino appaiono pochi nomi femminili (soltanto 12 su un totale di 1121). La maggior parte di questi appartiene a benefattrici o a parenti di benefattori del monastero: *Albereda* (18 dic.), *Emma* (4 ag.), *Guimarca 'amica nostra'* (13 ott.), *Helbiria regina uxor magni regis...* (8 feb.), *Kuraza mater Madii...* (26 lugl.), *Maria mater Simonis Senescalchi* (14 ott.), *Muriela comitissa amica nostra* (15 gen.). Come monache sono indicate *Maiore abbatissa s. Thome* (7 ag.; badessa di S. Tommaso di Barletta?), *Helisabet monacha* (5 ag.), *Sibilla mo(nacha)* (30 nov.). Rimangono per adesso non meglio identificabili: *Mathalda* (15 ott.), *Zeccelina* (o *Leccelina*) (7 ag.). Per tutte queste iscrizioni commemorative v. HOUBEN (cit. sopra alla nota 9).

[70] Negli estratti conservatisi del doc. del 1148 (e derivanti dal cartulario venosino) si legge: «Rogerius divina favente clementia Rex Siciliae, Ducatus Apuliae et Principatus Capuae donat Ecclesiam S. Ioannis de burgo Baroli Venusino monasterio. Datum in Urbe Panormi per manus Majonis Scrinarii quia Robertus Cancellarius absens erat. Anno 1148.» (Mss. Roma, Bibl. Vat. Ottob. lat. 2647, fol. 54r; simile Napoli, Bibl. Naz. Branc. IV.D.1, fol. 410r, ed. CRUDO, cit. sopra alla nota 24, p. 244). Caracciolo (cit. sopra alla nota 27), fol. 9r-v: «In eodem anno MCXLVI (!) de mense februarii, indictione undecima, et octavo decimo regni Rogerii regis Sicilie et Apulie ducis et Capue principis, in civitate Panormi, per manus Maionis regii secretarii (!), quia Robertus cancellarius tunc non aderat, Petrus abbas Sanctissimae Trinitatis Venusii, cum ibi pluries accessisset et per litteras et missos repetitas et humillimas preces regiae maiestati porrexisset, ut ecclesiam S. Ioannis positam in suburbio Barolitano et ipse rex declaraverat dictam cappellam esse de iure regii patronatus (!), concederetur sibi dicta ecclesia utpote multum opportuna suo monasterio, quibus ipse rex benignissime annuens ultro concessit dictam ecclesiam una cum clibano et ceteris redditibus, qui ipsi competebant». È evidente che il brano citato contiene alcuni errori dovuti probabilmente o al Cenna o al Caracciolo. L'anno MCXLVI è da correggere in MCXLVIII, perché l'indizione e l'anno del regno di Ruggero II corrispondono al 1148. Invece di «secretarii» è da leggere «scrinarii». Il passo «et ipse rex declaraverat dictam cappellam esse de iure regii patronatus» è con ogni probabilità una interpolazione moderna (dovuta al Caracciolo?). - Nel 1152/3 Ruggero II incaricò l'arcivescovo di Taranto, il vescovo di Melfi e l'abate della SS. Trinità di Venosa con la decisione in una lite tra l'arcivescovo di Brindisi e le monache di S. Maria di Brindisi: E. CASPAR, *Roger II. (1101-1154) und die Gründung der normannisch-sicilischen Monarchie*, Innsbruck 1904, p. 578 nr. 252.

Probabilmente negli ultimi anni della vita dello stesso abate Pietro II a Venosa fu redatto il necrologio che fa parte del 'libro del capitolo' conservato oggi a Montecassino (Cod. Casin. 334), in cui oltre agli abati venosini e ai membri della famiglia degli Altavilla, sono ricordati gli abati cavensi Leone (1050-79), Pietro Pappacarbone (1079-1123) e Costabile (1123-24)[71]. Il periodo del regime abbaziale di Pietro II (1141-56) può essere considerato il secondo periodo 'aureo' del cenobio venosino, dopo il primo, già ricordato, avvenuto nell'ultimo quarto del secolo XI sotto l'abate normanno Berengario.

Dopo la morte di Pietro II, avvenuta il 13 luglio 1156[72], fu eletto abate Nicola «monachis et universo populo gratissimus», il quale ricevette la benedizione papale nel dicembre dello stesso anno[73]. La notizia fornita dal Caracciolo e presa come attendibile dallo Herklotz, secondo cui Nicola «prima di entrare nello stato religioso, deve aver operato come giureconsulto»[74], è storicamente assurda — lo studio della giurisprudenza cominciò a Bologna nel secolo XII e nel Mezzogiorno solo nel secolo XIII a Napoli — e sembra dovuta ad

---

[71] Houben (cit. sopra alla nota 9), *passim*. La redazione originaria del necrologio e dunque anche dell'intero 'libro del capitolo' può adesso essere precisata al periodo *dopo* il 27-II-1154 (morte di Ruggero II) e *prima* del 13-VII-1156 (morte dell'abate Pietro II): v. sotto p. 174 nota 43. Il fatto sorprendente che nel necrologio venosino la morte dell'abate Graziano non è stata registrata, si potrebbe spiegare sostenendo che questi, diventato vescovo di Venosa prima del 1140, al momento della redazione originaria del 'libro del capitolo' era ancora in vita. *Terminus ante quem* per la morte di Graziano è il 1177, anno in cui è attestato il vescovo Pietro di Venosa: v. F. Ughelli, *Italia sacra*, 2. ed. a cura di N. Coleti, VII, Venezia 1721, col. 171. Senz'altro inattendibile è l'indicazione di Cenna (cit. sopra alla nota 40) p. 219 (rist. p. 255): «Donno Ruggiero fu Vescovo di Venosa nell'anno 1169 sotto il Pontificato di Papa Calisto III (Antipapa). Di costui se ne fa mentione nell'instrumenti delle donationi fatte all'ecclesia della S.ma Trinità di Venosa.» Nel ms. Napoli, Bibl. Naz. X.D.3, fol. 26v, dove si trovano le frasi citate che furono edite poi dal Pinto, si legge però invece di «Calisto III (Antipapa)» solo «Calisto 4.». Ovviamente l'editore ha emendato (senza indicarlo) un errore del Cenna: non è mai esistito un papa Callisto IV: l'ultimo papa di questo nome era Callisto III (1455-58). L'antipapa Callisto III fu eletto nel sett. 1168 e abdicò il 29 ag. 1178. Siccome nel 1069, in una carta di donazione per la SS. Trinità di Venosa (Ménager, *Recueil*, cit. sopra alla nota 16, nr. 20 p. 81) è attestato come presente Ruggero, vescovo di Venosa, non mi sembra improbabile che il Cenna, il quale nella compilazione dell'elenco dei vescovi di Venosa non commetteva pochi errori, abbia scritto erroneamente «1169» invece di «1069»!

[72] Per la data della morte v. sotto p. 174 nota 43.

[73] Caracciolo (cit. sopra alla nota 27), fol. 10r: «Post ipsius obitum congregatis ipsis monachis pro electione novi abbatis, comuni consensu dederunt sua suffragia Nicolao sanctissimo viro, qui in eadem Venusina civitate ante professione[m] monachalem ius civile professus fuerat. Hic monachis et universo populo gratissimus presentatus Adriano quarto summo pontifici, ab eodem consecratus fuit in anno MCLVI, in mense decembri, quinta indictione, et eiusdem pontificatus anno tertio, ut ex ipsius bulla huiusmodi tenoris...» Segue il testo della bolla papale del 12-XII-1156: v. *Documenti pontifici* (cit. sopra alla nota 45), parte II cap. 5 nr. 14.

[74] Herklotz, *Il Chronicon* (cit. sopra alla nota 10) p. 423.

una interpolazione nel *Chronicon Venusinum* fatta dal Cenna[75]. L'abate Nicola morì già il 18 agosto 1157, cioè poco più di un anno dopo la sua elezione[76].

Dopo una vacanza della carica abbaziale durata probabilmente alcuni mesi, nel 1158 i monaci venosini eleggevano, su sollecitazione regia, il monaco cavense Costantino ad abate della SS. Trinità[77]. Questi, a cui il papa confermò il 12 dicembre 1159 il diritto dell'uso dell'anello vescovile oltre a quello della mitra[78], era un fratello di Matteo di Aiello, prima (sin dal 1156) notaio nella cancelleria regia e poi (1169-1193) vicecancelliere del regno di Sicilia[79]. Nel necrologio venosino, in cui la morte di Costantino stesso non è registrata, sono ricordati i giorni della morte di suo padre Nicola e di suo fratello Ruggero, *miles* e giudice a Sorrento[80]. Fu probabilmente durante il regime abbaziale di Costantino (1158-1166 circa) che furono ammessi alla commemorazione liturgica del monastero venosino i genitori defunti di Maione di Bari († 1160) e quelli di Simone Senescalco († 1161), cognato dello stesso Maione e nominato da questi nel 1158 «magister capitanius Apulie»[81]. L'iscrizione di queste persone nel necrologio venosino è forse da interpretare come un atto di gratitudine dell'abate verso Maione, il potente «ammiratus ammiratorum» a cui egli e i suoi fratelli dovevano probabilmente la loro carriera[82].

Secondo quanto riferito dal *Chronicon Venusinum*, Costantino era però un pessimo abate. Molti monaci che non sopportarono più la instabilità del suo carattere, abbandonarono il monastero venosino rifugiandosi in altri cenobi. Alcuni di coloro che erano invece rimasti a Venosa furono incarcerati dallo

---

[75] Cfr. per es. Cenna (cit. sopra alla nota 40), «Rassegna Pugliese» 19 (1902), p. 25 (rist. p. 340): «Partorì Venosa medesmamente nelle tempi antiqui molti dottissimi homini, tanto nelle leggi civili e canoniche, quanto nella theologia, filosofia e medicina».

[76] Caracciolo (cit. sopra alla nota 27), fol. 10r: «Nicolaus autem abbas restitutus in monasterio uno anno ipsam rexit abbatiam quia anno sequenti in octava Assumptionis Beatae Virginis Mariae ad meliorem vitam vocatus fuit.» Nel necrologio venosino la sua sepoltura è registrata il 19 agosto: v. HOUBEN (cit. sopra alla nota 9) p. 88 e tav. 46.

[77] Caracciolo (cit. sopra alla nota 27) fol. 10r: «Post autem ipsius obitum vacavit (*ms.* vocavit) nominatio novi abbatis. Postea p(raesta)nte [*ms.* p(raese)nte] domino rege convenientibus monachis in capitulo, ad electione[m] processerunt nominante[s] in abbatem Constantinum monachum Cavensem in anno MCLVIII, qui erat quinto pontificatus supralaudati Adriani quarti, ut ex bulla ipsius confirmationis, qui postea anno sequenti, qui erat primus Alexandri pape tertii, in anno MCLIX, in mense decembris, indictione octava, denuo confirmatus fuit».

[78] *Documenti pontifici* (cit. sopra alla nota 45), parte II cap. 5 nr. 17-18.

[79] Cfr. HOUBEN (cit. sopra alla nota 9), p. 44.

[80] Cfr. ivi p. 148s. (Nicola) e p. 144s. (Ruggero).

[81] Per le iscrizioni necrologiche di queste persone v. ivi, p. 142s. e p. 158 fig. 6.

[82] Suo fratello Giovanni fu eletto vescovo di Catania nel 1167 († 4-II-1169): v. L.T. WHITE, *Latin Monasticism in Norman Sicily*, Cambridge/Mass. 1938 (The Mediaeval Academy of America 31), p. 144s.; cfr. anche HOUBEN (cit. sopra alla nota 9) p. 158 fig. 7.

stesso abate. Però, come scrive il cronista, «il Dio misericordioso non dimenticando i suoi servi lo privava della vita»[83].

Dopo la morte dell'abate, la cui data non è nota, molti monaci venosini ritornarono. La cattiva amministrazione di Costantino aveva ridotto però il monastero in un tale degrado che non si poteva procedere alla elezione di un nuovo abate[84]. Intervennero dunque nuovamente il papa e il re per avviare — come era stato necessario anche intorno al 1140 — una ripresa della vita monastica a Venosa. Fu dunque inviato come nuovo abate lo spagnolo Egidio, venuto in Italia al seguito della regina Margherita, moglie di Guglielmo I[85]. In precedenza Egidio era stato cellerario nell'abbazia cistercense di Fossanova[86] da dove portò con sé alcuni monaci[87].

Nel settembre 1167 il nuovo abate ricevette a Benevento la benedizione del papa Alessandro III, il quale gli rilasciò un privilegio e gli confermò più tardi, cioè tra il 14 dicembre 1167 e il 12 gennaio 1168, anche il diritto di portare l'anello vescovile durante la celebrazione della messa[88]. In precedenza il re Guglielmo II, ancora minorenne, e sua madre, la regina Margherita, avevano donato all'abate un terreno situato presso Lavello sull'Ofanto[89].

Poco tempo dopo, cioè tra il dicembre 1167 e il 12 marzo 1168, troviamo l'abate Egidio come personaggio molto influente alla corte regia a Messina. Il cosiddetto Ugo Falcando racconta nella sua Storia del Regno di Sicilia che dopo una fallita rivolta di Enrico di Montescaglioso, fratello della regina Margherita, l'abate fungeva da mediatore tra il cancelliere Stefano di Perche, anch'esso parente della regina, e uno dei baroni ribelli[90].

---

[83] V. sotto p. 113 nota 8.

[84] Caracciolo (cit. sopra alla nota 27), fol. 10v: «Unde plures ad proprias cellas redierunt. Sed quia mala administratio omnia reduxerat in postrema confusione, ipsi monachi nec in unum congregati poterant, ut novum abbatem eliggerent».

[85] Margherita, figlia di Garcia [IV] Ramirez, signore di Monzòn e Logroño e quindi re di Navarra, si sposò, poco prima dell'aprile 1151, con Guglielmo I: v. Romualdo di Salerno, *Chronicon*, ed. C.A. Garufi, Città di Castello 1935 (Rerum ital. script., Nuova Ed. VII, 1), p. 242 nota 2.

[86] Il monastero di Fossanova seguì sin dal 1135 l'osservanza cistercense: v. K. Spahr, *Fossanova*, in: *Lexikon für Theologie und Kirche*, 2ª ed., IV, Freiburg i. Br. 1960, col. 226; cfr. anche *Monasticon Italiae*, 1: *Roma e Lazio*, a cura di F. Caraffa, Cesena 1981, p. 159s., dove come anno di passaggio ai Cistercensi è indicato il 1125.

[87] Caracciolo (cit. sopra alla nota 27), fol. 10v: «Unde per pontificem et per ipsum regem datum fuit in mandatis, ut in abbatem acciperent Aegidium cellerarium Fossenove (in margine dalla stessa mano: Egidius abbas MCLXVIII), qui erat natione Hispanus et cum regina Margherita in his venerat regionibus. Hic ad cenobium se conferens multis religiosis comitatus ab economis monasterii tradita fuit omnis potestas et administratio rei temporalis».

[88] *Ibidem*; v. *Documenti pontifici* (cit. sopra alla nota 45), parte II cap. 5 nr. *21 (1167 sett. 11) e nr. *22 (1167 dic. 14 - 1168 genn. 12).

[89] Cfr. sotto p. 146 nota 114.

[90] Ugo Falcando, *La Historia* o *Liber de Regno Sicilie*, ed. G.B. Siragusa, Roma 1897 (Fonti per la storia d'Italia 22), p. 138. L'episodio deve essere accaduto nel periodo tra il dicembre 1167

Nel 1168 avvenne poi un episodio finora poco chiaro: gli Annali di Montecassino riferiscono che l'abate venosino Egidio diventò abate di Montecassino e che egli, nello stesso anno, fu deposto dal papa Alessandro III il quale incaricò il decano cassinese Pietro dell'amministrazione dell'abbazia[91]. Come si spiega il fatto insolito che Egidio, avendo ricevuto appena da qualche mese la benedizione pontificia come abate di Venosa, diventò abate di Montecassino e che, nello stesso anno, fu destituito da questa carica dal papa?

Una possibile spiegazione va cercata forse nella situazione particolare in cui il regno di Sicilia si trovò negli anni tra il 1166 e il 1168, quando durante la reggenza della regina Margherita (per il minorenne Guglielmo II) il vero potere era nelle mani del cancelliere Stefano di Perche. A lui, venuto nel 1166 dalla Francia, e alla spagnola Margherita, rimproverarono i baroni meridionali di favorire eccessivamente gli stranieri venuti al loro seguito nell'Italia meridionale e particolarmente in Sicilia[92]. Mi sembra dunque non da escludere un intervento della regina Margherita e/o di Stefano di Perche nella rapida elevazione di Egidio prima ad abate di Venosa, e poi ad abate dell'ancora più prestigiosa e ricca abbazia di Montecassino. La deposizione di Egidio da parte del papa Alessandro III potrebbe essere stata una reazione alla mancata approvazione pontificia del trasferimento di Egidio da Venosa a Montecassino. Va però detto che queste supposizioni per adesso non possono essere verificate a causa della mancanza di altre fonti storiche relative al citato episodio[93].

Per gli anni immediatamente successivi al 1168 mancano notizie sull'abate Egidio[94]. Nel 1175 lo troviamo come abate della SS. Trinità, preoccupato della salute dei suoi confratelli. Da un brano finora inedito del *Chronicon Venu-*

---

e il 12 marzo 1168 quando la corte regia era a Messina; cfr. CHALANDON (cit. sopra alla nota 20), II, pp. 331, 336. Per Stefano di Perche cfr. S. TRAMONTANA, *Gestione del potere, rivolte e ceti al tempo di Stefano di Perche*, in: *Potere, società e popolo nell'età dei due Guglielmi*. Atti delle quarte giornate normanno-sveve (Bari - Gioia del Colle, 8-10 ott. 1979), Bari 1981, pp. 79-101.

[91] *Annales Casinenses a. 1000-1212*, ed. G.H. PERTZ, in: MGH Scriptores 19, Hannover 1866, p. 312: «1168. Aegidius abbas Venusinus ordinatus est in abbatem Casinensem... Abbas vero Aegidius depositus est a papa Alexandro et reliquit procurationem Petro Casinensi decano.» Per il significato di *ordinare* v. H. HOFFMANN, *Die älteren Abtslisten von Montecassino*, in «Quellen und Forschungen aus italienischen Archiven und Bibliotheken», 47 (1967), p. 323 nota 346: «Unter *ordinare* wird man nach dem Sprachgebrauch der Annalen die Einsetzung, nicht die Weihe verstehen müssen».

[92] Cfr. CHALANDON (cit. sopra alla nota 20), II, pp. 305ss. e pp. 322ss.

[93] Secondo quanto stabilito nel concordato di Benevento (1156), fuori della Sicilia i trasferimenti di abati e di vescovi dovevano essere approvati dal papa; cfr. H. ENZENSBERGER, *Der "böse" und der "gute" Wilhelm. Zur Kirchenpolitik der normannischen Könige von Sizilien nach dem Vertrag von Benevent (1156)*, in «Deutsches Archiv für Erforschung des Mittelalters», 36 (1980), pp. 385-432, particolarmente p. 400.

[94] Da escludere è l'autenticità della notizia del Cenna secondo cui il monastero venosino avesse ricevuto nel 1169 un privilegio dall'antipapa Callisto III: v. sopra nota 71.

sinum conservatosi attraverso un estratto del Prignano, si apprende che l'abate Egidio stabilì allora che i monaci venosini, i quali soffrirono nell'inverno il freddo ai piedi a causa del tipo di scarpe basse usate da loro, potessero usare in futuro «subcrinos subtalares», cioè scarpe «foderate di crine», per proteggersi dal freddo[95].

L'abate, che secondo il cronista, era sempre gentile con tutti e molto corretto nell'amministrazione dei beni del monastero[96], è attestato poi negli anni 1177, 1178[97] e 1181 (marzo)[98]. La sua morte avvenne il sabato delle Palme, cioè il 28 marzo del 1181[99].

Durante il suo regime abbaziale è da notare una ripresa della *memoria* di Roberto il Guiscardo: il grande benefattore del cenobio venosino appariva in sogni e in visioni di monaci venosini rimproverando innanzitutto la negligenza per il suo ricordo[100].

[95] Brindisi, Bibl. De Leo ms. B 5, fol. 102r, dove il Prignano annotò in margine l'anno «1175» e la pagina della cronaca dalla quale egli citava: «(car.) 67 à t(ergo)»: «Egidius abbas Venusinus supradictus cernens eiusdem monasterii fratres diversa mala et frequentes egritudines ex peduum frigiditatibus patientes, quia tamen planis subtalaribus hyemali et estivo tempore utebantur, et eorum labori et assiduis infirmitatibus pro praefata causa condolens, ac ex cordis intimis compatiens, statuit et concessit, ut a modo et omni tempore futuro fratres praefati monasterii subcrinos subtalares habeant et eis utantur, ut calceati pedibus frigus eius non noceat.» Per il significato di *subtalaris* cfr. *Synodi primae Aquisgranensis decreta authentica (a. 816)*, ed. J. SEMMLER, in: *Initia consuetudinis benedictinae. Consuetudines saec. VIII et IX*, a cura di K. HALLINGER, Siegburg 1963 (Corpus Consuetudinum Monasticarum 1), p. 462: «... subtalares per noctem in aestate duos, in hieme vero soccos...»; *Collectio capitularis Benedicti Levitae monastica (850 vel paulo ante)*, ed. J. SEMMLER, ivi, p. 547: «... calciamenta diuturna paria duo, subtalares per noctem in aestate duos, in hieme vero soccos...»; *Smaragdi abbatis expositio in regulam S. Benedicti*, edd. A. SPANNAGEL e P. ENGELBERT, Siegburg 1974 (Corpus Consuetudinum Monasticarum 8), p. 286: «*Pedules* autem dicit ille quod nos modo dicimus calces; *caligas* ille quod nos subtalares vel soccos vocamus.» - L'aggettivo *subcrinus* non si trova nei dizionari latini; nel passo sopra riportato dovrebbe significare «foderato (di crine?)».

[96] Caracciolo (cit. sopra alla nota 27), fol. 11r: «... quia ipse abbas cum omnibus erat comis et liberalis [...] Unde ab omnibus toto cordis affectu diligebatur. Res monasterii ordinatissime gubernabat; unde inter illos non erat qui supra proprium necesse aliquid ad[eo] acciperet».

[97] V. HOUBEN (cit. sopra alla nota 9) p. 45 con nota 148 e p. 46.

[98] Caracciolo (cit. sopra alla nota 27), fol. 11v: «in anno MCLXXXI, qui erat sexto decimo Guillelmi secundi regis, indictione quarta decima, in martio, quia Egidius abbas sua liberalitate donaverat pluribus viris Corneti et S. Ioannis in Fonte aliquam libertatem nec non clericis earumdem ecclesiarum medietatem oblationum, que a fidelibus in diebus solemnibus fiebant nec non in dominicis».

[99] *Ibidem*: «Postea autem additur quod in eodem casale Corneti presente episcopo Asculano in sabato palmarum laudatus abbas animam Deo reddidit eiusque corpus in cenobio Venusino translatum, a suis monachis magno honore in capitulo sepultum.» Nel necrologio venosino la sua *depositio* è registrata il 28 marzo: v. HOUBEN (cit. sopra alla nota 9) p. 78 e tav. 18. Nel 1181 il sabato delle Palme ricorreva il 28 marzo. L'anno 1182, preso in considerazione come anno della morte di Egidio da HERKLOTZ, *Il Chronicon* (cit. sopra alla nota 10), p. 424, è da escludere perché in quell'anno il sabato delle Palme era il 20 marzo.

[100] Cfr. sotto pp. 109-116.

La morte di Egidio, secondo quanto riferito nella tradizione del *Chronicon Venusinum* del Caracciolo, fu comunicata dai monaci al papa. Il pontefice — si trattava di Lucio III (1° sett. 1181 - 25 nov. 1185) — rispose ammonendo i monaci ad'impegnarsi per l'elezione di una persona capace di amministrare i crescenti possedimenti del monastero e di chiedere prima della elezione il beneplacito suo e quello del re, affidando nel frattempo l'amministrazione dell'abbazia a un «rector et cappellanus»[101].

Quindi — seguiamo sempre il racconto del *Chronicon Venusinum* —, quando il re Guglielmo II venne nel dicembre 1182 in Puglia e tenne a Barletta una assemblea di tutti i baroni e prelati[102], arrivò un legato pontificio munito di una lettera, nella quale il papa chiedeva al re di concedere l'investitura nei temporali del monastero venosino «rectori Beneventano». Il re accolse favorevolmente la richiesta inducendo i monaci venosini a eleggere ad abate il menzionato «rector Beneventanus»[103]. Questi deve essere identico a Giovanni, già abate di Strumi, poi da 1167 fino al 1178 antipapa con il nome di Callisto III, il quale era stato nominato nel 1178 dal papa Alessandro III rettore di Benevento[104]. Sugli ultimi anni della sua vita finora non si sapeva nulla. Atte-

---

[101] Siccome Egidio morì il 28 marzo 1181, il papa a cui fu comunicata la morte dell'abate era probabilmente Alessandro III († 30-VIII-1181) e non Lucio III come indica Caracciolo (cit. sopra alla nota 27), fol. 11v: «Post eius obitum monachi illum participarunt Lucio tertio summo pontifici, qui eis respondit, ut omni cura incumberent, ut electio caderet in personam cui cordi esset accurata administratio reddituum monasterii, qui in dies augebantur, et quod interim usque ad beneplacitum suum et regis ipsum abbatem non eligerent, et quod vice ipsius administratio esset penes rectorem et cappellanum. Tandem ipsi Egidio successit laudatus Ioannes abbas, Beneventanus rector, de quo supra dictum est.» Il papa che risponde è Lucio III: v. *Documenti pontifici* (cit. sopra alla nota 45), parte II cap. 5 nr. *24-*25 (1181-1182).

[102] Guglielmo II è infatti attestato a Barletta il 4 dic. 1182: v. H. ENZENSBERGER, *Beiträge zum Kanzlei- und Urkundenwesen der normannischen Herrscher Unteritaliens und Siziliens*, Kallmünz 1971 (Münchener Historische Studien, Abteilung Geschichtliche Hilfswissenschaften 9), p. 132 nr. 183. Un soggiorno regio a Barletta non era una cosa insolita: cfr. C. BRÜHL, *Fodrum, gistum, servitium regis. Studien zu den wirtschaftlichen Grundlagen des Königtums im Frankenreich und in den fränkischen Nachfolgestaaten Deutschland, Frankreich und Italien vom 6. bis zur Mitte des 14. Jahrhunderts*, Köln - Graz 1968 (Kölner Historische Abhandlungen 14/I-II), I, p. 312 con nota 379 e pp. 312ss. - Guglielmo II è attestato a Barletta anche il 12 maggio 1172: v. ENZENSBERGER, op. cit., p. 125 nr. 84.

[103] Caracciolo (cit. sopra alla nota 27), fol. 10v (a proposito dell'abate Egidio): «Tandem legitur ex hac vita migrasse ante annum MCLXXXII, quando in Apulia accessit rex Guillelmus cum pluribus regni prelatis, et apud Barolum, prout erat de more et consuetudine aule regie, habuit congregationem solemnem omnium dynastarum, baronum et prelatorum, quod dicitur parlamentum. Dum autem hic esset, habuit missum cum apostolicis litteris a papa ab illo petens, ut administrationem temporalem Venusine abbatiae traderet Beneventano rectori, quatenus his positis illum benedicere et consecrare posset. Quibus volens ipse rex benigne indulgere procuravit, ut monachi eligerent in abbatem eumdem rectorem Beneventanum, qui statim cum regiis litteris remissus fuit ad pontificem, ut ab eo benedictionem et consecrationem acciperet».

[104] Cfr. K. JORDAN, *Callisto III, antipapa*, in: *Dizionario biografico degli Italiani*, 16, Roma 1973, pp. 768-769.

stato nel 1180 come rettore di Benevento[105] sembrava solo sicuro il fatto che egli fosse morto prima del 1184, anno in cui era già in carico un nuovo rettore[106]. Adesso possiamo dire però che Alessandro III, che nella pace di Venezia (1177) si era obbligato a concedere all'antipapa Callisto III dopo la sua sottomissione una abbazia[107], mantenne infatti questa promessa concedendogli l'abbazia della SS. Trinità di Venosa.

L'abate Giovanni ricevette il 5 febbraio 1183 un privilegio pontificio per Venosa e poco tempo dopo, cioè il 21 aprile 1183, anche una lettera papale per cui gli era concesso durante la celebrazione della messa oltre all'uso della mitra e dell'anello anche quello delle chiroteche e dei sandali vescovili[108]. Alcuni mesi dopo, l'abate Giovanni deve essere già morto, perché da una lettera pontificia del 19 ottobre 1183 risulta che l'abate venosino, il cui nome non è specificato, era deceduto poco tempo prima[109]. Nel novembre 1184 il monastero venosino era ancora senza abate e fu rappresentato perciò da un «rector et cappellanus» anch'esso di nome Giovanni[110].

Il *Chronicon Venusinum* nella tradizione del Caracciolo termina con la notizia relativa alla successione dell'abate Giovanni all'abate Egidio[111]. Non sappiamo se anche l'originale della cronaca medioevale si fosse fermato qui, o se soltanto gli estratti fatti dal Cenna da quel codice, si fossero arrestati a questo punto. Comunque anche il Prignano, che usava il *Chronicon* indipendentemente dal Cenna, non riporta nessun estratto posteriore[112].

Nello stesso *Chronicon* si parla però, a proposito delle apparizioni di Roberto il Guiscardo ai monaci venosini avvenute all'epoca dell'abate Egidio (1167-81), di un coltello dello stesso Guiscardo conservato nel cenobio veno-

---

[105] D. Girgensohn, *Documenti beneventani inediti del secolo XII*, in «Samnium», 40 (1967), p. 271 nota 43 e doc. 13 pp. 310-313.

[106] Jordan (cit. sopra alla nota 104) p. 769.

[107] *Ibidem.*

[108] Caracciolo (cit. sopra alla nota 27), fol. 10v; *Documenti pontifici* (cit. sopra alla nota 45), parte II cap. 5 nr. 27-28.

[109] Beltrani (cit. sopra alla nota 73), nr. 68 p. 76.

[110] J.-M. Martin, *Les chartes de Troia 1 (1024-1266)*, Bari 1976 (Codice Diplomatico Pugliese 21), nr. 102 p. 304.

[111] Caracciolo (cit. sopra alla nota 27), fol. 11v: «Tandem ipsi Egidio successit laudatus Ioannes abbas, Beneventanus rector, de quo supra dictum est. Et hic in ordine duodecimus postremus est de quo habetur memoria in precitato manuscripto, in quo nihil etiam additur de ipsius regimine. Sic usque huc presens chronicon exaratum, ut diximus a Iacobo Cenna Venusino, qui illud excerpsit, ut affirmat, ex vetusto codice sibi accomodato dum esset Neapoli, et quod in illo deerant nonulle pagine. Addit etiam, quod in eodem codice erant plures alie donationes et privilegia, que exarare per tempus non licuit sperans in posterum posse omnia registrare. Utinam et hoc fecisset...».

[112] L'estratto più recente citato dal Prignano del *Chronicon* è del 1178 (Roma, Bibl. Angelica, ms. 277, fol. 100v). - Anche l'ultima registrazione di un abate venosino nel necrologio, cioè quella dell'abate Egidio, risale probabilmente o al 1181 o a poco tempo dopo (cfr. sopra nota 99).

sino, il quale fu pulito dalla ruggine all'epoca dell'abate Pietro III[113]. Questo abate Pietro III è attestato nel febbraio 1187 in una carta brindisina come «Petrus nunc electus sanctae Trinitatis de Venusio olim prior hujus ecclesie Sancti Sepulcri»[114]. Egli era stato dunque prima della sua elezione priore della chiesa del S. Sepolcro a Brindisi. L'ultima notizia relativa alla sua persona è del 1191: il re Tancredi ordinò un accertamento della denuncia fatta dall'abate contro Ruggero, conte di Andria, il quale si era impadronito di alcune terre presso Ascoli Satriano, possedute dal monastero venosino[115].

Nello stesso anno la fedeltà del monastero venosino verso la dinastia degli Altavilla, e in particolare verso Tancredi di Lecce, fu duramente punita dall'imperatore svevo Enrico VI (marito di Costanza di Altavilla e dunque erede di Guglielmo II), che mise a ferro e fuoco il feudo tenuto dal monastero venosino a Corleto[116]. Tre anni più tardi, nel 1194, il monastero venosino fu affidato dallo stesso Enrico VI all'amministrazione di Adenulfo, decano di Montecassino e fedelissimo all'imperatore[117].

Riassumendo le vicende della SS. Trinità di Venosa in epoca normanna possiamo dire che il cenobio venosino fondato (o rifondato) dagli Altavilla all'inizio della loro avventura meridionale, rimase sempre strettamente legato al destino dei Normanni. Quando Roberto il Guiscardo scelse Melfi come capitale del suo ducato comprendente la Puglia, la Calabria e la Sicilia ancora da conquistare, destinò la vicina SS. Trinità di Venosa a mausoleo della sua famiglia. Il cenobio venosino ripopolato con monaci normanni ascese a un ruolo di primo piano nell'Italia normanna. Anche sotto il figlio e successore del Guiscardo, cioè il duca Ruggero Borsa, continuò, almeno fino all'inizio del sec. XI, la fioritura spirituale ed economica dell'abbazia.

Con il trasferimento del centro del potere dall'Italia meridionale continentale in Sicilia si avviò una svolta nelle fortune venosine. Avendo perso il suo ruolo come chiesa sepolcrale degli Altavilla dopo la morte del Guiscardo — Ruggero Borsa e sua madre Sichelgaita non furono sepolti a Venosa[118] —, e

---

[113] V. sotto p. 111.

[114] A. De Leo, *Codice Diplomatico Brindisino*, I, a cura di G.M. Monti, Trani 1940, nr. 23 pp. 44ss.

[115] *Tancredi et Willelmi III regum diplomata*, ed. H. Zielinski, Köln - Wien 1982 (Codex diplomaticus regni Siciliae, ser. I, t. V), p. 52s. (D T. 22).

[116] Riccardo de S. Germano, *Chronica*, ed. C.A. Garufi, Bologna 1938 (Rerum Italicarum Scriptores, Nuova Ed., VII, 2), p. 9s.

[117] Ivi, p. 171; cfr. anche Houben (cit. sopra alla nota 9) p. 48s.

[118] Il duca Ruggero Borsa († 1111) e suo figlio e successore Guglielmo († 1127) furono sepolti nella cattedrale di Salerno, mentre Sichelgaita († 1090) era stata sepolta a Montecassino (v. sotto p. 120 nota 42). A Venosa sono sepolti gli Altavilla Guglielmo Braccio-di-ferro († 1046), Drogone († 1051), Unfredo († 1057), Guglielmo di Principato († 1080), Roberto il Guiscardo († 1085) nonché Alberada, prima moglie del Guiscardo. Secondo Herklotz, *«Sepulcra»* (cit.

dopo che non arrivarono più nuovi monaci dalla Normandia il monastero rimase abbandonato a se stesso. Intorno al 1130 il papa depose l'abate Ugo per aver dissipato i beni del monastero e sembra che il suo successore Graziano non avesse avuto molto successo. Lo stato di declino era intorno al 1140 tale da costringere il papa a chiamare monaci dell'abbazia di Cava dei Tirreni per la riforma del monastero. La ripresa della vita monastica avviata dall'abate Pietro II, cioè dal cavense Pietro *Divinacello*, probabile autore delle *Vitae* dei primi quattro abati di Cava e iniziatore del 'libro del capitolo' venosino conservatosi a Montecassino, sembra però non aver avuto risultati di lunga durata.

Dopo la rapida morte del suo successore Nicola (1156-57), la carica abbaziale venne nelle mani di abati forti di protezione presso la corte regia e probabilmente interessati più ai ricchi possedimenti dell'abbazia venosina che alla sua vita spirituale. Sembra che l'elezione dell'abate Costantino, fratello di Matteo di Aiello, sia dovuta all'intervento del potente Maione di Bari. Dopo il pessimo regime abbaziale di Costantino il monastero fu affidato all'abate Egidio, uno spagnolo venuto al seguito della regina Margherita in Italia. È probabile che sotto la sua direzione — egli era stato in precedenza cellerario a Fossanova — l'abbazia venosina si riprendesse, almeno economicamente. Rimane però oscuro il ruolo svolto da Egidio nella vicenda del suo trasferimento come abate a Montecassino e della sua successiva deposizione da questa carica da parte del papa Alessandro III.

Dopo la morte dell'abate Egidio († 28 marzo 1181) il papa induceva, attraverso l'intervento regio, i monaci venosini a eleggere ad abate il rettore di Benevento, cioè l'abate Giovanni di Strumi che era stato antipapa con il nome di Callisto III (1167-78). A lui, che morì già pochi mesi dopo la sua elezione, cioè prima dell'ottobre 1183, succedette l'abate Pietro III. Questi, nonostante che con il matrimonio tra Costanza di Altavilla e lo svevo Enrico VI si avviasse nel Mezzogiorno d'Italia il passaggio dal dominio normanno a quello svevo, appoggiò il re Tancredi eletto dal «partito nazionale» come successore di Guglielmo II. Con la sconfitta di Tancredi e con la conquista del potere nel Mezzogiorno da parte dell'imperatore Enrico VI, l'abbazia venosina perse, probabilmente per parecchi anni, la sua autonomia. Per tutto il primo periodo svevo, cioè per i tre decenni compresi tra il 1194 e il 1224, non si hanno notizie della SS. Trinità di Venosa.

Le poche testimonianze conservatesi sulle vicende dell'abbazia nel secolo XIII rivelano una situazione poco edificante[119]: nel 1236 il papa Gregorio IX era costretto a deporre l'abate Gregorio che vivendo lussuriosamente fuori del

---

sopra alla nota 6), p. 55, a Venosa furono anche sepolti Malgerio di Altavilla († 1064), Umberto di Altavilla († 1072) e Maria, moglie di Guglielmo di Principato; cfr. però sotto p. 125 nota 60.

[119] Cfr. HOUBEN (cit. sopra alla nota 9), pp. 49-52 con le indicazioni relative alle fonti e alla bibliografia.

monastero aveva dissipato i beni dell'abbazia ridotta ormai in uno stato di assoluto declino materiale e spirituale. Nell'anno successivo (1237) il priore Leone, incaricato dal papa dell'amministrazione del monastero, fu ucciso da un monaco venosino, Jacopo de Alpharano, forse con la complicità di altri suoi confratelli. Nel 1252, l'abate eletto, Giovanni da Gaudiano, a causa della povertà del monastero, non potette recarsi a Roma per ricevere la benedizione pontificia. Sembra comunque che la situazione economica migliorasse nei decenni successivi; però il 22 settembre 1297 il papa Bonifacio VIII soppresse il monastero concedendolo all'Ordine Ospedaliero di S. Giovanni in Gerusalemme.

Il ricordo degli Altavilla rimase a lungo vivo a Venosa: nel 1560 il priore della Trinità, fra Ardicino Gorizio Barba di Novara, riunì le ossa degli Altavilla, le cui tombe erano andate in rovina, in un unico sepolcro. Nell'epigrafe del monumento vennero ricordati Drogone come fondatore della chiesa, e Roberto il Guiscardo come il suo «instauratore»[120].

È forse una ironia della sorte che l'unica epigrafe sepolcrale conservatasi fino ad oggi nella SS. Trinità di Venosa, è quella di Alberada, prima moglie del Guiscardo, ripudiata da questi (verso il 1058) per contrarre un matrimonio più prestigioso con Sichelgaita, figlia del principe Guaimario IV di Salerno:

GUISCARDI CONIVX ABERADA HAC CONDITVR ARCA
SI GENITVM QVERIS HVNC CANVSINVS HABET[121].

---

[120] Cfr. HERKLOTZ, *«Sepulcra»* (cit. sopra alla nota 6), p. 56.
[121] V. ivi, fig. 5. Il *genitus* menzionato è Boemondo († 1111), figlio di Roberto il Guiscardo e di Alberada, sepolto presso la cattedrale di Canosa di Puglia.

AGGIORNAMENTO BIBLIOGRAFICO

— Una edizione della finora inedita «Passio» dei Santi Senatore, Viatore, Cassiodoro e Dominata, nonché alcune osservazioni sul loro culto a Venosa e nel Mezzogiorno contiene il mio articolo *Die «Passio SS. MM. Senatoris, Viatoris, Cassiodori et Dominatae». Ein Beispiel für griechisch-lateinische Übersetzertätigkeit in Montecassino im 11. Jahrhundert*, in: *Litterae Medii Aevi. Festschrift für Johanne Autenrieth*, a cura di M. BORGOLTE e H. SPILLING, Sigmaringen. 1988, in corso di stampa.

Capitolo secondo

Roberto il Guiscardo e il monachesimo*

1° *Episodio* — luogo: Venosa (prov. Potenza), il monastero della SS. Trinità; data: durante la seconda metà del sec. XII, precisamente all'epoca dell'abate Egidio (cioè tra l'anno 1167 e l'anno 1181 circa)[1]; protagonista: un monaco venosino di nome Roberto.

Questo Roberto, di sincera religiosità (*honestae religionis*), era già da qualche tempo febbricitante. Un giorno, molestato assai dalla febbre, si recò in chiesa e si addormentò prostrandosi sopra la tomba di Roberto il Guiscardo. Mentre dormiva sentì una voce che gli ordinò di alzarsi immediatamente da quel luogo. Il monaco alzò la testa e si svegliò; però, siccome non vide nessuno, si addormentò di nuovo.

Allora sentì di nuovo la voce che gli ordinò di alzarsi immediatamente. Il monaco, preso da un terrore orribile, alzò la testa, ma ancora una volta non riuscì a vedere nessuno.

Quindi si addormentò per la terza volta profondamente e nel sonno sentì una voce terribile che gli disse: «Perché mi opprimi? Rusticone, allontanati da me!»

Il monaco Roberto si inginocchiò subito sulla terra, e immediatamente fu liberato dalla febbre come egli assicurava.

Da quel giorno i monaci venosini passarono con la testa inclinata e con la massima reverenza vicino alla tomba di Roberto il Guiscardo.

2° *Episodio* — stesso luogo, stessa epoca, protagonista: un altro monaco venosino, di nome Nicola da Genzano (prov. Potenza).

Egli vide Roberto il Guiscardo in persona che serviva nel refettorio i

---

* Pubblicato in «Benedictina», 32 (1985), pp. 495-520; uscirà anche negli Atti del Convegno internazionale su *Roberto il Guiscardo tra Europa, Oriente e Mezzogiorno* tenutosi a Potenza - Melfi - Venosa, 19-23 ott. 1985, i cui Atti a cura di C.D. FONSECA sono in corso di stampa.

[1] Cfr. H. HOUBEN, *Il 'libro del capitolo' del monastero della SS. Trinità di Venosa (Cod. Casin. 334): una testimonianza del Mezzogiorno normanno*, Galatina 1984 (Università degli Studi di Lecce, Dipartimento di Scienze Storiche e Sociali, Materiali e Documenti 1), p. 45.

monaci e quando al Guiscardo fu chiesto perché egli servisse personalmente i monaci, rispose che questo servizio non era dovuto ad altri se non a lui, i cui fratelli sono i cappellani che celebrano giornalmente gli uffici divini.

3° *Episodio* — stesso luogo, stessa epoca, in estate, protagonista: uno dei custodi del santuario venosino.

Questi vide — però come risulta da un passo alla fine della descrizione di questa apparizione, la visione fu vista anche da altri monaci — entrare nel santuario Roberto il Guiscardo accompagnato da due venerande persone decorate delle insegne pontificali e precedute da tre giovani che portavano nelle loro mani le palme della vittoria. Dietro di loro entrò nella chiesa venosina una grande folla di seguaci. In ginocchio e con la testa inclinata si misero a cantare per tre volte il *Pater noster* davanti all'altare che era stato consacrato dal Sommo Pontefice.

Dopo, davanti all'altare dove si trovava l'immagine di San Nicola, Roberto il Guiscardo cominciò a lanciare ad alta voce minacce contro i custodi delle reliquie lì conservate; e poi in presenza delle persone che lo avevano accompagnato si lamentò particolarmente del fatto che a causa della incuria dei custodi era andato perduto un suo piccolo coltello, nominato *Canivet*, con il quale egli aveva contrassegnato, secondo il costume dei Normanni, le donazioni fatte al monastero venosino. Il piccolo coltello si trovava dimenticato ed arruginito sotto la sua tomba e il Guiscardo ordinò di farlo vedere a tutti quelli che erano venuti insieme a lui. Oltre all'incuria dei custodi, il Guiscardo si rammaricò anche del fatto che i monaci venosini avevano amministrato male i beni e le rendite donate da lui all'abbazia. Abbastanza indignato, Roberto il Guiscardo ricevette il coltello dalla mano del giovane che l'aveva preso e lo depose al suo posto originario.

Il Guiscardo si meravigliò non poco per il fatto che i monaci venosini si trovassero in tanta miseria, finché non venne mutato (da lui?) lo strano cibo zafferano in cibo commestibile.

Allora gli uomini religiosi che lo circondavano, lo supplicarono a desistere dalle sue terribili minacce. In questa occasione i tre giovani con le palme della vittoria in mano si rivelarono come potenti avvocati e protettori del monastero venosino (*advocatos et tutores totius congregationis*). Infatti, a causa del loro pressante intervento, assicurando la emendazione degli errori commessi dai monaci venosini, sparì questa magnifica visione dagli occhi di coloro che la vedevano.

Coloro che avevano visto la menzionata apparizione, si svegliarono terrorizzati. Dopo aver chiesto e ottenuto nella sala del capitolo il permesso del priore — era dopo la fine dell'ufficio di Nona —, essi raccontarono ai loro confratelli quanto avevano visto nella precedente visione. I monaci più anziani e più autorevoli (i *seniores*) decisero di recarsi immediatamente con i relatori della visione nella chiesa. Uno di questi, di animo non titubante, tendeva la mano verso il luogo dove giaceva il tesoro delle reliquie e riuscì ad afferrare il coltello che si presentò pieno di ruggine; in questo stato, sporco di ruggine, rimase fino all'epoca dell'abate Pietro III (cioè verso il 1187-1194 circa)[2].

4° *Episodio* — In seguito — probabilmente non molto tempo dopo le menzionate apparizioni — un altro monaco venosino, di nome Ruggero, non voleva credere alle citate relazioni sulle apparizioni di Roberto il Guiscardo. Anzi, le dichiarò come false e come sogni privi di attendibilità.

Allora fu preso un giorno dalla febbre e in preda al delirio (*in spiritu furoris*) si apprestò a prostrarsi sulla tomba di Roberto il Guiscardo dove si addormentò. Nel sonno sentì una voce terribile che gli ordinò di allontanarsi dalla tomba.

Trascinato da qui, si trovò prostrato sulla terra e preso dalla paura fu costretto a giacere qui per un intero mese come se fosse afflitto da dure frustate.

Quando il monaco alla fine credette nell'attendibilità delle menzionate apparizioni, egli fu subito liberato e gli passò anche la febbre.

Quanto fin qui raccontato, si trova in brani inediti della cronaca del monastero della SS. Trinità di Venosa[3], redatta probabilmente verso la fine del sec. XII[4]. Questi brani si sono conservati soltanto attraverso la copia di una copia: nel '600 il canonico venosino Giacomo Cenna (1560-1640 circa) inserì nella sua *Cronaca Venosina* alcuni estratti fatti dall'allora ancora esistente manoscritto della cronaca della SS. Trinità. Questi estratti furono poi utilizzati nel '700 dall'erudito napoletano p. Eustachio Caracciolo per il suo *Dictionarium universale totius Regni Neapolitani* che rimase inedito[5]. Siccome oggi sia l'originale

---

[2] Ivi, p. 47s.

[3] Ed. sotto pp. 189-191.

[4] L'abate Giovanni, succeduto probabilmente alla fine del 1182 o all'inizio del 1183 all'abate Egidio, è l'ultimo abate di cui parla il *Chronicon Venusinum*. Eustachio Caracciolo scrisse nel suo *Dictionarium universale totius Regni Neapolitani*, redatto nella parte relativa a Venosa nel periodo tra il 1729 e il 1739 circa (v. Herklotz, *Il «Chronicon Venusinum»*, cit. sotto alla nota 5, p. 410s.): «Tandem ipsi Egidio successit laudatus Ioannes abbas [...] Et hic in ordine duodecimus postremus est de quo habetur memoria in precitato manuscripto, in quo nihil etiam additur de ipsius regimine» (Napoli, Bibl. Naz. ms. S. Martino 436 [senza foliazione], alla lettera T sotto il nr. LII a fol. 11v). Il Caracciolo conosceva il *Chronicon Venusinum* solo attraverso una copia incompleta fatta dal Cenna per la sua *Cronaca Venosina* redatta probabilmente «nell'ultima parte degli anni venti e negli anni trenta del secolo XVII» (Herklotz, *op. cit.*, p. 412): «Sic usque huc presens chronicon exaratum, ut diximus a Iacobo Cenna Venusino, qui illud excerpsit, ut affirmat, ex vetusto codice sibi accomodato dum esset Neapoli, et quod in illo deerant nonulle pagine» (ms. cit., fol. 11v). — Il successore dell'abate Giovanni, cioè l'abate Pietro III (1187-94 circa), è menzionato nel *Chronicon* solo nell'ultima frase del terzo degli episodi sopra menzionati, cioè quando si dice a proposito del piccolo coltello di Roberto il Guiscardo conservato a Venosa che esso rimase sporco dalla ruggine fino all'epoca dell'abate Pietro III (v. sotto p. 191).

[5] Cfr. I. Herklotz, *Il «Chronicon Venusinum» nella tradizione di Eustachio Caracciolo*, in «Rivista di Storia della Chiesa in Italia», 38 (1984), pp. 405-427. Ivi p. 416 viene supposto «che

della cronaca del monastero venosino sia la parte della *Cronaca Venosina* del Cenna relativa alla SS. Trinità sono perduti, una edizione della cronaca medioevale del monastero della SS. Trinità di Venosa, alla quale stiamo attendendo, si può basare soltanto su questi frammentari estratti seicenteschi tramandatici o direttamene come quelli dell'erudito salernitano p. Giovan Battista Prignano, in parte già editi[6], o quelli del Cenna conservatisi indirettamente, cioè attraverso l'opera del Caracciolo.

Ritorniamo ai quattro episodi raccontati prima, in cui alcuni monaci venosini o sognavano di sentire la voce di Roberto il Guiscardo o lo vedevano apparire in persona[6bis]. Il motivo dominante che si riscontra, è il rimprovero. Nel primo episodio viene indirettamente rimproverato ai monaci venosini di aver trascurato il ricordo del loro grande benefattore. Ciò risulta chiaramente dalle parole conclusive che mettono in evidenza che da quel giorno i monaci passavano vicino alla tomba di Roberto il Guiscardo con la testa inclinata e con la massima reverenza, cosa che ovviamente in precedenza non avevano fatto.

Anche nel secondo episodio, il quale è il più breve e il più enigmatico, è insito un rimprovero. Il Guiscardo stesso, il benefattore del monastero, serve i monaci nel refettorio. Quando gli viene chiesto una spiegazione di quell'insolito gesto, risponde in modo un po' enigmatico, che questo servizio è dovuto soltanto a lui i cui fratelli sono i cappellani che eseguono gli uffici divini. Quello

la redazione del *Chronicon* abbia avuto luogo intorno ai primi anni del secolo XIII», supposizione questa che si basa sull'argomento che «i documenti, la cui tradizione risale al Pagano, giungono fino all'anno 1196, e fra i privilegi citati dal Prignano il più recente fu rilasciato nel 1199» (*ibid.*). Lo Herklotz suppone a seguito di L.-R. Ménager, *Les fondations monastiques de Robert Guiscard, duc de Pouille et de Calabre*, in «Quellen und Forschungen aus italienischen Archiven und Bibliotheken», 39 (1959), pp. 1-116, particolarmente p. 27, che il *Chronicon Venusinum* conteneva, in modo simile alla cronaca di S. Clemente a Casauria, «accanto alle copie dei documenti anche parti narrative» (Herklotz, *op. cit.*, p. 408). Un'analisi delle indicazioni fornite dal Prignano in margine agli estratti fatti da lui sia dalla «Cronaca in Bergamena» (citata da lui anche come «Anonimo Venosino») sia dal «Registro delle donationi della Trinità di Venosa» (Roma, Bibl. Angelica mss. 276-277) rileva però chiaramente che tale ipotesi non è giustificata e che, al contrario, a Venosa esistevano separatamente una cronaca e un cartulario (cfr. sopra p. 87). Emerge del resto anche chiaramente che mentre la cronaca fu ordinata cronologicamente, l'ordine secondo cui furono inserite le carte nel cartulario non fu cronologico, ma determinato probabilmente da criteri — non ancora del tutto identificati — riguardanti i possedimenti del monastero.

[6] L'opera di G.B. Prignano, *Historia delle famiglie normande di Salerno* (Roma, Bibl. Angelica mss. 276-277), fu consultato dal Ménager che ne curò l'edizione degli estratti relativi a Venosa (Ménager, *Les fondations monastiques*, cit. sopra alla nota 5, pp. 82-116): «appendice: Actes relatifs à la Trinité de Venosa rapportés dans les notices de Prignano»). Per gli estratti del Prignano conservatisi nel ms. B 5 della Bibl. Annibale De Leo a Brindisi cfr. Houben, *Il 'libro del capitolo'* (cit. sopra alla nota 1) p. 23s. nota 19.

[6bis] Per il fenomeno delle apparizioni e delle visioni nel medioevo cfr. P. Dinzelbacher, *Vision und Visionsliteratur im Mittelalter*, Stuttgart 1981 (Monographien zur Geschichte des Mittelalters 23).

che emerge chiaramente da questo episodio è il fatto che il Guiscardo si mette
a servizio della comunità venosina, mentre normalmente dovrebbe essere questa
comunità venosina a servire il suo benefattore garantendogli la commemorazione nella liturgia. La inversione dei ruoli, cioè quello che deve essere servito
serve quelli che dovrebbero servire, è forse da intendere come un gesto clamoroso del Guiscardo, come un richiamo drastico ai monaci venosini a ricordarsi
dei loro doveri verso il benefattore.

Nel terzo episodio, che è quello più dettagliatamente descritto, il rimprovero è chiaro: incuria dei beni del monastero in genere, e in particolare del
coltello guiscardiano che era il simbolo e la garanzia delle donazioni fatte da
Roberto all'abbazia venosina. Interessante è la scelta delle persone che accompa-
gnarono, quasi in una processione, il Guiscardo durante la sua apparizione. Le
due venerande persone decorate con le insegne pontificali sono forse da identificare con due defunti abati venosini che avevano ottenuto dal papa il privilegio
di portare in determinate occasioni i *pontificalia*, cioè con Berengario che
ottenne nel 1089 dal papa Urbano II il privilegio di portare la mitra vescovile
durante la celebrazione della messa alle feste solenni della chiesa venosina, e
con Costantino a cui il papa Alessandro III concesse nel 1159 il diritto di portare nelle stesse occasioni oltre alla mitra anche l'anello vescovile[7]. Si
potrebbe però anche trattare di due abati venosini diventati vescovi di Venosa,
cioè del già menzionato Berengario, eletto nel 1094 vescovo di Venosa, e di
Graziano, diventato vescovo di Venosa verso il 1140 circa[8]. I tre giovani che
portavano nelle loro mani le palme della vittoria, sono probabilmente da identificare con i SS. martiri Senatore, Viatore e Cassiodoro che, insieme con la loro

---

[7] Caracciolo (cit. sopra alla nota 4) fol. 5rv e fol. 10v; cfr. HERKLOTZ, *Il «Chronicon Venusinum»* (cit. sopra alla nota 5) p. 421 e p. 424. — Per le concessioni papali di pontificali a abati
v. P. HOFMEISTER, *Mitra und Stab der wirklichen Prälaten ohne bischöflichen Charakter*, Stuttgart
1923 (Kirchenrechtliche Abhandlungen 104), particolarmente pp. 7ss.; recentemente: C. BRÜHL
Das sogenannte Gründungsprivileg Rogers II. für die Abtei S. Giovanni degli Eremiti in Palermo, in:
Aus Kirche und Reich. Festschrift für Friedrich Kempf, a cura di H. MORDEK, Sigmaringen 1983,
p. 268s.
[8] Per Berengario v. HOUBEN, *Il 'libro del capitolo'* (cit. sopra alla nota 1) pp. 29ss. e p. 118;
per Graziano v. G. PINTO, *Giacomo Cenna e la sua Cronaca Venosina*, in «Rassegna Pugliese», 18
(1901), p. 218s. = *Giacomo Cenna e la sua Cronaca Venosina, ms. del sec. XVII della Bibl. Naz.
di Napoli*, con prefazione e note di G. Pinto, Trani 1902, p. 255; HERKLOTZ, *Il «Chronicon Venusinum»* cit. sopra alla nota 5, p. 423. — Forse è preferibile di identificare le due persone decorate
con le insegne pontificali con Berengario e Graziano, invece che con Berengario e Costantino, perché quest'ultimo viene caratterizzato abbastanza negativamente dal cronista venosino: «Verum
prefatus Constantinus votis illorum, qui illum elegerant, in nihil respondit, quia erat malevolus, mobilis
et variabilis, et cunctos monachos limis oculis intuebatur. Unde quia ipsi eius instabilitatem ferre
non poterant, dereliquerunt monasterium et alibi peregrinantes plurimi in alia cenobia se reduxerunt
et alii ab eodem abbate carceribus mancipati fuerunt. At misericors Dominus non obliviscens servo-
rum suorum illum vita privavit». (Caracciolo, cit. sopra alla nota 4, fol. 10v).

madre Dominata godevano a Venosa di un particolare culto; si credeva, infatti, che avessero subito il martirio a Venosa e si veneravano le loro reliquie, conservate nella chiesa della SS. Trinità[9].

Il rimprovero del Guiscardo riguardante la cattiva amministrazione dei beni del monastero venosino è forse da interpretare come un accenno alle vicende avvenute intorno all'anno 1130, quando l'abate Ugo — in cui si è voluto identificare l'autore delle *Vitae* dei quattro primi abati di Cava dei Tirreni — fu destituito dalla sua carica dal papa Innocenzo II per aver dissipato i beni del monastero[10].

L'ammonizione di Roberto il Guiscardo di conservare meglio il suo piccolo coltello, nominato a Venosa *Cannivectus*, cioè *Canivet*, parola dell'antico francese indicante un piccolo coltello[11], con il quale egli, secondo una ben testimoniata usanza normanna, diffusasi poi anche nel Mezzogiorno d'Italia, aveva contrassegnato le sue donazioni[12], sembra aver fatto effetto. Infatti, si apprende

---

[9] Cfr. HOUBEN, *Il 'libro del capitolo'*, (cit. sopra alla nota 1) p. 66.

[10] Caracciolo (cit. sopra alla nota 4) fol. 7v: «Verum que hic Hugo abbas ab uno latere acquirebat pro emolument monasterii, ab altero dilapidabat pro destructione ipsius. Unde sepe magna caritate ab ipsis monachis admonitus, cuncta contendens ab inceptis non desistebat, e[t] presertim a dissipatione casalium hoc uni illud alteri concedens, unde redditus monasterii in dies diminuebantur. Sic monachi hoc videntes illum accusarunt coram duce Ugolino, qui erat veluti advocatus et tutor ipsius monasterii, et quia etiam his in nihil profecerunt, recurrerunt ad summum pontificem illi enarrantes pessimam administrationem temporalium proprii abbatis. Pontifex ex inquisitione previa in hoc commissa cognoscens vera omnia exposita abbatem advocavit ad se, ut rationem redderet de omnibus. Sed abbas coscientia lesus, videns nihil pro sua justificatione coram pontifice posse adducere, melius duxit aufugere in Calabriam. Unde papa tamquam contumacem illum abbatia privavit et monachis indixit, ut ad electionem novi abbatis procederent. Sic ad monasterium regressi, qui Rome fuerant, et mentem pontificis exponentes, in unum congregati elegerunt in novum abbatem Gratianum, qui Romam profectus benedictionem accepit a summo pontifice in anno MCXXX». — Non è più sostenibile la tesi che Ugo fosse stato l'autore delle *Vitae quatuor priorum abbatum Cavensium Alferii, Leonis, Petri et Constabilis*, auctore HUGONE abbate Venusino (sic!), a cura di L. MATTEI CERASOLI, Bologna 1941 (Rerum Italicarum Scriptores, Nuova Ed. t. VI — parte V): cfr. sotto pp. 167-175.

[11] Cfr. DU CANGE, *Glossarium mediae et infimae latinitatis*, 1883-1887 (ristampa: Graz 1954), vol. II, p. 90-91: «*canivetus*, Ensis brevior, vel cultellus, scalpellus, nostris *Canivet*. Lit. remiss. ann. 1383 in Reg. 124. Chartoph. reg. ch. 67: *De quodam cutello seu Caniveto suo praefatum magistrum Jacobum in altero brachiorum suorum percussit*. Aliae ann. 1400. in Reg. 155 ch. 288: *Idem Jacobus habebat unum parvum artanum, Gallice Canivet, et volebat percutere dictum Matheum per ventrem*».

[12] Per il coltello come simbolo di investitura feudale e di donazioni cfr. DU CANGE, vol. IV, voce «investitura», pp. 410-418, particolarmente p. 412-414. — In un atto di donazione a favore dell'abbazia normanna Sainte-Trinité-du-Mont di Rouen, risalente all'a. 1043, si legge: «Monachi... acceperunt ab eo illos tres mansos, et quartum nomine Udonem, cum XX. acris terre in perpetuum hereditatem, per unum albi manubrii cultellum». (M. FAUROUX, *Recueil des actes des ducs de Normandie [911-1066]*, Caen 1961 = Mémoires de la Société des Antiquaires de Normandie 36, nr. 101, p. 258). — In un atto di donazione da parte del normanno Umbaldo, signore di

dalla cronaca che il coltello fu pulito dalla ruggine all'epoca dell'abate Pietro III, cioè verso il 1187-94 circa[13], mentre in un elenco degli oggetti sacri custoditi nel sec. XIV nella sacrestia della SS. Trinità risulta menzionato anche il coltello di Roberto il Guiscardo[14].

Abbastanza enigmatico rimane poi il racconto, presente in questo terzo episodio, relativo al fatto che il Guiscardo mutò uno strano cibo zafferano (*croceum edulium peregrinum*) in cibo commestibile (*in escam*). Forse si tratta di un accenno al contributo, da parte di Roberto il Guiscardo, al mutare di costumi presso la comunità venosina[15].

Il quarto episodio, infine, è da interpretare come una ammonizione a credere nell'attendibilità delle precedenti apparizioni.

Comunque, i sogni e le visioni che avevano avuto alcuni monaci venosini nella seconda metà del sec. XII, secondo quanto riferito nei brani citati della cronaca venosina, dimostrano che alla fine del sec. XII, cioè circa un secolo dopo la morte del Guiscardo († 17-VII-1085), a Venosa ci fu una ripresa del ricordo del suo grande benefattore. In questo contesto è da ricordare che proprio in questi anni, cioè alla fine del sec. XII, fu inserito nel 'libro del capitolo' del monastero della SS. Trinità di Venosa un elenco dei benefattori, in cui appare al primo posto Roberto il Guiscardo[16].

Non è forse una coincidenza casuale che la ripresa della *memoria* di Roberto il Guiscardo avvenne a Venosa in quegli anni, in cui si avviò nel Mezzogiorno d'Italia il passaggio dal dominio normanno al dominio svevo, un passaggio che avrebbe avuto dure conseguenze per il monastero venosino legato in modo particolare agli Altavilla. La fedeltà della comunità venosina alla dina-

---

Petrolla, a favore del monastero di S. Maria di Banzi, risalente all'a. 1110, si legge: «Per cultellum sicuti nostre gentis Francorum est consuetum et per hoc scriptum in manibus domni Petri venerabilis abbatis... donamus, concedimus, tradimus et perpetualiter offerimus...» (C. Minieri-Riccio, *Saggio di Codice Diplomatico formato sulle antiche scritture dell'Archivio di Stato di Napoli*, I, Napoli 1878, nr. 14, p. 17; il Minieri-Riccio annota a questo proposito, *ibid.* nota 1: «Era questa una consuetudine della nazione francese, che tuttavia era in uso nel Regno di Napoli sotto il governo degli Angioini. Anche il giuramento ed il contratto del matrimonio si solennizzavano *per cultellum flexum*, come si legge nei Registri Angioini dell'Archivio di Stato di Napoli»).

[13] Come sopra nota 2.

[14] V. Von Falkenhausen, *I ceti dirigenti prenormanni al tempo della costituzione degli Stati normanni nell'Italia meridionale e in Sicilia*, in: *Forme di potere e struttura sociale in Italia nel Medioevo*, a cura di G. Rossetti, Bologna 1977 (Istituzioni e società nella storia d'Italia 1), p. 358 nota 180: «Ancora nel XIV secolo vi (cioè a Venosa) si conservava quasi come una reliquia il coltello di Roberto il Guiscardo (Royal Malta Library, Arch. 280, fol. 56v)».

[15] Le parole «croceum edulium peregrinum» potrebbero anche significare «cibo straniero di color zafferano» o «cibo inconsueto di color zafferano». Forse si tratta di un accenno a un mutamento dei costumi alimentari nel monastero.

[16] V. Houben, *Il 'libro del capitolo'* (cit. sopra alla nota 1) p. 68s., 99 e tav. 73 (= Cod. Casin. 334, p. 114).

stia normanna fu duramente punita dall'imperatore svevo Enrico VI; questi prima, cioè nel 1191, mise a ferro e fuoco i possedimenti venosini a Corleto (Ascoli Satriano, prov. Foggia), e sottopose poi, cioè nel 1194, il monastero venosino all'amministrazione del decano di Montecassino, Adenulfo, fedelissimo all'imperatore[17].

Ritorniamo, però, dalla fine dell'epoca normanna, in cui si svolsero gli episodi raccontati, al suo inizio. Roberto il Guiscardo, che in una delle apparizioni venosine si trovò in compagnia di religiosi e di santi, era stato in tempo di vita tutt'altro che un santo. Roberto, il cui soprannome «il Guiscardo» significa «l'astuto»[18], cominciò la sua carriera nell'Italia meridionale come ladro e sequestratore di persone. Narra infatti Amato di Montecassino, storiografo certamente non ostile ai Normanni, che il Guiscardo (venuto probabilmente verso il 1047 in Italia) avesse rubato in Calabria in un giorno un bue, una giumenta, dieci maiali grassi e trenta pecore[19]. Dal furto Roberto passò al più lucroso sequestro di persone che venivano poi rilasciate dietro pagamento di un riscatto[20].

L'avidità e il gusto di saccheggio, che era proverbiale dei Normanni sia in Inghilterra, sia nel Mezzogiorno e sia in Oriente, non risparmiò le chiese e i monasteri. Su questo punto le fonti narrative dell'epoca normanna tacciono. Eloquenti sono però alcune fonti documentarie che esamineremo in seguito.

Da una pergamena greca conservata nell'Archivio dell'Abbazia di Cava dei Tirreni ed edita da Francesco Trinchera[21] risulta che, nel 1053, il monastero greco di S. Andrea di Calvera (prov. Potenza) fu donato dal turmarca Luca e dai suoi fratelli all'abbazia cavense. Come motivo della donazione è indicato il fatto che il monastero era stato talmente devastato dai «Franchi», cioè dai Normanni, che minacciava di spegnersi totalmente. Sembra che la sottomissione del piccolo monastero greco di S. Andrea di Calvera alla potente abbazia bene-

---

[17] Cfr. ivi p. 48.

[18] Guglielmo di Puglia, *Gesta Roberti Wiscardi*, a cura di M. Mathieu, Palermo 1961 (Istituto siciliano di studi bizantini e neoellenici. Testi e monumenti 4), vv. 129-130, p. 138:

«Cognomen Guiscardus erat, quia caliditatis.
Non Cicero tantae fuit aut versutus Ulixes».

[19] Amato di Montecassino, *Storia de' Normanni* volgarizzata in antico francese, a cura di V. De Bartholomaeis, Roma 1935 (Fonti per la storia d'Italia 76), III c. 9, p. 122.

[20] Ivi III c. 10, pp. 122-125; cfr. V. Von Falkenhausen, *Aspetti storico-economici dell'età di Roberto il Guiscardo*, in: *Roberto il Guiscardo e il suo tempo*. Relazioni e comunicazioni nelle prime giornate normanno-sveve (Bari, magio 1973), Roma 1975 (Fonti e Studi del Corpus membranarum italicarum 11), p. 117 che osserva con riferimento a Goffredo Malaterra: «... non lo nascondono né lo dissimulano le fonti contemporanee filonormanne: il furto e il saccheggio fanno parte della guerra, e chi in ciò si mostra più bravo, più abile e più pronto, questi è l'eroe più grande. Roberto il Guiscardo era senz'altro un maestro in questo campo».

[21] F. Trinchera, *Syllabus graecarum membranarum*, Napoli 1865, nr. XL, pp. 49-51.

dettina di Cava abbia avuto dei risultati positivi assicurando la sua sopravvivenza. Infatti, in un documento greco del 1071 appare come teste un certo Leontios, igumeno di un monastero dedicato a S. Andrea, probabilmente da identificarsi con S. Andrea di Calvera[22].

Le conseguenze disastrose arrecate dai conquistatori normanni alle piccole chiese risultano molto chiare da una pergamena latina redatta nel dicembre dell'anno 1070 a Bitonto (prov. Bari) ed edita da Francesco Nitti di Vito[23]. I coniugi *Basilius presbiter filius Caloleonis* e *Gayta*, di Bari, avevano edificato e dotato la chiesa di S. Tommaso Apostolo a Bitritto (prov. Bari). Questa chiesa era stata affidata ad un presbitero di nome Rusando e a suo figlio, il diacono Bisantio, con l'obbligo che essa fosse retta sempre da due sacerdoti. Però siccome gli iniqui Normanni depredavano quotidianamente la chiesa di cereali, vino, olio e di tutto quanto apparteneva ad essa, i menzionati proprietari della chiesa furono costretti a cercare la protezione di un uomo potente; lo trovarono in un signore barese di nome *Mel* detto *demoniosus*, a cui affidarono la menzionata chiesa[24].

Un altro indizio per le conseguenze negative delle azioni saccheggiatrici dei Normanni risulta da una pergamena greca redatta nel 1071; essa si trova tra le carte del monastero greco di SS. Elia e Anastasio di Carbone (prov. Potenza), oggi conservate nell'Archivio dei principi Doria Pamphili a Roma ed edite da Gertrude Robinson[25]. Lo spatarocandidato Giovanni donò all'abbazia

[22] G. ROBINSON, *History and Cartulary of the Greek Monastery of St. Elias and St. Anastasius of Carbone*, Roma 1929 (Orientalia Christiana Analecta XV, 2), nr. VIII-57, p. 175 (per la data del doc. cfr. sotto nota 25); cfr. S. BORSARI, *Il monachesimo bizantino nella Sicilia e nell'Italia meridionale prenormanna*, Napoli 1963 (Istituto Italiano per gli Studi Storici 14), p. 67; cfr. adesso: *Monasticon Italiae, 3: Puglia e Basilicata*, a cura di G. LUNARDI, H. HOUBEN e G. SPINELLI, Cesena 1986, p. 179.

[23] *Le pergamene di S. Nicola di Bari. Periodo greco (939-1071)*, a cura di F. NITTI DI VITO, Bari 1900 (Codice Diplomatico Barese 4), nr. 44, pp. 87-89. La data «1071» indicata dal Nitti di Vito è da correggere in «1070»: il doc. porta la data «quarto anno imperii domini Romano diocheni. mense december, nona indictione». L'imperatore bizantino Romano IV Diogene (1067/68-1071) morì nell'ottobre 1071. La nona indizione va, come l'anno bizantino che era in uso nell'Italia meridionale, dal 1° settembre (1070) fino al 31 agosto (1071). Il doc. fu emanato, dunque, nel dicembre 1070.

[24] Ivi p. 87: «Et quia habemus oppressione multa in ipsa ecclesia ab ipsi iniqui normanni qui cotidie nobis tollunt frumentum vinum et oleum et omnia que ibi habemus et faciunt nobis multum iniustum de qua sumus angustiati. ideo iunxi me cum predicto Rusando compatri meo. Et cepimus consilium quatinus mitteremus super nos alium hominem potentem qui gubernaret semper ecclesiam ipsam et omnes suas res. et fieret fratrem nostrum fortiorem et guvernaret ut non devastentur ipsam ecclesiam. set ut accresceret in melius. Et cum bona causam et aptam boluerimus facere ut predictum est. sicque invenimus dominum Mel qui vocitatur demoniosum f. Caloiohannis de predicta civitate Bari».

[25] ROBINSON (cit. sopra alla nota 22), nr. VIII-57, pp. 171-175. La data 1061 indicata dalla Robinson è da correggere in 1071: il doc. porta la data 6579 (e non 5569 come *ibid.* indicata)

di Carbone un monastero il cui nome non è precisato. Dai nomi dei testimoni riportati alla fine del documento sembra molto probabile che si trattasse di un piccolo monastero situato nella parte meridionale dell'attuale Basilicata: tra i testi appaiono un Peregrino di Cassano (allo Ionio, prov. Cosenza), un Sergio di Senise (prov. Potenza), un Leone, igumeno del monastero di Ceramide, cioè S. Pancrazio di Ceramide, situato tra San Chirico Raparo e Calvera (prov. Potenza)[26]. Come motivo della donazione è indicato il fatto che tutta la zona, in cui si trovava il monastero, era stata devastata dai nemici, vuol dire dai Normanni, e che di conseguenza il monastero era stato abbandonato dal monaco Ilarione, a cui era stato affidato in precedenza[27].

Dai tre documenti citati emerge chiaramente la precarietà in cui le chiese e i monasteri di modeste dimensioni si trovarono di fronte all'aggressione normanna. L'unico modo per sopravvivere era di affidarsi alla protezione di una istituzione forte o di una persona potente: il monastero di S. Andrea di Calvera venne donato all'abbazia di Cava dei Tirreni; il piccolo monastero lucano, di cui non conosciamo il nome, fu donato all'abbazia di Carbone; la piccola chiesa di S. Tommaso di Bitritto venne affidata al «fratello più forte», Mel di Bari.

Più o meno nello stesso periodo, cioè intorno alla metà del sec. XI, anche il monastero di S. Maria di Banzi (prov. Potenza)[28] fu danneggiato dai Normanni. La natura precisa e le circostanze concrete dei danni subiti rimangono oscure, perché la lettera di papa Alessandro II del 1062-63 circa, nella quale si parla di questi fatti, è con ogni probabilità un falso[29]. Autentica sembra invece una lettera inviata dal papa Urbano II verso il 1089-90 al duca Ruggero Borsa e a suo fratello Boemondo[30]. Da questa lettera risulta un episodio significativo: Goffredo, figlio del conte normanno Amico di Giovinazzo (prov. Bari), attestato tra il 1064 e il 1079[31], tentava di impadronirsi di alcune terre del monastero bantino situate verso il litorale ionico. Quando Ursone, l'abate del monastero di Banzi, si oppose rivendicando i diritti del monastero esibendo fra gli altri documenti anche una bolla papale rilasciata nel 1089 da Urbano

---

dell'Era bizantina che corrisponde all'anno 1071 dell'Era cristiana. Già il Borsari (cit. sopra alla nota 22) p. 69 nota 181, aveva annotato che «la data 1061, attribuita dalla Robinson al documento, è dovuta ad una evidente svista».

[26] Anche per questo monastero cfr. adesso: *Monasticon Italiae* 3 (cit. sopra alla nota 22) p. 180.

[27] Robinson (cit. sopra alla nota 22) p. 173.

[28] Per la storia del monastero di Banzi, attestato già nel 797/8 (o nel 815/6) come monastero sottoposto da Grimoaldo III (o IV), duca di Benevento, all'abbazia di Montecassino v. *Monasticon Italiae* 3 (cit. sopra alla nota 22) p. 178.

[29] Cfr. *Italia Pontificia* 9, a cura di W. Holtzmann, Berlino 1962, p. 461, nr. 1.

[30] Ivi, p. 463 nr. 5.

[31] Cfr. F. Chalandon, *Histoire de la domination normande en Italie et en Sicile*, 2 voll., Paris 1907 (ristampa: New York 1960), I, pp. 182ss., 223ss., 253ss.

II, il normanno Goffredo, appoggiato da un gruppo di malviventi, assalì l'abate strappandogli di mano i menzionati documenti e lo abbandonò a piedi sul litorale[32].

Però, a differenza delle prime azioni saccheggiatrici dei Normanni contro il monastero bantino, che erano rimaste impunite, la vittoria di Goffredo sull'abate Ursone non fu durevole. Forte della protezione papale che era stata concessa già nel 1075 da Gregorio VII e che era stata riconfermata nel 1089 da Urbano II[33], l'abate si rivolse alla Sede Apostolica. Il papa, il cui influsso nel Mezzogiorno andava crescendo[34], accolse l'appello dell'abate e si rivolse alle massime autorità normanne, cioè al duca Ruggero Borsa e a suo fratello Boemondo, per far rispettare i diritti dell'abbazia bantina[35].

A differenza dei monasteri piccoli, i cenobi più grandi del Mezzogiorno d'Italia riuscirono a superare le difficoltà createsi nella prima fase della conquista normanna a causa delle azioni saccheggiatrici. Anzi, tutto sommato le abbazie grandi traevano profitto dal cambiamento della situazione politica. L'abbazia di Cava dei Tirreni fu largamente dotata da Roberto il Guiscardo, forse anche in continuazione della tradizione della dinastia longobarda dei principi di Salerno, con la quale il Guiscardo si era imparentato per via del suo secondo matrimonio con Sichelgaita, figlia del principe Guaimario IV e sorella del principe Gisulfo II di Salerno[36].

Particolarmente generoso si dimostrò Roberto verso l'abbazia di Montecassino il cui abate Desiderio[37] aveva fatto alcune volte da intermediario tra i

---

[32] MIGNE, *Patrologia Latina* 151, col. 394 s. nr. 124 (= MANSI, *Concil.* XX, 647): «Qui (= Goffredo, figlio del conte Amico) abbati (= Ursone) etiam pro defensione suae rerum ecclesiae partes maritimas conterenti, constipatus latronibus sese obviam contulit: atque ab eo subrepto pretioso privilegio nostro, vestris supplicationibus constituto, et aliis scriptis, spolia ejus diripiens, cum suis confratribus satiatum opprobriis eum peditem dereliquit».

[33] Cfr. *Italia Pontificia* 9 (cit. sopra alla nota 29), pp. 461ss., nr. 2-4.

[34] Cfr. A. BECKER, *Papst Urban II. (1088-1099). Teil 1: Herkunft und kirchliche Laufbahn. Der Papst und die lateinische Christenheit*, Stuttgart 1964 (Schriften der Monumenta Germaniae historica 19/I), pp. 114ss.

[35] Come sopra nota 30. Per l'incremento del patrimonio del monastero bantino dovuto alla prima generazione normanna cfr. C.D. FONSECA, *La prima generazione normanna e le istituzioni monastiche dell'Italia meridionale*, in: *Roberto il Guiscardo e il suo tempo* (cit. sopra alla nota 20) p. 145s.

[36] Cfr. L.-R. MÉNAGER, *Recueil des Actes des Ducs Normands d'Italie (1046-1127), 1: Les premiers ducs (1046-1087)*, Bari 1981 (Società di Storia Patria per la Puglia. Documenti e Monografie 45), nr. 28, pp. 97-98 (1079 sett.), nr. 33, pp. 105-108 (1080 ag.), nr. 39 pp. 122-124 (1081 mag.).

[37] Per Desiderio v. G. PICASSO, voce *Vittore III, papa, beato*, in: *Bibliotheca Sanctorum*, XII, Roma 1969, col. 1286-1289; cfr. anche ID., *Montecassino e la Puglia*, in: *L'esperienza monastica benedettina e la Puglia*. Atti del Convengo di Studio organizzato in occasione del XV Centenario della nascita di S. Benedetto (Bari-Noci-Lecce-Picciano, 6-10 ott. 1980), a cura di C.D. FONSECA, vol. I, Galatina 1983 (Università degli Studi di Lecce, Istituto di Storia medioevale e moderna. Saggi e ricerche 8), pp. 50ss..

Normanni e il papato. Sulla base delle notizie fornite dalla cronaca di Montecassino è stato accertato che la somma di denaro, donata da Roberto il Guiscardo all'abbazia cassinese nel corso di venticinque anni in diverse occasioni, ammontava a «un totale di circa 149 libbre di monete auree di tipi diversi»[38]. Dal calcolo di questa somma sono esclusi l'argento, gli oggetti preziosi e le donazioni di rendite ordinarie. L'importanza delle donazioni di denaro fatte dal Guiscardo emerge chiaramente se si confronta questa cifra di circa 149 libbre di monete d'oro con altre cifre. La somma che l'imperatore bizantino Costantino IX fece versare annualmente a Montecassino era di due libbre d'oro. L'importo fu aumentato nel 1076 dall'imperatore Michele VII a 24 libbre d'oro l'anno, ma siccome egli fu deposto due anni più tardi, l'abbazia cassinese non riuscì a trarre molto profitto da questo aumento[39].

È anche da notare che Roberto il Guiscardo, nell'ottobre 1076, fu ricevuto a Montecassino dall'abate Desiderio e dai suoi confratelli con grandi onori, nonostante che egli fosse allora ancora scomunicato[40]. La munificenza del Guiscardo verso Montecassino fu ricambiata dai monaci cassinesi concedendo a Roberto e a sua moglie Sichelgaita, dopo la loro morte, il massimo della commemorazione liturgica raggiungibile da laici: si tratta di una refezione mensile consumata dai monaci in memoria di Roberto e di Sichelgaita, e del *plenarium officium*, cioè di messe e di ufficiature da celebrare nei giorni dell'anniversario della loro morte[41]. Sichelgaita, «propter summam spem, quam in patre Benedicto habebat», come scrisse il cronista cassinese, destinò Montecassino a suo luogo di sepoltura[42]; ella non voleva dunque essere sepolta a Venosa, dove era stato sepolto suo marito defunto cinque anni prima di lei.

Anche il monastero greco dei SS. Elia e Anastasio di Carbone trasse vantaggio dalla conquista normanna. I possedimenti dell'abbazia aumentarono nel-

---

[38] Von Falkenhausen, *Aspetti storico-economici* (cit. sopra alla nota 20) p. 132.

[39] *Ibidem.* — Per i buoni rapporti di Montecassino con Bisanzio cfr. H. Bloch, *Monte Cassino, Byzantium, and the West in the Earlier Middle Ages*, in «Dumbarton Oaks Papers», 3 (1946), pp. 163-224; cfr. anche H. Dormeier, *Montecassino und die Laien im 11. und 12. Jahrhundert*, Stuttgart 1979 (Schriften der Monumenta Germaniae Historica 27), p. 179s. con ulteriori indicazioni bibliografiche.

[40] Amato di Montecassino (cit. sopra alla nota 19) VIII c. 22, p. 362; *Die Chronik von Montecassino (Chronica monasterii Casinensis)*, a cura di H. Hoffmann, Hannover 1980 (MGH Scriptores 34), III c. 58, p. 438; cfr. Dormeier (cit. sopra alla nota 39) p. 183.

[41] Cfr. Dormeier (cit. sopra alla nota 39) p. 150s.

[42] *Die Chronik von Montecassino* (cit. sopra alla nota 40) IV c. 8, p. 472s.: «Sicelgaita... vita decedens propter summam spem, quam in patre Benedicto habebat, ad hoc se monasterium duci fecit et in paradiso huius ecclesie ante basilicam beati Petri apostoli tumulari rogavit». Sichelgaita morì il 27 marzo 1090 a Salerno e fu sepolta a Montecassino il 16 aprile 1090: v. *Necrologio del Liber confratrum di S. Matteo di Salerno*, a cura di C.A. Garufi, Roma 1922 (Fonti per la storia d'Italia 56), p. 46, 54, 366; cfr. Houben, *Il 'libro del capitolo'* (cit. sopra alla nota 1) p. 134 con ulteriori indicazioni bibliografiche.

l'ultimo quarto del sec. XI grazie alle cospicue donazioni da parte del normanno Ugo di Chiaromonte e dei suoi familiari[43], ma anche grazie alla tendenza, già rilevata, di sottomettere piccoli monasteri alla protezione di cenobi più grandi.

Non erano solamente le grandi abbazie esistenti già prima dell'arrivo dei Normanni come istituzioni ecclesiastiche di notevole peso nel quadro dell'Italia meridionale a trarre vantaggio dalla munificenza di Roberto il Guiscardo e dei suoi connazionali. Particolarmente legati ai conquistatori normanni erano naturalmente questi monasteri del Mezzogiorno, i quali erano stati affidati a monaci provenienti dalla Normandia.

Le informazioni più dettagliate sui monaci normanni che arrivarono in seguito ai loro connazionali nell'Italia si trovano nella *Historia Ecclesiastica* di Orderico Vitale. Questi, un monaco di origine inglese che viveva nel monastero di Saint Evroul in Normandia (1075-1142 circa) e che raccoglie nella sua opera, per usare una felice espressione del Pontieri, «il vero mescolato al fantastico, l'erroneo all'esatto»[44], racconta che Roberto di Grandmesnil, abate dello stesso monastero di Saint Evroul, si trovò in difficoltà con il duca normanno Guglielmo. L'abate, sospettato di essere coinvolto in una rivolta contro il duca, fuggì nel gennaio 1061 a Roma rivolgendosi al papa[45]. Il pontefice, Niccolò II, appoggiò la causa dell'abate. Roberto, dopo un breve soggiorno in Puglia dove, come scrive Orderico, i suoi parenti avevano conquistato molte città, ritornò munito di alcune lettere papali e in compagnia di due cardinali in Normandia[46]. Qui la situazione non era però favorevole all'abate. A Saint Evroul era nel frattempo stato eletto un nuovo abate, Osberno, e il duca Guglielmo insisteva nelle minacce contro Roberto di Grandmesnil. Quest'ultimo fu dunque costretto a ritornare a Roma.

Accompagnato da alcuni monaci di Saint Evroul, rimasti fedeli a lui, si recò di nuovo dal papa. Nel frattempo il papa Niccolò II era deceduto (17 luglio 1061) ed era stato eletto papa Alessandro II (1° ottobre 1061). Il nuovo papa

---

[43] Cfr. L.-R. MÉNAGER, *Inventaire des familles normandes et franques émigrées en Italie méridionale et en Sicile (XIᵉ-XIIᵉ siècles)*, in: *Roberto il Guiscardo e il suo tempo* (cit. sopra alla nota 20) pp. 275ss., ristampa anastatica in: ID., *Hommes et institutions de l'Italie normande*, London 1981 (Variorum Reprints. Collected studies series 136), IV.

[44] E. PONTIERI, *Tra i Normanni nell'Italia meridionale*, 2. ed. Napoli 1964, p. 289.

[45] *The Ecclesiastical History of Orderic Vitalis*, a cura di M. CHIBNALL, vol. 2, Oxford 1969, pp. 90 ss. (II, 81-83).

[46] Ivi, p. 94 (II, 83-84): «Denique Rodbertus abbas Nicholaum papam Romae invenit, eique causam itineris sui diligenter intimavit. At ille compatriotam suum, nam genere Francus erat, benigniter suscepit, querimoniam eius cum pietate audivit, fidumque suffragium in sua necessitate spopondit. Rodbertus autem ad parentes suos in Apuliam, ubi urbes et oppida quamplura vi armorum iam optinuerant, transivit, et completa cum eis locutione, cum litteris apostolicis et duobus cardinalibus clericis Normanniam repetiit, et Iuliambonam, ubi tunc temporis Willelmus dux curiam suam tenebat, audacter adiit».

ricevette con benevolenza l'abate e i suoi monaci assegnando loro provvisoria-
mente l'abbazia di S. Paolo-fuori-le-Mura[47]. I monaci ricevettero poi da un
loro connazionale, Guglielmo di Montreuil, la metà della città di Aquino (prov.
Frosinone). Questo possesso venne però contestato da Riccardo, principe di
Capua. Intervenne dunque Roberto il Guiscardo e affidò a Roberto di Grandmesnil e ai suoi monaci la chiesa di Sant'Eufemia in Calabria (S. Eufemia Lame-
zia, prov. Catanzaro) dove fondò un monastero intitolato a S. Maria[48].

Orderico Vitale racconta poi che Roberto il Guiscardo e altri suoi connazionali fecero cospicue donazioni a questo monastero e si raccomandarono alle
preghiere dei fedeli qui riuniti *ad militiam Christi*. Come uno dei motivi della
munificenza del Guiscardo verso Sant'Eufemia, il cronista indica il fatto,
altrove non attestato (e, a mio avviso, non molto verosimile), che qui fu sepolta
la madre di Roberto il Guiscardo, cioè Fredesenda, seconda moglie di Tancredi
di Altavilla[49].

Il Guiscardo affidò a Roberto di Grandmesnil anche due altri monasteri
dell'Italia meridionale: quello della SS. Trinità di Venosa, e quello di Mileto
(prov. Catanzaro) intitolato prima a S. Michele Arcangelo e poi (cioè dall'inizio
del sec. XII) dedicato alla SS. Trinità. Roberto di Grandmesnil incaricò della

---

[47] Ivi, p. 98 (II, 87).

[48] Ivi, p. 100 (II, 89-90): «Praefatus heros (= Roberto il Guiscardo) ut diximus, Rodbertum
abbatem cum monachis suis horonabiliter suscepit, et ecclesiam Sanctae Eufemiae, quae super littus
Adriatici maris, ubi ruinae antiquae urbis, quam Brixam nominabant, adhuc parent, sita est, ei
tradidit ibique monachile coenobium in honore sanctae Dei genetricis Mariae construi praecepit».
Cfr. MÉNAGER, *Les fondations monastiques* (cit. sopra alla nota 6) pp. 4-22; PONTIERI (cit. sopra
alla nota 44) pp. 288ss.; *Italia Pontificia* 10, a cura di D. GIRGENSOHN, Zurigo 1975, pp. 31ss.
— V. anche le interpolazioni ai *Gesta normannorum ducum* di Guglielmo di Jumièges realizzate da
Orderico Vitale probabilmente verso il 1109 e dunque prima della redazione del citato brano della
Historia ecclesiastica: «Hic (= Roberto il Guiscardo), sicut supra diximus, dominum Robertum,
abbatem s. Ebrulfi, benigniter suscepit, et quamdam parvam ecclesiam super littus Calabrici maris
sitam, quae in honore s. Eufemiae virginis et martyris dedicata erat, ei tribuit. At ille, ut erat
magnanimus, ingens cenobium ibi condidit, et magnam multitudinem monachorum ad militandum
Deo ibidem congregavit. Episcopi et nobiles viri predictum patrem Robertum diligebant, venerabant-
tur totisque nisibus adjuvabant. Curam, quippe corporis sui parvi pendebat, sed sibi subjecto victu
et vestitu sufficienter alebat, et mentes eorum regulari disciplina coherens componebat. Prefatum
itaque cenobium fere septemdecim annis rexit, idibusque decembris feliciter ad dominum migravit»
(Guillaume de Jumièges, *Gesta normannorum ducum*, a cura di J. MARX, Rouen - Paris 1914, *Inter-
polations d'Orderic Vital*, p. 191). Roberto di Grandmesnil morì probabilmente il 13 dic. 1082
(v. MÉNAGER, *Les fondations monastiques*, p. 19). Se egli dirigeva il monastero di Sant'Eufemia
per circa 17 anni, l'inizio del suo regime abbaziale a Sant'Eufemia sarebbe da datare nell'anno
1065 (cfr. ivi p. 19s. nota 54a).

[49] Orderico Vitale, *Historia Ecclesiastica*, cit. sopra alla nota 45, p. 100 (II, 90): «Magnas
possessiones tam ipse dux quam alii Normanni praedictae ecclesiae dederunt, et orationibus fidelium, qui illic congregati seu congregandi erant ad militiam Christi, sese commendaverunt. Ibi Fre-
desendis, uxor Tancredi de Altavilla, sepulta est: pro qua Wiscardus, filius ejus, quemdam magnum
fundum eidem ecclesiae largitus est».

direzione del monastero venosino Berengario, che era tra i monaci di Saint Evroul venuti insieme con il loro abate in Italia[50]. Il monastero miletino fu affidato ad un altro normanno, cioè a Guglielmo, nativo dei pressi di Saint Evroul dove era diventato chierico, mentre era diventato monaco soltanto a Sant'Eufemia[51].

Orderico Vitale tace del fatto che il monastero miletino era stato fondato da Ruggero (I), conte di Sicilia, fratello minore del Guiscardo. Non è menzionato neanche il fatto che Roberto il Guiscardo fondò, insieme a sua moglie Sichelgaita, nel 1065 il monastero calabrese di S. Maria di Matina (com. di S. Marco Argentano; prov. Cosenza)[52]. Allo stesso Guiscardo è dovuta probabilmente anche la fondazione di un altro monastero calabrese, cioè di S. Maria di Camigliano, situato a circa 3 km e mezzo a nord di Tarsia (prov. Cosenza)[53], mentre la fondazione del monastero siciliano di S. Bartolomeo di Lipari (prov. Messina) è dovuta ad una iniziativa comune di Roberto il Guiscardo e di suo fratello Ruggero I[54].

È da notare che Orderico Vitale, quando racconta dei tre monasteri dell'Italia meridionale affidati da Roberto il Guiscardo ai suoi connazionali, concede molto più spazio alle vicende del monastero venosino che a quelle dei due altri monasteri (di Sant'Eufemia e di Mileto). Una attenzione particolare è dedicata a Berengario, abate normanno di Venosa. Questi, nato da nobile stirpe normanna era diventato monaco a Saint Evroul sotto l'abate Teoderico e si distinse oltre che nella capacità del leggere e del cantare per la sua eccellente abilità come amanuense. Sotto il suo regime abbaziale il numero dei monaci venosini aumentò, secondo quanto riferito da Orderico Vitale, da 20 a 100. Il cronista annota che il gruppo dei monaci trovato da Berengario a Venosa, quando assunse la direzione dell'abbazia, era stato «mundanis vanitatibus vehementer occupatum et in Dei cultu valde pigrum». Sotto Berengario il livello spirituale

---

[50] V. sotto nota 55.

[51] Orderico Vitale, *Historia Ecclesiastica* (cit. sopra alla nota 45) p. 102 (II, 91): «Praeterea magnanimus dux tercium coenobium in honore sancti Michahelis archangeli in urbe Mellito constructum Rodberto abbati tradidit, quod ipse Willelmo, Ingranni filio, qui apud Uticum natus et ad clericatum promotus fuerat, sed apud sanctam Eufemiam monachatum susceperat, commendavit». Per il monastero della SS. Trinità di Mileto cfr. L.-R. MÉNAGER, *L'abbaye bénédictine de la Trinité de Mileto en Calabre à l'époque normande*, in «Bullettino dell'Archivio Paleografico Italiano», 4-5 (1958-59), pp. 9-94; A. SCORDINO, *Notizie storiche sulla Trinità di Mileto*, in «Studi meridionali», 3 (1970), pp. 171ss.; C. BOZZONI, *Calabria Normanna. Ricerche sull'architettura dei secoli undicesimo e dodicesimo*, Roma 1974, pp. 21ss.; *Italia Pontificia* 10 (cit. sopra alla nota 48) pp. 142ss.

[52] *Italia Pontificia* 10 (cit. sopra alla nota 48) pp. 89ss.

[53] Cfr. V. VON FALKENHAUSEN, *Una ignota pergamena greca del monastero calabrese di S. Maria di Camigliano*, in «Rivista Storica Calabrese», N.S.I. nr. 3-4 (lugl.-dic. 1980), pp. 253-260, ivi p. 254.

[54] V. *Italia Pontificia* 10 (cit. sopra alla nota 48) p. 358s.

del monastero venosino aumentò notevolmente e alcuni monaci vennero chiamati a dirigere diocesi e abbazie. Siccome Orderico racconta che Berengario ricevette la benedizione come abate dal papa Alessandro II, egli deve esssere diventato abate prima del 21 aprile 1073 (cioè della data della morte dello stesso papa). All'epoca del papa Urbano II (1088-1099) Berengario fu, infine, eletto vescovo della città di Venosa[55].

Orderico Vitale aggiunge alla fine del racconto di questi eventi che ancora ai tempi suoi (*usque hodie*), cioè nella prima metà del sec. XII, in questi tre monasteri dell'Italia meridionale si cantava la liturgia come fu cantata a Saint Evroul (*Uticensis cantus*) e che si seguivano le consuetudini monastiche (*monasticus ordo*) dello stesso monastero normanno, però con le dovute modifiche all'ambiente regionale dell'Italia meridionale: «prout opportunitas illius regionis et amor habitantium permittit»[56].

Alcune delle notizie riportate da Orderico Vitale nella sua *Historia Ecclesiastica* relative ai tre monasteri calabro-lucani vengono confermate da altre fonti. Dalle fonti documentarie relative alla SS. Trinità di Venosa, per esempio, si può apprendere che durante il regime abbaziale di Berengario (dopo il 1066 / prima del 1073 — 24 dic. 1096)[57] il cenobio venosino ricevette un cospicuo

---

[55] Orderico Vitale, *Historia Ecclesiastica* (cit. sopra alla nota 45) pp. 100-102 (II, 90-91): «Idem princeps (= Roberto il Guiscardo) coenobium sanctae Trinitatis in civitate Venusia praedicto patri commendavit. Ille autem Berengarium, filium Ernaldi filii Helgonis, Uticensem monachum elegit, et ad suscipiendum regimen Venusiensis coenobii Alexandro papae praesentavit. Qui post perceptam benedictionem, quamdiu Alexander et Gregorius ac Desiderius apostolicam sedem rexerunt, curam Venusiensis abbatiae honorabiliter tenuit; deinde temporibus Urbani papae a plebe electus episcopatum eiusdem urbis suscepit. Hic nobili parentela exortus, ab infantia sub Teoderico abbate apud Uticum Christo militavit, peritiaque legendi et canendi, optimeque scribendi floruit. Deinde, ut diximus, abbatem suum secutus, et ab ipso ad pastoralem curam adsumptus, pusillum gregem XX monachorum quem recepit, mundanisque vanitatibus vehementer occupatum, et in Dei cultu valde pigrum invenit, postmodum gratia Dei iuvante, ad numerum centum monachorum augmentavit. Tanto etiam bonarum studio virtutum nobilitavit eos, ut ex ipsis plures episcopi et abbates assumerentur, sanctaeque matri ecclesiae ad honorem veri regis pro salute animarum praeficerentur».

[56] Ivi p. 102 (II, 91): «In his itaque tribus monasteriis Italiae Uticensis cantus canitur, et monasticus ordo usque ad hodie, prout opportunitas illius regionis et amor habitantium permittit, observatur». Per assomiglianze nella liturgia di Saint Evroul con la liturgia di monasteri dell'Italia meridionale cfr. R.J. Hesbert, *Les Séquences de Jumièges*, in: *Jumièges*. Congrès scientifique du XIIIe centenaire, 2 voll., Rouen 1955, pp. 943-958, ivi p. 952, e Id., *Les Tropes de Jumièges*, in: *Jumièges*, pp. 959-968, ivi p. 964.

[57] Il predecessore di Berengario, cioè l'abate Ingelberto, è attestato ancora il 25 giugno 1066 (v. Houben, *Il 'libro del capitolo'*, cit. sopra alla nota 1, p. 28). Siccome Berengario ricevette la benedizione abbaziale dal papa Alessandro II (1061-1073), la data della morte dello stesso papa (21-IV-1073) è il *terminus ante quem* per l'inizio del regime abbaziale di Berengario (v. ivi p. 30). Da una notizia riportata dal Caracciolo e probabilmente presa dal Cenna, il quale si basava sul perduto *Chronicon Venusinum*, emerge, a mio avviso, solo che Ingelberto fosse già defunto nel 1074

numero di donazioni da parte dei Normanni e particolarmente da Roberto il Guiscardo[58].

Quest'ultimo aveva fatto raccogliere, verso il 1069, nell'abbazia venosina, dove era stato sepolto nel 1057 Unfredo, fratello e predecessore del Guiscardo nella dignità di conte di Puglia, le spoglie di altri suoi fratelli defunti, cioè di Guglielmo soprannominato Braccio-di-ferro († 1046) e di Drogone († 1051)[59]. Anche altri membri della famiglia degli Altavilla furono successivamente sepolti a Venosa: nel 1080 Guglielmo, conte di Principato, che era un fratello minore del Guiscardo; poi, nel 1085, il Guiscardo stesso; e infine — la data non è nota — Alberada, prima moglie del Guiscardo[60].

e che Berengario gli era succeduto come abate: «Insuper in anno MLXXIV post mortem abbatis Ingelberti supralaudati legitur ipsum Robertum Guiscardum ratum et sibi charum habuisse Berengarium in abbatem dicti monasterii, et ipsi obtulisset...» (Caracciolo, cit. sopra alla nota 4, fol. 4r).

[58] V. HOUBEN, *Il 'libro del capitolo'* (cit. sopra alla nota 1) pp. 33-37.

[59] Ivi, p. 29 con nota 45.

[60] Ivi, p. 29 e 132s.; cfr. recentemente I. HERKLOTZ, *«Sepulcra» e «Monumenta» del medioevo. Studi sulla arte sepolcrale in Italia*, Roma 1985 (Collana di studi di storia dell'arte, dir. da M. D'Onofrio, 5), particolarmente il cap. II: «La SS. Trinità di Venosa e le sepolture dinastiche dei primi Normanni» (pp. 49-84). Non condivido la tesi secondo cui «la SS. Trinità... doveva fungere da chiesa funeraria degli Altavilla, almeno a partire dagli anni cinquanta del secolo (XI)» (ivi p. 50). Questa tesi si basa su due documenti: il primo è l'atto di donazione con cui Roberto il Guiscardo, per la salute dell'anima dei suoi genitori, fratelli e di altri parenti sepolti nel monastero venosino, dona allo stesso monastero il castello di Dordonum con la chiesa di S. Pietro. Questo documento non risale, come finora ritenuto dagli studiosi (v. per es. MÉNAGER, *Recueil*, cit. sopra alla nota 36, nr. 8, pp. 33-34) all'anno 1060 indicato in tutti i mss. (seicenteschi!), ma al periodo compreso tra gli anni 1061 e 1073, come risulta dalle parole «residente papa Alexandro secundo» (1061-73). Il doc. potrebbe essere anche posteriore al doc. venosino del 1069 in cui si parla del trasferimento delle spoglie dei fratelli defunti di Roberto il Guiscardo a Venosa (MÉNAGER, *Recueil*, nr. 20, pp. 80-82). Il secondo documento citato dallo Herklotz a sostegno della sua sopracitata tesi è una lettera del papa Vittore II del 1055 la cui autenticità è fortemente dubbia (v. *Italia Pontificia* 9, cit. sopra alla nota 29, p. 492). La funzione della SS. Trinità di Venosa come chiesa funeraria degli Altavilla mi sembra di risalire, dunque, alla fine degli anni sessanta del sec. XI, quando Roberto il Guiscardo, intorno al 1069 fece trasferire a Venosa le spoglie dei suoi fratelli defunti. — Molto azzardata mi sembra la tesi secondo cui oltre a Guglielmo Bracco-di-ferro, Drogone, Unfredo, Guglielmo di Principato, Roberto il Guiscardo e Alberada, a Venosa siano stati sepolti anche Malgerio di Altavilla († 1064), Umberto di Altavilla († 1072), e Maria, moglie di Guglielmo di Principato (HERKLOTZ, *op. cit.*, p. 55). Comunque, a contrario di quanto affermato dallo Herklotz (ivi p. 77 nota 18), dal documento venosino del 1069 (ed. MÉNAGER, *Les fondations monastiques* cit. sopra alla nota 5, nr. 21, p. 95s.) non risulta necessariamente che Maria fu sepolta a Venosa: il figlio, cioè Roberto di Principato, indica soltanto come motivo della sua donazione: «pro salute et remissione peccatorum anime patris et matris omniumque parentum suorum, quorum corpora in Venusino iacent monasterio». — Infine sono da correggere due altre indicazioni: la donazione di Riccardo Senescalco per Venosa (ed. MÉNAGER, *Les fondations*, nr. 15, p. 92s.) non risale al maggio 1082 come affermato dallo Herklotz (*op. cit.* p. 53) bensì al maggio 1081: la donazione non viene motivata con una vittoria di Roberto il Guiscardo già ottenuta contro l'imperatore bizantino Alessio (la quale sarebbe da identificare con la vittoria ottenuta il 18 ott.

I legami del monastero venosino con i Normanni furono abbastanza durevoli: ciò viene confermato, oltre che dalle sopracitate parole di Orderico Vitale, anche da due libri liturgici risalenti alla metà del sec. XII. Nel primo, redatto a Saint Evroul, il monastero venosino è registrato — unico dei monasteri italiani — tra le comunità affratellate nella commemorazione liturgica al cenobio normanno[61]. Il secondo, cioè il 'libro del capitolo' di Venosa (Cod. Casin. 334), è, sia nella scrittura sia nel contenuto liturgico, profondamente impregnato dalla cultura normanna e rispecchia nelle sue iscrizioni necrologiche gli stretti rapporti del monastero venosino con la dinastia normanna degli Altavilla[62].

La munificenza dei Normanni verso le grandi abbazie benedettine come Cava e Montecassino, e poi particolarmente verso i monasteri benedettini affidati a monaci normanni come quelli di Sant'Eufemia, Venosa e Mileto, è stata interpretata, pochi decenni or sono, da Léon-Robert Ménager come la espressione di una politica ecclesiastica anti-bizantina dei Normanni nel Mezzogiorno d'Italia[63]. Si trattava, in un certo senso, di una reazione alle tesi «romanticheggianti» del Lenormant e dei suoi epigoni che avevano sostenuto una politica ecclesiastica filo-greca dei Normanni nell'Italia meridionale[64]. Però, come abbiamo già notato, i Normanni non facevano soltanto donazioni a monasteri

---

1081 a Durazzo), ma essa viene effettuata «anco acciò il signore Idio havesse fatto andare e ritornare con vittoria il sudetto duca Roberto... dalle parti di Romania con il suo vittorioso esercito, con il quale era andato a debellare Alessio...» (MÉNAGER, *op. cit.*, p. 93 dove, nella trascrizione del regesto del Prignano, erroneamente viene indicato l'anno 1080, mentre nel ms. Roma, Bibl. Angelica 277 fol. 23r, si legge chiaramente 1081!). Dovuta ad una svista è ovviamente l'indicazione (HERKLOTZ, *op. cit.*, p. 54) che Roberto il Guiscardo morì «nell'ottobre del 1085» (invece del 17-VII-1085). — Queste poche correzioni che abbiamo qui apportato al lavoro dello Herklotz, non vogliono, comunque, diminuire l'eminente valore di questa interessante e stimolante monografia.

[61] Paris, Bibl. nat. ms. lat. 10062, fol. 78r; cfr. J.-L. LEMAÎTRE, *Répertoire des documents nécrologiques français*, publié sous la dir. de P. Marot, Paris 1980, 2 voll. (Recueil des historiens de la France. Obituaires VII), vol. 1 nr. 538 pp. 314-316; HOUBEN, *Il 'libro del capitolo''* (cit. sopra alla nota 1) p. 55.

[62] HOUBEN, *Il 'libro del capitolo'* (cit. sopra alla nota 1) *passim*.

[63] MÉNAGER, *Les fondations monastiques* (cit. sopra alla nota 5) p. 18 parla di «religieux latins, auxiliaires de la politique antibyzantine de Robert Guiscard»; cfr. anche ivi p. 57: «La Trinité de Venosa se présente ainsi comme l'un des grands centres bénédictins auxquels les premiers chefs normands ont distribué les dépouilles du monachisme gréco-calabrais à la fin du XIe et au début du XIIe siècle. Ici se révèle clairement, un fois de plus, l'un des axiomes fondamentaux de la politique normande en Italie». Ivi p. 59: «le prestige du couvent bénédictin de Mileto [...], sa véritable importance, au sein des états normands d'Italie, de son rôle de liquidateur du passé calabro-basilien». Cfr. anche ID., *La «byzantinisation» religieuse de l'Italie méridionale (IXe-XIIe siècles) et la politique monastique des Normands d'Italie*, in «Revue d'histoire ecclésiastique», 53 (1958), pp. 747-774, 54 (1959), pp. 5-40, ristampa in: «ID., *Hommes et institutions* (cit. sopra alla nota 43).

[64] Cfr. FONSECA, *La prima generazione* (cit. sopra alla nota 35) p. 135s.

latini ma anche a monasteri greci come, per esempio, all'abbazia di Carbone.

Un superamento di queste due tesi contrastanti è dunque stato proposto da Cosimo Damiano Fonseca mettendo in dovuta evidenza che i Normanni «tenendo conto del contesto demografico e sociale nel quale essi operarono» favorirono «per un verso, laddove era possibile, l'opera di rilatinizzazione delle istituzioni monastiche italo-greche mediante la devoluzione dei loro beni ai monasteri latini»; «per l'altro verso», gli stessi Normanni concentravano «le antiche fondazioni italo-greche sotto l'autorità dei grandi centri monastici italo-greci come S. Elia di Carbone...»; e «infine diedero impulso all'opera di restaurazione di alcuni grandi centri monastici già gravitanti nell'orbita longobarda»[65].

L'atteggiamento dei Normanni verso le istituzioni monastiche era dunque diverso secondo l'ambiente e secondo le circostanze: «Se la popolazione è greca, sono greci anche gli uomini con vocazione monastica. E siccome la preghiera di uomini santi può sempre aiutare, in qualsiasi rito si preghi, i Normanni non avevano alcun motivo di essere ostili ai monasteri greci, al contrario, facevano loro donazioni per essere commemorati nei dittici»[66].

Ciò non esclude che i Normanni si sentivano legati in modo particolare a quei monasteri benedettini in cui vivevano i loro parenti e connazionali e dove si custodiva la loro cultura, come a Venosa. Non fu certo una scelta casuale che Roberto il Guiscardo destinò il cenobio venosino a diventare la chiesa sepolcrale della sua famiglia[67]. Una famiglia, quella degli Altavilla, di piccoli feudatari del Nord, i cui figli sfidarono il mondo in cerca di avventure e di preda, e i quali, alla fine, dominarono ed unirono sotto il loro dominio il Mezzogiorno d'Italia creando un regno affascinante, collocato felicemente all'incrocio di culture occidentali e orientali, tra l'Europa e l'Oriente.

---

[65] Ivi, p. 136.

[66] V. Von Falkenhausen, *I monasteri greci dell'Italia meridionale e della Sicilia dopo l'avvento dei Normanni*, in: *Il passaggio dal dominio bizantino allo Stato normanno nell'Italia meridionale*. Atti del secondo Convegno di studi sulla civiltà rupestre (Taranto - Mottola, 31 ott. - 4 nov. 1973), a cura di C.D. Fonseca, Taranto 1977, p. 214.

[67] Cfr. Herklotz, *«Sepulcra»* (cit. sopra alla nota 60) che sostiene che il modello, «non come prototipo artistico, bensì come modello concettuale» per la SS. Trinità di Venosa come chiesa sepolcrale sia stata la chiesa dei SS. Apostoli a Costantinopoli dove si trovavano i sepolcri degli imperatori bizantini (ivi pp. 67ss.). Roberto il Guiscardo voleva «appropriarsi anche di qualcosa della concezione dell'impero d'Oriente, dove l'ideologia del potere si legava in modo preminente alla funzione di rappresentare il Cristo sulla terra... Molto quindi parlerebbe a favore del fatto che siano stati proprio i mausolei imperiali a influenzare il duca quando adibì la SS. Trinità a chiesa sepolcrale della sua dinastia, che subentrava all'imperatore bizantino nel Sud d'Italia» (ivi p. 75).

Capitolo terzo

Falsi diplomatici nell'Italia meridionale:
l'esempio di Venosa*

Mentre le falsificazioni storiografiche prodotte nell'Italia meridionale hanno trovato un vivo interesse da parte della medievistica italiana, lo studio dei falsi diplomatici è rimasto finora un campo preferito di studiosi francesi e tedeschi[1]. Carlrichard Brühl nel suo volume sui diplomi e sulla cancelleria del re Ruggero II di Sicilia ha messo in evidenza che nell'Italia meridionale esistevano alcuni «centri di falsificazioni» come i monasteri di Banzi, di Monte-cassino, di Montescaglioso ecc. annotando che ognuno di questi «centri di falsi-ficazione» richiederebbe uno studio apposito[2]. Siccome la maggior parte dei

---

* Traduzione italiana del contributo *Urkundenfälschungen in Süditalien: das Beispiel Venosa* che uscirà negli Atti del Congresso internazionale dei Monumenta Germania Historica su *Fälschun-gen im Mittelalter* (München, 16.-19. Sept. 1986), a cura di H. FUHRMANN (Schriften der MGH) in corso di stampa.

[1] Per le falsificazioni storiografiche cfr. N. CILENTO, *Italia meridionale longobarda*, 2. ed. 1971, pp. 39ss., 208ss. - Per le indicazioni bibliografiche su studi diplomatici rimandiamo solo ad alcuni lavori più recenti: C. BRÜHL, *Studien zu den langobardischen Königsurkunden*, 1970 (Biblio-thek des Deutschen Historischen Instituts in Rom 33); H. ENZENSBERGER, *Beiträge zum Kanzlei-und Urkundenwesen der normannischen Herrscher Unteritaliens und Siziliens*, 1971 (Münchener histo-rische Studien, Abt. Geschichtliche Hilfswissenschaften 9); C. BRÜHL, *Urkunden und Kanzlei König Rogers II. von Sizilien*, mit einem Beitrag *Die arabischen Dokumente* von A. NOTH, 1978 (Studien zu den normannisch-staufischen Herrscherurkunden Siziliens, Beihefte zum *Codex diplo-maticus regni Siciliae* 1), particolarmente pp. 94-215 («Fälschungsfragen») (trad. ital. a cura di M.V. STRAZZERI ENZENSBERGER, 1983), cfr. la recensione di V. VON FALKENHAUSEN, in «Studi medie-vali», 3ª ser. 21 (1980), pp. 256-263; finora non è uscita la annunciata *Introduction critique* a L.-R. MÉNAGER, *Recueil des actes des ducs normands d'Italie (1046-1127)*, 1: *Les premiers ducs (1046-1087)*, 1981 (Società di Storia Patria per la Puglia, Documenti e monografie 45), cfr. la recen-sione di V. VON FALKENHAUSEN, in «Quellen und Forschungen aus italienischen Archiven und Bibliotheken», 62 (1982), p. 484s.; T. KÖLZER, *Urkunden und Kanzlei der Kaiserin Konstanze, Königin von Sizilien (1195-1198)*, 1983 (Studien zu den normannisch-staufischen Herrscherurkunden Siziliens, Beihefte zum *Codex diplomaticus regni Siciliae* 2), particolarmente pp. 108-148 («Fäl-schungsfragen»).

[2] BRÜHL (cit. sopra alla nota 1) pp. 94ss.; ivi p. 208 nota 56: «Meines Erachtens sind die frühen Urkunden für Pisticci fast ausnahmslos überarbeitet und... gefälscht, ohne daß ich darum

«grandi centri di falsificazione» menzionati dal Brühl come le abbazie di Banzi, di Pisticci e di Montescaglioso si trovano in Basilicata anche i documenti provenienti da altri cenobi situati in questa regione potrebbero essere sospettati di falsificazione. Si pone dunque la domanda se anche il monastero della SS. Trinità di Venosa, il «mausoleo» di Roberto il Guiscardo, situato vicino a Melfi al confine tra la Lucania e la Puglia, può essere paragonato a questi «grandi centri di falsificazione» tanto più che secondo le ricerche di Léon-Robert Ménager Venosa era il luogo d'origine di non pochi falsi diplomatici[3].

Sul modo, sull'epoca e sulla quantità delle falsificazioni effettuate a Venosa finora non si potevano fare delle affermazioni attendibili in mancanza di uno studio approfondito e di una edizione critica delle carte venosine[4]. Siccome però recentemente, grazie ad alcune felici scoperte la base per lo studio di questi documenti si è notevolmente allargata[5], sembra l'ora di dare una risposta nuova sulla domanda cosa, come e quando si falsificava a Venosa.

Prima di trattare i problemi relativi a singole falsificazioni sembra opportuno dare una panoramica sulla tradizione documentaria. L'archivio dell'abbazia della SS. Trinità di Venosa, probabilmente ancora integro nel sec. XVII, si disperse — l'epoca precisa e le circostanze concrete non sono note — durante il sec. XVIII[6]. Degli originali allora ancora conservati sul luogo, oggi non esi-

---

die substantielle Echtheit der darin verbrieften Schenkungen in Zweifel ziehen möchte. Eine sorgsame Untersuchung des "Fälschungszentrums" Pisticci, von dem m.E. bisher nur die Spitze des Eisbergs sichtbar geworden ist, wäre dringend erwünscht; ...».

[3] L.-R. Ménager, *Les fondations monastiques de Robert Guiscard, duc de Pouille et de Calabre*, in «Quellen und Forschungen aus italienischen Archiven und Bibliotheken», 39 (1959), pp. 1-116, particolarmente pp. 37-40 e p. 47s. note 111-112.

[4] Come raccolta di materiale è ancora indispensabile l'opera di G. Crudo, *La SS. Trinità di Venosa. Memorie storiche diplomatiche archeologiche*, 1899, in cui sono stampate numerose carte venosine. Un notevole progresso segna lo studio di Ménager, *Les fondations* (cit. sopra alla nota 3), nella cui appendice (pp. 82-116) viene data l'edizione critica di molte carte venosine. Altri estratti di carte venosine contiene R. Jurlaro, *Ex Archivio Venusino*, in «La Zagaglia», 14 (1962), pp. 141-152; cfr. per questi estratti H. Houben, *Il «libro del capitolo» del monastero della SS. Trinità di Venosa (Cod. Casin. 334): una testimonianza del Mezzogiorno normanno*, 1984 (Università degli Studi di Lecce, Dipartimento di Scienze Storiche e Sociali, Materiali e Documenti 1), pp. 24-49.

[5] V. sopra pp. 86ss.

[6] G.-B. Prignano visitava probabilmente negli anni trenta del sec. XVII l'archivio della Trinità di Venosa allora intatto. Gli estratti di carte, della cronaca e del cartulario del monastero venosino raccolti da lui nel ms. Brindisi, Biblioteca De Leo B 5 precedono le copie notarili di carte del monastero di S. Maria Materdomini a Nocera Superiore (prov. Salerno) risalenti al 1637; cfr. R. Jurlaro, *Ex Archivio sacri monasterii sanctae Mariae matris Domini Salernitanae dioecesis*, in «La Zagaglia», 25 (1965) pp. 18-26, 28 (1965), pp. 399-409, particolarmente p. 19. - Un *terminus post quem* per la dispersione dell'archivio è forse il 6 novembre 1725, data in cui fu realizzata una copia notarile dell'originale della bolla papale del 1059: ed. J. von Pflugk-Harttung, *Acta Pontificum Romanorum inedita* 2, 1884, p. 86s. nr. 120; cfr. *Italia Pontificia* 9, a cura di W. Holtzmann, 1962, p. 493 nr. 4.

ste più traccia[7]. L'unica carta rilasciata per la SS. Trinità di Venosa, il cui originale si è conservato, contiene una donazione del conte Gozzolino di Molfetta del 25 giugno 1066 e si trova nell'Archivio capitolare di Barletta[8]. Anche i manoscritti del monastero, tra cui la cronaca e il cartulario di cui tratteremo più innanzi, sono andati perduti con una sola eccezione. Si tratta del 'libro del capitolo', redatto tra il 1154 e il 1156 e decorato con splendide iniziali, pervenuto in una data non nota (forse dopo il 1297 e sicuramente prima del 1506) a Montecassino (Cod. Casin. 334)[9].

Siccome quasi tutte le carte della SS. Trinità di Venosa sono state tramandate attraverso delle copie, non è possibile fare un'analisi dei caratteri estrinseci come la forma della scrittura ecc., analisi molto importante per il *discrimen veri et falsi*. La critica dei caratteri intrinseci come per esempio del formulario diplomatico viene complicato, se non persino impossibilitato, dal fatto che la maggior parte delle carte si è conservata solo in estratti o in regesti. Sono andati perduti, come è già stato detto, il cartulario e la cronaca del monastero in cui erano inserite numerose carte. Non è ancora stato accertato con sicurezza, se a Venosa, come a S. Clemente a Casauria, il cartulario e la cronaca furono redatti insieme in un unico codice[10].

Il cartulario venosino è probabilmente identico a quel «Liber privilegiorum in carta membrana» conservato nel sec. XVI «apud d(ominum) Io(hannem) Paulum Boerium u(trius) i(uris) d(octorem) adv(ocatum) et baiu(lum) Trinitatis Venusii» dal quale l'erudito napoletano Cesare Pagano, probabilmente alla fine del sec. XVI, si fece degli estratti[11]. Ai *Notamenta* del Pagano, oggi perduti,

---

[7] L'archivio capitolare di Venosa non contiene carte relative al monastero della SS. Trinità.

[8] Non c'è nessun indizio per supporre che questa carta fosse mai stata conservata a Venosa. Cfr. la riproduzione fotografica, purtroppo molto ridotta, presso F. MAGISTRALE, *Notariato e documentazione in Terra di Bari. Ricerche su forme, rogatari, credibilità dei documenti latini nei secoli IX-XI*, 1984 (Società di Storia Patria per la Puglia, Documenti e monografie 48), tav. XXV. - La carta greca rilasciata nel maggio 1139 dall'abate Ugo di Venosa la quale era conservata nell'Archivio di Stato di Napoli (ed. F. TRINCHERA, *Syllabus graecarum membranarum*, Napoli 1865, nr. 121 p. 161s.) è andata distrutta nel 1943. La sottoscrizione latina dell'abate è stata riprodotta in: *Vitae quatuor priorum abbatum Cavensium Alferii, Leonis, Petri et Constabilis*, auctore Hugone abbate Venusino, ed. L. MATTEI CERASOLI, 1941 (Rerum Italicarum Scriptores, Nuova Ed. VI, 5), tav. 2.

[9] Cfr. HOUBEN (cit. sopra alla nota 4) p. 54. La datazione del ms. al periodo tra il 1154 e il 1166 indicata ivi p. 60, può essere precisata adesso al periodo tra il 1154 (febbr. 27 = giorno della morte di Ruggero II) e il 1156 (luglio 13 = giorno della morte dell'abate venosino Pietro II): cfr. sotto p. 174 nota 43.

[10] MÉNAGER, *Les fondations* (cit. sopra alla nota 3) p. 27, sosteneva la tesi che nel cartulario, suddiviso secondo le indicazioni del Prignano in cinque colonne, solo nelle colonne 2 fino a 5 fossero state registrate delle carte mentre nella colonna 1 fosse stata riservata al testo della cronaca. È sfuggito però al Ménager che anche la colonna 1 contiene carte. Cfr. per ora sopra p. 87s.

[11] Cfr. MÉNAGER, *Les fondations* (cit. sopra alla nota 3) p. 23s.; per Pagano cfr. ENZENSBERGER (cit. sopra alla nota 1) pp. 28-31.

risalgono tre manoscritti seicenteschi attraverso i quali ci sono stati tramandati estratti delle carte venosine in forma di regesti[12].

Molto più preziosi di questi brevissimi regesti dai quali spesso il contenuto giuridico delle carte non emerge o emerge solo incompleto, sono gli estratti più dettagliati compilati dall'agostiniano salernitano padre Giovan Battista Prignano per la sua «Historia delle famiglie normande di Salerno» (Roma, Bibl. Angelica mss. 276-277) redatta intorno al 1640. Prignano visitava per le sue ricerche genealogiche molti archivi dell'Italia meridionale[13]; probabilmente negli anni trenta del sec. XVII venne a Venosa dove consultò nell'archivio della Trinità il cartulario e la cronaca[14]. Siccome l'erudito agostiniano nei suoi estratti e regesti indicava sempre le fonti storiche usate, specificando anche il numero della pagina ed eventualmente anche il numero della colonna, i suoi scritti sono molto preziosi per la ricostruzione dei perduti originali[15].

Più o meno nella stessa epoca in cui Prignano visitava l'archivio della Trinità, il canonico venosino Giacomo Cenna (1560-1640) si interessava della storia della sua città nativa. Nella sua *Cronaca venosina* conservatasi purtroppo solo frammentariamente[16], egli inseriva oltre ad alcune menzioni di carte originali anche lunghi estratti della cronaca medioevale della SS. Trinità. Il Cenna — se egli non è stato frainteso da un utente posteriore della *Cronaca* — avrebbe consultato l'originale della cronaca però non a Venosa, ma a Napoli[17]. Purtroppo il capitolo della *Cronaca* del Cenna relativo alla Trinità di Venosa si è conservato solo indirettamente: il teatino napoletano padre Eustachio Caracciolo, nato probabilmente prima del 1684 e morto dopo il 1739, inseriva quel capitolo nel suo «Dictionarium universale totius Regni Neapolitani» redatto probabilmente verso la fine del primo terzo del sec. XVIII, non senza incorrere

---

[12] Roma, Bibl. Vat. Ottob. lat. 2647 (inizio del sec. XVII), fol. 50r-59v; Napoli, Bibl. Naz. Branc. IV.D.1 (A. Gittio, circa 1650), fol. 407r-414r; ivi Branc. I.F.5 (C. Tutini, circa 1650-65), fol. 83r-86r, 169v-170v. Senza valore autonomo sono i mss. Vat. lat. 7140 (metà sec. XVII), fol. 1-23 = copia dell'Ottob. lat. 2647, e Vat.lat. 8222-I (fine sec. XVII), fol. 49r-60r = copia del Vat.lat.7140. Cfr. ENZENSBERGER (cit. sopra alla nota 1) p. 30; HOUBEN (cit. sopra alla nota 4) p. 23s. nota 19.

[13] Cfr. W. HOLTZMANN, *Unbekannte Stauferurkunden und Reichssachen*, in «Quellen und Forschungen aus italienischen Archiven und Bibliotheken», 18 (1926), pp. 171-190, particolarmente pp. 172-176; ENZENSBERGER (cit. sopra alla nota 1) p. 27s.

[14] V. sopra nota 6.

[15] Esempi presso HOUBEN (cit. sopra alla nota 4) p. 23s. nota 19.

[16] Napoli, Bibl. Naz. ms.X.D.3, ed. (parzialmente) G. PINTO, *Giacomo Cenna e la sua cronaca Venosina, ms. del sec. XVII della Bibl. Naz. di Napoli*, in «Rassegna Pugliese», 16 (1899), pp. 321-326, e nei seguenti voll. fino al 19 (1902), pp. 106-116, rist. separatamente 1902 (rist. 1982)

[17] Cfr. I. HERKLOTZ, *Il Chronicon Venusinum nella tradizione di Eustachio Caracciolo*, in «Rivista di Storia della Chiesa in Italia», 38 (1984), pp. 405-427, particolarmente p. 414.

però in qualche fraintendimento[18]. I frammenti delle carte e della cronaca conservati attraverso il Cenna (mediante il Caracciolo) sono solo in parte identici agli estratti compilati dal Prignano, derivano però sicuramente dalle stesse fonti. La possibilità che si tratti di una falsificazione moderna, un sospetto che sorge subito a proposito di manoscritti del '600 e del '700 contenenti cronache dell'Italia meridionale, è dunque da escludere.

Siccome il Cenna, a differenza del Prignano, non aveva prevalentemente interessi genealogici, egli copiava anche delle testimonianze che non interessavano il Prignano come per esempio le narrazioni contenute nella cronaca medioevale della Trinità relative ad apparizioni di Roberto il Guiscardo in visioni e in sogni di monaci[19], notizie sulla vita nel monastero e particolarmente sulle elezioni degli abati, inoltre alcune carte altrove non tramandate, rilasciate da ecclesiastici, e fra queste un gruppo di documenti pontifici dei secc. XI-XII fino a poco tempo fa sconosciuti[20]. Le testimonianze conservatesi attraverso il Cenna (mediante il Caracciolo) indipendentemente dai rami della tradizione finora noti (Pagano, Prignano) allargano la nostra conoscenza sulla storia della SS. Trinità di Venosa[21] costringendoci a rivedere alcuni giudizi su carte venosine considerate finora come false. Sembra dunque opportuno fornire una panoramica sulle falsificazioni diplomatiche confezionate a Venosa e anticipare così alcuni risultati dell'edizione critica della cronaca e delle carte del monastero della SS. Trinità di Venosa alla quale stiamo attendendo.

Per la diplomatica delle carte dei conti e dei duchi normanni dell'Italia meridionale le carte di Venosa sono di grandissima importanza, particolarmente per quanto riguarda i primi decenni del dominio degli Altavilla. Ciò emerge da alcune cifre: da Venosa provengono l'unica carta conservatasi del conte Drogone (1046-51)[22], le due uniche carte che conosciamo del suo successore Unfredo (1051-57)[23], le prime quattro carte di Roberto il Guiscardo (1057-85) edite nel primo volume del «Recueil des actes des ducs normands d'Italie» risalenti agli anni tra il 1057 e il 1060[24].

Molto discussa è l'unica carta conservatasi di Drogone di Altavilla, il cui

---

[18] Napoli, Bibl. Naz. ms. S. Martino 436 (fogli non numerati) T LII (= *Trinitatis Venusii*) (11 fogli in seguito citati separatamente), in seguito citato abbreviato come: Caracciolo.

[19] V. sopra pp. 109ss.

[20] *Documenti pontifici in Italia. Contributi per l'Italia Pontificia*, a cura di R. VOLPINI, in corso di stampa (Acta Romanorum Pontificum 9), parte II cap. 5 nr. *1-28.

[21] V. sopra pp. 86ss.

[22] MÉNAGER, *Recueil* (cit. sopra alla nota 1), nr. 1 pp. 20-22.

[23] Ivi, nr. 2-3 pp. 24-26.

[24] Ivi, nr. 4 p. 28s., nr. 5 p. 29s., nr. 8 pp. 33-35, nr. 9 pp. 35-37. Non abbiamo considerati i nr. 6-7 (pp. 30-33) trattandosi non di carte relative a Venosa ma del giuramento vassallitico e dell'impegno feudale di Roberto il Guiscardo verso il papa Niccolò II (Melfi, 1059 agosto).

testo integrale si è conservato attraverso una copia del Prignano[25]. Già la data attira l'attenzione: la carta sarebbe stata rilasciata da Drogone nell'anno 1053 (indizione VI), cioè secondo il computo bizantino allora in uso nell'Italia meridionale, nel periodo tra il 1° settembre 1052 e il 31 agosto 1053. In questo periodo Drogone era però già morto da qualche tempo! Infatti, il 10 agosto 1051 — e su ciò concordano diverse fonti storiche — egli era stato assassinato[26]. Ciò nonostante Ferdinand Chalandon ritenne la *datatio* per esatta e l'autenticità della carta per probabile, anche perché in mancanza di altre carte conservatesi di Drogone una critica diplomatica era impossibile[27]. Il titolo attribuito nella carta a Drogone, cioè «dux et magister Italie comesque Normannorum totius Apulie atque Calabrie», e la sua sottoscrizione («+ crux Drogonis supranominati imperialis viri») sono secondo Chalandon da vedere nel contesto della investitura di Drogone come conte di Puglia da parte dell'imperatore Enrico III avvenuta nel 1047[28]. L'autenticità della carta fu però contestata in seguito da Hans-Walter Klewitz[29] e da Léon-Robert Ménager[30]. Il Ménager metteva in evidenza che l'intitolazione di Drogone come «dux et magister» è un'analogia al titolo attribuito nel 1054 a Argiro, il governatore dell'imperatore bizantino nell'Italia meridionale, cioè di «μάγιστρος βέστης καὶ δοὺξ Ἰταλίας, Καλαβρίας, Σικελίας καὶ Παφλαγονίας»[31]. Josef Deér dimostrava convincentemente che «per la falsità della carta del 1053 con il titolo di *dux et magister* parla anche la circostanza che nessuno dei successori di Drogone alla guida dei Normanni pugliesi, cioè né Unfredo né Roberto il

---

[25] Come sopra nota 22. L'edizione del Ménager contiene numerosi errori di lettura: è da leggere *ceterisque* invece di *ceteribusque*, *ad suos usus* invece di *ad reos usus*, *resipuerit* invece di *restitueret*, *martirum* invece di *majorum*, *Trustanus* invece di *Tristainus* ecc.

[26] Cfr. le fonti storiche annotate da MÉNAGER, *Recueil* (cit. sopra alla nota 1) p. 19 nota 2.

[27] F. CHALANDON, *Histoire de la domination normande en Italie et en Sicile*, 1, 1907 (rist. 1960), p. 110 nota 3. Contro l'autenticità della carta si dichiarò A. DI MEO, *Annali critico-diplomatici del Regno di Napoli*, 7, 1802, p. 342s. mentre CRUDO (cit. sopra alla nota 4), pp. 75-77, difese l'autenticità della carta con argomenti, però poco convincenti.

[28] CHALANDON (cit. sopra alla nota 27) p. 114.

[29] H.W. KLEWITZ, *Studien über die Wiederherstellung der römischen Kurie in Süditalien durch das Reformpapsttum*, in «Quellen und Forschungen aus italienischen Archiven und Bibliotheken», 25 (1933-34), p. 142.

[30] MÉNAGER, *Les fondations* (cit. sopra alla nota 3), pp. 37-40.

[31] Ivi, p. 38. Per l'*intitulatio* cfr. J. DEÉR, *Papsttum und Normannen. Untersuchungen zu ihren lehnsrechtlichen und kirchenpolitischen Beziehungen*, 1972 (Studien und Quellen zur Welt Kaiser Friedrichs II., 1), p. 48s. con ulteriori indicazioni bibliografiche; alcune tesi del Deér sono state criticate da H. HOFFMANN, *Langobarden, Normannen, Päpste. Zum Legitimationsproblem in Unteritalien*, in «Quellen und Forschungen aus italienischen Archiven und Bibliotheken», 58 (1978), pp. 137-180. Cfr. anche V. VON FALKENHAUSEN, *Untersuchungen über die byzantinische Herrschaft in Süditalien vom 9.-11. Jahrhundert*, 1967 (Schriften zur Geistesgeschichte des östlichen Europas 1), p. 60 nota 455 (trad. ital.: *La dominazione bizantina nell'Italia meridionale dal IX all'XI secolo*, 1978, p. 61 nota 79), dove il titolo attribuito a Drogone nella carta del 1053 viene chiamato «assurdo».

Guiscardo assumevano prima del 1059 un titolo superiore a quello di conte»[32].

Anche il contenuto della pretesa carta di Drogone del 1053 è pieno di contraddittorietà: l'abate Goffredo qui menzionato come abate della SS. Trinità di Venosa non è attestato in altre fonti[33]. Drogone dona al monastero per l'anima di suo fratello Guglielmo († 1046) «tertiam videlicet partem jamdicte Venusii civitatis, propria quoque Gualterii Fluriacis Unfredinique nepotis sui, scilicet monasterium sancti Georgii foris murum aliudque sancti Georgii monasterium necnon sancti Petri, sancti Benedicti, sancti Nicolai et sancti Joannis»[34]. Il menzionato Gualterio di Fleury e suo nipote Unfredino — secondo i loro nomi si tratta di Normanni — non sono attestati in altre fonti[35], cosa che però non è di molto peso.

Sospetti mi sembrano invece i due menzionati monasteri di S. Giorgio. È dubbio se a Venosa o nei dintorni sia mai esistito un monastero di S. Giorgio. Comunque l'indicazione del Cenna secondo cui l'omonimo monastero menzionato in una bolla pontificia del 1182 fosse stato situato «vicino la porta de la città in alto»[36], si riferisce probabilmente soltanto alla chiesa venosina «S. Georgii de Porta» attestata nel 1324[37]. Anche gli altri monasteri (o chiese, perché *monasterium* viene spesso usato nei documenti come sinonimo di *ecclesia*) che Drogone avrebbe donato all'abate Goffredo, non sono attestati in altre fonti.

Particolarmente sospetto è il passo della carta in cui si legge che il papa

---

[32] Deér (cit. sopra alla nota 31) p. 48. - Il Ménager sostiene recentemente, a differenza di quanto ritenuto da lui stesso alcuni anni fa (*Les fondations*, cit. sopra alla nota 3, p. 39), che Drogone abbia veramente portato il titolo di duca citando nel *Recueil* (cit. sopra alla nota 1) p. 19 nota 1 il *Breve Chronicon Northmannicum* il quale riferisce che nel 1046 «fuit Drogo dux eorum, qui fuit secundus comes Apuliae». La menzionata cronaca è però recentemente stata smascherata come falsa: v. A. Jacob, *Le Breve Chronicon Normannicum: un véritable faux de Pietro Polidori*, in «Quellen und Forschungen aus italienischen Archiven und Bibliotheken», 66 (1986), pp. 378-392.

[33] Cfr. sopra p. 89.

[34] Ménager, *Recueil* (cit. sopra alla nota 1), nr. 1 p. 21 aggiunge dopo *necnon* la parola *ecclesias* parlando di conseguenza nel regesto della carta di «les églises s. Pietro, s. Benedetto, s. Nicola et s. Giovanni» (ivi p. 20).

[35] Cfr. Id., *Inventaire des familles normandes et franques émigrées en Italie méridionale et en Sicile (XIe-XIIe siècles)*, in: *Roberto il Guiscardo e il suo tempo. Relazioni e comunicazioni nelle prime Giornate normanno-sveve* (Bari, maggio 1973), 1975 (Fonti e studi del *Corpus membranarum italicarum* 11), p. 356, con aggiunte rist. in: Id., *Hommes et institutions de l'Italie normande*, 1981 (Variorum Reprints 136), IV.

[36] Cenna, ed. Pinto (cit. sopra alla nota 16), «Rassegna Pugliese», 18 (1901), p. 218 nota 4 = separatamente p. 253 nota 1.

[37] *Rationes decimarum Italiae nei secoli XIII e XIV. Apulia - Lucania - Calabria*, a cura di D. Vendola, 1939 (Studi e testi 84), nr. 1983: «Clerici S. Georgii de Porta». Nel 1087 Ruggero Borsa aveva donato al monastero venosino «ecclesiam s. Georgii in civitate Venusina» (Ménager, *Recueil*, cit. sopra alla nota 1, nr. 62, p. 220).

Leone, molti arcivescovi, vescovi e fedeli cristiani avessero confermato la donazione[38]. Se il papa Leone IX (1049-54) avesse veramente fatto una tale conferma, ciò sarebbe stato menzionato senz'altro in una delle bolle papali rilasciate nei secoli XI-XII per Venosa, cosa che però non è avvenuta. Il primo papa il cui interessamento per la SS. Trinità è attestato, era Niccolò II che consacrava nel 1059 personalmente la chiesa abbaziale concedendo alcuni giorni dopo al cenobio l'esenzione dall'autorità vescovile, la libera elezione dell'abate e il riconoscimento dei suoi possedimenti[39].

Va detto anche qualche parola relativa ai testimoni menzionati nella carta del 1053. È da notare la presenza del vescovo Balduino di Melfi, la cui prima sicura attestazione risale al 1067 e il quale morì tra il 1089 e il 1093[40]. Mentre nella parte dispositiva della carta si dice che la donazione fosse stata confermata anche da Unfredo e da Roberto il Guiscardo, fratelli di Drogone, tra i testimoni appare solo il conte Unfredo, non però il Guiscardo[41]. Non senza dubbio mi sembra infine anche la menzione del conte Roberto di Montescaglioso[42].

Accertata l'indubbia falsità della carta, si pone la questione su quali modelli e quando fu realizzata la falsificazione. La *sanctio* minacciante la dannazione ecc. «ex authoritate omnipotentis Dei, patris videlicet et filii et spiritus sancti omniumque celestium virtutum, archangelorum, angelorum, patriarcharum, prophetarum, apostolorum, evangelistarum, martirum, confessorum, monachorum, heremitarum atque sanctarum virginum»[43] potrebbe forse far pensare a modelli liturgici. La data precisa della confezione del falso non può essere indicata. Mi sembra però probabile che la carta con cui Drogone dona all'abbazia un terzo della città di Venosa fosse stata falsificata dopo il 1189, anno in cui il papa conferma al monastero la metà (delle rendite) della città di Venosa[44]

---

[38] Ivi, nr. 1 p. 21: «... donationem hanc a nobis factam et a dompno Leone papa pluribusque archiepiscopis atque episcopis et a pluribus fidelibus christianis confirmatam...»; cfr. anche alla fine della *sanctio*: «... et ex parte dompni Leonis pape Romane ecclesie et apostolice omniumque archiepiscoporum, episcoporum, canonicorum, abbatum sit maledictus et excommunicatus, abhominatus et condempnatus et anathematizatus usque in perpetuum et futurum seculi. Fiat.» (ivi p. 21s.).

[39] Cfr. sopra p. 90.

[40] *Italia Pontificia* 9 (cit. sopra alla nota 6) p. 497.

[41] MÉNAGER, *Recueil* (cit. sopra alla nota 1), nr. 1 p. 21s.

[42] La prima sicura attestazione mi sembra per ora il doc. ivi nr. 9 p. 36 (1063, per la data v. sotto p. 141s.). L'indicazione del Ménager secondo cui Roberto è attestato come conte di Montescaglioso a partire dal 1055 non è controllabile in quanto lo stesso studioso rimanda soltanto all'«Introduction critique» al *Recueil* (ivi, p. 35 nota 2: «appendice au chap. 3») la quale non è ancora uscita.

[43] Ivi, nr. 1 p. 21.

[44] La bolla pontificia del 1059 (ed. VON PFLUGK-HARTTUNG, cit. sopra alla nota 6, p. 86: «... tertiam quoque partem Venusiae civitatis, et omnia, quae per donationis clausulam Drogo comes

donata nel 1076 da Roberto il Guiscardo[45].

Anche se non si è conservata nessuna carta autentica di Drogone, è però altresì probabile che egli avesse concesso delle donazioni al monastero fondato (o rifondato) da lui stesso[46]. Da un'altra carta del 1053, anch'essa falsa, deriva forse il regesto conservatosi solo nei manoscritti dipendenti dai *Notamenta* del Pagano, relativo a una *convenientia* stipulata tra il vescovo Musando di Venosa[47] e Drogone, «comes comitum et dux ducum Apulie et Calabrie»[48].

Ritorniamo però adesso sulla già citata costatazione del Deér secondo cui «nessuno dei successori di Drogone a capo dei Normanni di Puglia... assunse prima del 1059 un titolo superiore a quello di conte»[49]. In contraddizione con ciò sembrano alcune carte edite dal Ménager nel «Recueil des actes des ducs normands d'Italie» provenienti tutte da Venosa: in una carta del 1053 Unfredo, «divina misericordia inclito comes et dux Apulie et Calabrie», dona al monastero della SS. Trinità di Venosa costruito da suo fratello Drogone, «comes comitorum (!) et dux ducorum (!)», per la salute dell'anima del fratello Guglielmo († 1046) attraverso la mano dell'abate Ingelberto, un mulino abbandonato nominato «de Radicisi» situato sul torrente Olivento[50]. Nel 1057 il duca Roberto il Guiscardo permette a suo cognato Guilmanno di fare una donazione allo stesso monastero[51]. Tra il settembre 1057 e l'agosto 1059, infine,

concessit eidem monasterio ob remedium animarum...») è stata interpolata posteriormente nel passo relativo ai possedimenti del monastero: v. *Italia Pontificia 9* (cit. sopra alla nota 6) p. 493. Nella bolla pontificia del 1089, il cui testo si è conservato integralmente, si confermano globalmente i possedimenti dell'abbazia («sive cellis aliisque possessionibus»; ed. VOLPINI, *Documenti pontifici*, cit. sopra alla nota 20, parte II cap. 5 nr. 3). La parte dispositiva della bolla del 1123 non si è conservata integralmente (v. ivi nr. 5); nel passo non conservatosi devono però essere menzionati i possedimenti dell'abbazia e tra questi anche la metà (delle rendite) della città di Venosa, come risulta dalle successive bolle papali del 1159 e del 1183 nelle quali si fa riferimento a quella del 1123: v. ivi, nr. 17 e nr. 27.

[45] V. sotto pp. 182-184, doc. nr. 2.

[46] Cfr. anche MÉNAGER, *Les fondations* (cit. sopra alla nota 3) p. 43 nota 86: «Pour notre part, nous pensons qui si l'acte prétendu expédié par Dreux en 1053 a été quelque peu remanié, il n'en comporte pas moins un fondement authentique tiré d'un original dans lequel devait effectivement figurer la donation d'une partie de la ville de Venosa».

[47] A differenza di MÉNAGER, *Recueil* (cit. sopra alla nota 1) p. 24 nota 1, ritengo che il menzionato *Musandus* sia identico con il vescovo *Morandus* di Venosa attestato nella bolla pontificia del 1059 (cit. sopra alla nota 6). La forma *Morandus* invece di *Musandus* mi sembra dovuta ad un errore del copista settecentesco il quale scrisse anche sempre *Drego* invece di *Drogo*.

[48] MÉNAGER, *Recueil* (cit. sopra alla nota 1), nr. 2 p. 24s. inserisce questo regesto tra le carte di Unfredo! - Il titolo di *comes comitum* e di *dux ducum* fu attribuito a Drogone anche in un'epigrafe sepolcrale, oggi andata perduta, la quale si conservava nella Trinità di Venosa: v. I. HERKLOTZ, *«Sepulcra»* e *«Monumenta» del Medioevo. Studi sull'arte sepolcrale in Italia*, 1985 (Collana di Studi di storia dell'arte dir. da M. D'Onofrio 5), pp. 56ss.

[49] DEÉR (cit. sopra alla nota 31) p. 48.

[50] MÉNAGER *Recueil* (cit. sopra alla nota 1), nr. 3 p. 25s.

[51] Ivi, nr. 4 p. 28s.

Roberto il Guiscardo, «divina misericordia inclitus comes et dux Apulie et Calabrie», dona per la salute dell'anima di suo fratello Guglielmo un mulino nominato «Agapiti»[52].

Occupiamoci prima della carta di Unfredo del 1053: il titolo ducale è del tutto insolito perché le fonti storiche non riferiscono nulla sul fatto che Unfredo avesse mai assunto il titolo di *dux*. Al contrario, egli viene chiamato sempre *comes*, così anche nel sopra menzionato regesto del 1053 relativo ad un accordo stipulato tra Drogone e il vescovo Musando[53]. Il titolo ducale attribuito a Unfredo nella carta di donazione del 1053 mi sembra, se non si vuole ritenere la carta come falsificata[54], risalire a una posteriore rielaborazione del testo della carta, forse nell'ambito del suo inserimento nel cartulario.

Il successivo documento addotto per la tesi che i conti di Puglia avessero assunto il titolo ducale prima del 1059 sarebbe la sopra menzionata carta di Roberto il Guiscardo del 1057[55]. Esaminando però attentamente il testo del regesto della carta, ci si accorge che esso si riferisce a due atti giuridici separati tra di loro da più di un decennio: nel 1057 Roberto il Guiscardo concedeva a suo cognato il permesso alla donazione al monastero. Dopo la morte di quest'ultimo il Guiscardo confermò questa donazione in presenza di suo figlio, del conte Ruggero (Borsa)[56]. Siccome Ruggero Borsa è nato intorno al 1061 e siccome egli è attestato con il titolo di conte solo a partire dal dicembre 1079[57],

---

[52] Ivi, nr. 5 p. 29s.

[53] Ivi, nr. 2 p. 24s.: «Ego Unfridus Dei gratia comes Italie atque Calabrie convenientie iste interfui».

[54] Il fatto che il mulino *de Radicisi* donato in questa carta, viene confermato all'abbazia nella bolla pontificia del 1059, non può essere addotto come argomento per l'autenticità in quanto il passo contenente l'elenco dei possedimenti venosini è dovuto a un'interpolazione posteriore: v. sopra nota 6.

[55] Come sopra nota 51.

[56] Un testo migliore di quello dei mss. consultati dal Ménager offre il ms. Brindisi, Bibl. De Leo B 5 (cfr. sopra nota 6), fol. 95r: «1057. Ego dux Robertus veniens ex Apulia in Calabriam et ibi dedi facultatem VVlmanno, qui duxit in uxorem sororem meam, quod faciat certam donationem monasterio Venusino de omnibus, que tenebat in Venusio, praesentibus Fulcone de Alno, W(illel)mo comite, Rogerio Aringo, Rodulpho de Molisio, pro anima nobilissimi Drogoni mei fratris carissimi domini et meae et parentum meorum. Haec donatio fuit postea confirmata post eius obitum a dicto duce Roberto eo tempore, quo ipse dux erat supra Pisili lacum praesentibus comite Rogerio filio, Ugone de Ollia, W(illel)mo de Bernavilla».

[57] *Regii Neapolitani Archivi Monumenta* 5, 1857, nr. 430 p. 90: «Roggerius comes, filius Robberti ducis»; G. FORTUNATO, *La badia di Monticchio, con 71 doc. inediti*, 1904 (Notizie storiche della Valle di Vitalba 6), nr. 1 p. 353s. La data della carta (dicembre 1080) è indicata secondo lo stile bizantino e corrisponde dunque al dicembre 1079, cosa che è sfuggita a H. DORMEIER, *Montecassino und die Laien im 11. und 12. Jahrhundert*, 1979 (Schriften der Monumenta Germaniae Historica 27), p. 69 nota 280, e a H.E.J. COWDREY, *The Age of Abbot Desiderius. Montecassino, the Papacy and the Normans in the Eleventh and Early Twelfth Centuries*, 1983, p. 144. Il doc. mi sembra genuino nella sua sostanza, anche se esso contiene alcune stranezze (cioè il pagamento della *poena* «camere lateranensi», nonché il titolo di «abbas montis casini»).

la conferma della donazione da parte di Roberto il Guiscardo può essere avvenuta non prima degli anni settanta del sec. XI e probabilmente non prima del 1074[58]. Il titolo ducale di Roberto il Guiscardo pervenne probabilmente da questa conferma (del 1074 circa) nella carta risalente al 1057. Cade dunque un altro argomento addotto a favore della supposizione dell'assunzione del titolo ducale prima del 1059.

Rimarrebbe solo la carta attribuita dal Ménager al periodo tra il settembre 1057 e l'agosto 1059[59]. Il *terminus ante quem* per il regesto conservatosi senza data e contenente la donazione del mulino nominato «Agapiti» è, secondo il Ménager, la data della bolla papale rilasciata il 25 agosto 1059 per il monastero venosino e contenente nel suo elenco dei possedimenti anche il menzionato mulino[60]. Al Ménager è però sfuggito il fatto che questo elenco dei possedimenti fu interpolato posteriormente alla bolla, fatto che fa cadere il suo *terminus ante quem*. Come *terminus post quem* il Ménager indica «l'avènement de Robert Guiscard comme duc de Pouille»[61] avvenuta secondo lo stesso studioso nel marzo 1057[62]. Come prova per la tesi che Roberto il Guiscardo fosse diventato già allora duca il Ménager adduce due carte nelle quali gli anni del dominio di Roberto sono calcolati a partire dal marzo 1057[63]. Allo stesso studioso è però sorprendentemente sfuggito che gli elementi della *datatio* citati da lui si riferiscono al dominio del Guiscardo come «comes *et* dux« e non solo al suo dominio ducale[64].

---

[58] Se Guilmanno, il cognato di Roberto il Guiscardo, fosse identico al *Guilimannus vicecomes* attestato nel 1074 in una carta di donazione per la SS. Trinità (MÉNAGER, *Recueil*, cit. sopra alla nota 1, nr. 22 p. 86), l'anno 1074 sarebbe un *terminus post quem* per la conferma della donazione del 1057 effettuata da Roberto il Guiscardo dopo la morte di Guilmanno. Il regesto conservatosi in un ms. del Tutini (Napoli, Bibl. Naz. Branc.I.F.5, fol. 85v) porta la data 1077: «Anno 1077. Robertus dux dedit facultatem Wlmanno...» Siccome il Tutini, allo stesso modo dell'Ottob.lat.2647 e del Gittio, si basa sui *Notamenta* del Pagano e siccome tutti gli altri mss. riportano la data 1057, è probabile una svista del Tutini (1077 invece di 1057).

[59] MÉNAGER, *Recueil* (cit. sopra alla nota 1), nr. 5 p. 29s.

[60] Ivi, p. 30 nota d.

[61] *Ibidem*.

[62] Ivi, p. 27. Non è comprensibile perché il Ménager non sostiene, di conseguenza, come *terminus ante quem* il marzo (invece del settembre) 1057.

[63] J.-M. MARTIN, *Les chartes de Troia* 1 (1024-1266), 1976 (Codice Diplomatico Pugliese 21), nr. 18 p. 111: «Anno millesimo octogesimo tertio ab Incarnatione Domini nostri Iesu Christi, et vicesimo sexto anno regnante domino Robberto sanctissimo comes et dux Italie, Calabrie et Sicilie, mense februario, sexta indictione.» MÉNAGER, *Recueil* (cit. sopra alla nota 1), nr. 14 p. 63 (marzo 1065): «nono anno regnante domno Rubberto comes et dux Italie, Calabrie, Sicilie».

[64] V. sopra nota 63. - Le indicazioni degli anni del dominio di Roberto il Guiscardo contenute nella *datatio* delle carte sono da usare con cautela, in quanto spesso l'inizio del suo dominio viene contato solo a partire dalla espugnazione di Palermo avvenuta il 10 gennaio 1072 e usando anche spesso l'*annus incipiens* abbreviato e lo stile bizantino: secondo un tale computo il primo anno del dominio di Roberto come duca di Puglia, di Calabria e di Sicilia comprende il periodo

Riassumendo si può costatare dunque che i documenti non contengono nessun indizio attendibile giustificante la tesi che i conti di Puglia avessero assunto prima del 1059 il titolo ducale[65].

Prima di occuparci delle carte rilasciate da Roberto il Guiscardo come duca, occorre menzionare brevemente le falsificazioni e le interpolazioni di documenti pontifici effettuate a Venosa. Come è stato già detto, la bolla papale più antica rilasciata per la Trinità di Venosa il 25 agosto 1059, è stata interpolata nel passo contenente l'elenco dei possedimenti del monastero, mentre il resto del documento è genuino[66]. Non autentico invece è un «breve apostolico» menzionato dal Cenna in cui il papa Vittore II nel 1055 avrebbe sollecitato la popolazione di Venosa e di tutta la Puglia alla venerazione delle reliquie conservate nella chiesa abbaziale[67]. Nessun indizio per falsificazioni o interpolazioni contengono le carte pontificie rilasciate per Venosa tra il 1089 e il 1183 di cui solo da poco si ha conoscenza[68].

tra il 10 gennaio 1072 e il 31 agosto 1072, il secondo anno il periodo tra il 1° settembre 1072 e il 31 agosto 1073, il terzo anno il periodo tra il 1° settembre 1073 e il 31 agosto 1074, ecc. V. gli esempi riportati presso G. CONIGLIO, *Le pergamene di Conversano 1 (901-1265)*, 1975 (Codice Diplomatico Pugliese 20), nr. 42 p. 96, nr. 45 p. 104, nr. 46 p. 106; G.B. NITTO DE ROSSI - F. NITTI DI VITO, *Le pergamene del duomo di Bari (952-1264)*, 1897 (Codice Diplomatico Barese 1), nr. 27 p. 49, nr. 28 p. 51; F. NITTI DI VITO, *Le pergamene di S. Nicola di Bari. Periodo normanno (1075-1194)*, 1902 (Codice Diplomatico Barese 5), nr. 2 p. 5s., nr. 3 p. 7, nr. 5 p. 11.

[65] La carta edita da MÉNAGER, *Recueil* (cit. sopra alla nota 1), nr. 5 è, a mio avviso, posteriore al 1059. Un sicuro *terminus ante quem* è costituito solo dalla data della morte di Roberto il Guiscardo (17-VII-1085). - L'unica testimonianza comprovante l'assunzione del titolo ducale da parte del Guiscardo prima del 1059 sarebbe la carta di donazione rilasciata nel giugno 1057 da Rainaldo, figlio di Accardo di Lecce: ed. P. DE LEO, *Le carte del monastero dei Santi Niccolò e Cataldo in Lecce (secc. XI-XVII)*, 1978 (Centro di Studi Salentini, Monumenti 2), pp. 127-129. Questa carta, ritenuta recentemente come autentica da C.D. POSO, *Economia e società nel Salento in età normanna, I: Distretti politico-amministrativi, circoscrizoni diocesane e insediamenti*, 1983, pp. 56ss., e da G. VITOLO, *Insediamenti cavensi in Puglia*, in: *L'esperienza monastica benedettina e la Puglia*. Atti del Convegno in occasione del XV Centenario della nascita di S. Benedetto (Bari-Noci-Lecce-Picciano, 6-10 ott. 1980), a cura di C.D. FONSECA, vol. 2, 1984 (Università degli Studi di Lecce, Istituto di Storia medioevale e moderna, Saggi e Ricerche 9), p. 132s., uscito anche separatamente: 1984 (Università degli Studi di Lecce, Dipartimento di Scienze Storiche e Sociali, Saggi e Ricerche 11), p. 132s., porta la datazione: «Anno ab incarnatione domini nostri Iesu Christi millesimo quinquagesimo septimo, indictione nona. Regnante domino nostro Roberto Guiscardo tocius Apulie duce» (DE LEO, cit., p. 128). La discrepanza tra l'anno e l'indizione — al giugno 1057 corrisponde la decima, e non la nona indizione — non è certamente sufficiente per ritenere il documento un falso come osservano giustamente POSO, cit., p. 58, e VITOLO, cit., p. 132s. Il titolo attribuito nella carta a Roberto il Guiscardo, cioè *tocius Apulie dux*, mi sembra però difficilmente compatibile con la data del giugno 1057; in questo punto concordo con POSO, cit., pp. 58ss.

[66] V. *Italia Pontificia* 9 (cit. sopra alla nota 6) p. 493. Non giustificati sono i dubbi all'autenticità espressi da HERKLOTZ, *Il Chronicon* (cit. sopra alla nota 17), p. 423 nota 80.

[67] *Italia Pontificia* 9 (cit. sopra alla nota 6), p. 492 nr. 2 con ulteriori indicazioni bibliografiche. HERKLOTZ, *«Sepulcra»* (cit. sopra alla nota 48), p. 50 cita questo *breve* come autentico senza indicare i motivi e trae da esso conclusioni di rilievo; cfr. sopra p. 125 nota 60.

[68] *Documenti pontifici* (cit. sopra alla nota 20), parte II cap. 5.

I dubbi espressi sull'autenticità dell'unica carta venosina conservatasi in originale non sono giustificati. Francesco (Nitti) Di Vito nell'introduzione all'edizione del documento riteneva che le sottoscrizioni e il (perduto) sigillo aggiunto in epoca posteriore facessero sorgere «un certo sospetto»[69]. Una recente analisi paleografico-diplomatica del documento ha dimostrato però che le sottoscrizioni non risalgono al sec. XIV come sosteneva il Nitti Di Vito, ma che esse sono coeve alla carta rilasciata il 25 giugno 1066[70]. Anche il fatto che il sigillo fosse aggiunto probabilmente solo in epoca posteriore non può mettere in dubbio l'autenticità del documento[71].

Più complessi della questione dell'autenticità di questa carta conservatasi nell'originale, sono i problemi connessi con i diplomi ducali di Roberto il Guiscardo tramandati solo in copie o in estratti. Innanzitutto va corretta la data di due carte risalenti secondo il Ménager al 1060[72]: la donazione del castello di *Dordonum* con l'annessa chiesa di S. Pietro non avvenne il 1060 come è indicato erroneamente negli estratti e nei regesti conservatisi del documento, ma durante il pontificato di Alessandro II (1° ottobre 1061 - 21 aprile 1073)[73]. In questa carta vengono anche menzionate le spoglie dei fratelli di Roberto il Guiscardo sepolti a Venosa[74]. Siccome solo nel 1069 il Guiscardo fece trasferire a Venosa le spoglie dei suoi fratelli Guglielmo «Braccio-di-ferro» († 1046) e Drogone († 1051)[75], la menzionata donazione del castello di *Dordonum* avvenne forse nell'epoca tra il 1069 e il 1073.

L'altra carta di Roberto il Guiscardo edita dal Ménager con la data 1060 e contenente la donazione del castello di *Aquabella*[76], ci è stata tramandata con due date diverse: mentre il Prignano indica una volta come la data del documento il 1063[77] annotando però nelle successive menzioni come data il 1060[78], nei manoscritti derivanti dai *Notamenta* del Pagano e non dipendenti dal Prignano è indicata la data 1063[79]. La chiave per trovare la data giusta

[69] F. (NITTI) DI VITO, *Le pergamene di Barletta, Archivio Capitolare (897-1285)*, 1914 (Codice Diplomatico Barese 8), nr. 18 pp. 37-39, particolarmente p. 37.

[70] MAGISTRALE (cit. sopra alla nota 8) p. 344s.

[71] *Ibidem*.

[72] MÉNAGER, *Recueil* (cit. sopra alla nota 1), nr. 8-9 pp. 33-37.

[73] Ivi, nr. 8 p. 34: «Residente papa Alexandro II° in anno 1060...» (!).

[74] *Ibidem*: «... pro remedio anime patris et matris mee et comitum fratrum meorum ac aliorum parentum quorum corpora in monasterio sancte Trinitatis Venusii jacent sepulta».

[75] Cfr. ivi, nr. 20 pp. 80ss.

[76] Ivi, nr. 9 pp. 35-37.

[77] Brindisi, Bibl. De Leo ms. B 5, fol. 59v.

[78] Ivi, fol. 103v (ed. JURLARO, cit. sopra alla nota 4, p. 143 dove è indicato erroneamente 1057 invece di 1060); Roma, Bibl. Angelica ms. 276, fol. 139v, 141v.

[79] Roma, Bibl. Vaticana Ottob.lat.2647, fol. 50r; Napoli, Bibl. Naz. ms. Branc.IV.D.1 (Gittio), fol. 40r; ivi, ms. Branc.I.F.5 (Tutini), fol. 83r.

sta probabilmente nella spiegazione della contraddittorietà delle indicazioni del Prignano: nel suo primo estratto contenuto nel codice brindisino, il quale è da considerare come una raccolta di materiale dell'erudito salernitano, egli scrisse prima «1063»[80], poi però «1060» quando citò nello stesso codice più indietro lo stesso documento[81]. Quando, alcuni anni più tardi, il Prignano compilò la sua «Historia delle famiglie normande di Salerno»[82], egli riportò solo l'ultima data, cioè il 1060[83]. Siccome però, come abbiamo già rilevato, gli altri manoscritti che conservano il documento, indicano come data il 1063, e siccome anche Prignano originariamente aveva annotato questa data, essa mi sembra preferibile.

Un'altra carta rilasciata nel 1063 da Roberto il Guiscardo per il monastero venosino[84] è stata l'oggetto di accese discussioni tra gli studiosi[85]. L'interesse non fu suscitato dal contenuto giuridico del documento in cui il Guiscardo dona due chiese situate nel territorio di Ascoli Satriano e il vicino territorio di Corneto (prov. Foggia), ma dall'elenco dei testimoni. Qui destava meraviglia innanzitutto la presenza dell'arcivescovo Ursone di Bari dato che il suo predecessore Andrea è attestato in carica fino al 1066[86]. È del resto anche impossibile che l'arcivescovo Arnaldo di Acerenza che iniziò il suo presulato tra l'aprile e il dicembre del 1067[87], fosse presente come arcivescovo già nel 1063. Gli altri testimoni menzionati, incluso il conte Ruggero (I) di Sicilia la cui presenza in Puglia nel 1063 è attestata[88], non danno però adito a sospettare dell'autenti-

---

[80] Come sopra nota 77.

[81] Come sopra nota 78.

[82] Roma, Bibl. Angelica mss. 276-277; cfr. sopra p. 132.

[83] Come sopra nota 78.

[84] MÉNAGER, *Recueil* (cit. sopra alla nota 1), nr. 13 pp. 60-62.

[85] F. UGHELLI, *Italia sacra sive de episcopis Italiae et insularum adiacentium*, VII, 1659, col. 221; 2.ed. a cura di N. COLETI, VII, 1721, col. 169; DI MEO (cit. sopra alla nota 27) 8 (1803) p. 38; CRUDO (cit. sopra alla nota 4), p. 126s. nota 1; F. CARABELLESE, *L'Apulia ed il suo comune nell'alto medioevo*, 1905 (Commissione provinciale di archeologia e storia patria. Documenti e monografie 7), p. 242; F. NITTI DI VITO, *La ripresa gregoriana di Bari (1087-1105) e i suoi riflessi nel mondo contemporaneo politico e religioso*, 1942 (Documenti e monografie della R. Deputazione di Storia Patria per la Puglia N.S. 25), p. 84; G. ANTONUCCI, *Le aggiunte interlineari all'Exultet del duomo di Bari*, in «Japigia», 14 (1943), pp. 166-173, particolarmente p. 169; F. BABUDRI, *Le note autobiografiche di Giovanni arcidiacono barese e la cronologia dell'arcivescovato di Ursone a Bari (1078-89)*, in «Archivio Storico Pugliese», 2 (1949), pp. 134-146, particolarmente p. 135; MÉNAGER, *Les fondations* (cit. sopra alla nota 3), p. 43s.

[86] Andrea partì nel 1066 per un viaggio a Costantinopoli (e non ritornò più a Bari): *Anonimi Barensis Chronicon*, ed. L.A. MURATORI, *Rerum Italicarum Scriptores*, V, 1724, p. 152s.; cfr. V. VON FALKENHAUSEN, *Bari bizantina: profilo di un capoluogo di provincia (secoli IX-XI)*, in: *Spazio, società, potere nell'Italia dei Comuni*, a cura di G. ROSSETTI, 1986 (Europa mediterranea, Quaderni 1), pp. 195-227, particolarmente pp. 220ss.

[87] Cfr. *Italia Pontificia* 9 (cit. sopra alla nota 6), pp. 456, 461.

[88] Cfr. CHALANDON (cit. sopra alla nota 27), I, p. 203.

cità del documento[89]. Sembra dunque forse un po' troppo duro il verdetto di Walther Holtzmann secondo cui «nominibus huius chartae nulla fides tribuenda est»[90]. Indubbiamente interpolati mi sembrano solo i nomi degli arcivescovi di Acerenza e di Bari. Per ora vorrei lasciare aperto il problema se il contenuto giuridico della carta è genuino.

Considerate come falsificazioni furono anche due altre carte di Roberto il Guiscardo, rilasciate nel 1074 e nel 1076[91], in quanto tra i testimoni è menzionato l'arcivescovo Ursone di Bari, il quale solo nel giugno 1080 fu trasferito da Rapolla, dove egli era stato vescovo, a Bari «per potentiam et voluntatem ducis Roberti (scil. Guiscardi)»[92]. Tutti gli altri testimoni, ad eccezione di Ursone, sono però ben compatibili con le date del 1074 e del 1076. Dal contenuto giuridico delle carte finora non si è potuto evidenziare nessun argomento convincente contro la loro autenticità. Se non si vuole supporre un'interpolazione posteriore del nome di Ursone in un elenco di testimoni del resto genuino, si potrebbe prendere in considerazione la seguente spiegazione: dopo che nel 1072/73 è attestato un *Petrus electus*[93] manca nelle fonti baresi che per quest'epoca non sono scarse, qualsiasi notizia su un arcivescovo barese fino al giugno 1080, cioè fino al trasferimento di Ursone. Non è dunque da escludere — e per questa tesi la presenza di Ursone nelle carte venosine del 1074 e del 1076 sarebbe un indizio — che Roberto il Guiscardo, dopo che non era stato raggiunto nessun accordo con Gregorio VII, intorno al 1073/74 avesse deciso di propria autorità (e dunque illegalmente) il trasferimento del suo stretto collaboratore Ursone sulla importante sede arcivescovile di Bari. Solo dopo il miglioramento dei suoi rapporti con il papato egli avrebbe ritrattato (verso la fine del 1079) il suo atto, che era stato canonicamente illegale, riconoscendo in questa materia l'autorità pontificia[94]. In seguito a ciò il papa avrebbe concesso poi nel giugno 1080, cioè nell'ambito dell'accordo di Ceprano, il trasferimento di Ursone desiderato dal Guiscardo.

---

[89] Su questo punto ritornerò più dettagliatamente in altra sede.

[90] *Italia Pontificia* 9 (cit. sopra alla nota 6), p. 456 nr. 4.

[91] V. sotto pp. 179-183 doc. nr. 1-2.

[92] Historia inventionis S. Sabini, Acta Sanctorum, Febr. II, 1864, p. 330. - Per Urso cfr. recentemente VON FALKENHAUSEN (cit. sopra alla nota 86) p. 223s. Sulle date biografiche di Ursone (probabilmente vescovo di Rapolla fino al giugno 1080) e dei primi vescovi di Rapolla ritornerò più dettagliatamente in altra sede.

[93] Cod. Dipl. Barese 1 (cit. sopra alla nota 64), nr. 28 p. 51 (1073 del computo bizantino = 1° sett. 1072 - 31 ag. 1073); cfr. A. PERTUSI, *Ai confini tra religione e politica. La contesa per le reliquie di San Nicola tra Bari, Venezia e Genova*, in «Quaderni medievali», 5 (giugno 1978), pp. 6-56, particolarmente p. 18 nota 30.

[94] In questo senso sarebbe da interpretare la carta del dicembre 1079 (cit. sopra alla nota 57) nella quale Urso appare come vescovo di Rapolla in presenza di Roberto il Guiscardo e del mediatore papale, cioè dell'abate Desiderio di Montecassino.

In sospetto di essere state falsificate potrebbero stare a prima vista anche due altre carte venosine del 1077 e del 1091, perché in esse è menzionato (nella tradizione del Caracciolo) un vescovo Maroldo di Pisticci (prov. Matera)[95]. Pisticci non è però mai stata sede vescovile, anzi essa apparteneva alla diocesi di Acerenza e più tardi di Matera. Si può però facilmente evidenziare che si tratta solo di un errore dovuto al Caracciolo o al Cenna il quale trascrisse erroneamente *Pistizii* o *Pisticii* invece di *Pestano* o *Pestanus*: il vescovo Maroldo di Pesto-Capaccio è attestato nel 1071 ed egli morì il 29 maggio 1097[96]. Le chiese menzionate nelle citate carte appartengono infatti a questa diocesi[97].

Unanimamente considerata come falsa fu dagli studiosi la carta venosina, rilasciata il 29 ottobre 1081 da Ruggero Borsa[98], e dunque non inserita dal Ménager nel suo *Recueil*. Il testo di questo documento era stato pubblicato da Ferdinando Ughelli nel settimo volume dell'*Italia sacra* «ex Tabulario ejusdem Ecclesiae (scil. Venusinae)»[99]. L'Ughelli aveva ricevuto il testo di questa carta, non menzionata né dal Pagano né dal Prignano, probabilmente da uno dei suoi numerosi corrispondenti[100]. Siccome il testo dell'Ughelli contiene alcuni errori, Alessandro Di Meo dichiarava la menzionata carta come falsificata[101]. Come prova della falsità valevano per il Di Meo innanzitutto il nome del notaio (Rinaldo invece di Ursone) e il suo titolo impossibile di «regius comes». Inoltre lo irritava la data del «29 ottobre 1082» (invece di 1081) perché nella carta si accenna a una vittoria di Roberto il Guiscardo ottenuta poco tempo fa, vitto-

---

[95] Caracciolo (cit. sopra alla nota 18), fol. 3v: «Idem abbas (scil. Berengarius) in anno MLXXVII de mense decembri obtinuit a Raynaldo de Malaconventia comite Marsici ecclesiam S. Mariae et S. Ioannis de fontibus necnon ecclesias S. Nicolai de Sala et ecclesiam S. Mariae de Oliva et in civitate Marsici alteram ecclesiam S. Mariae et alteram S. Ioannis et alteram S. Agathe cum omnibus que erant de ipsarum pertinentiis tam in agris, vineis, pascuis, aquis et c(etera) que omnia confirmata fuere ad ipsius comitis instantiam a Maroldo episcopo Pistizii (!) ut pote posita in ipsius diecesi.» Ivi, fol. 5r: «In anno sexto ducatus inclyti Rogerii, qui erat MXCI, XIV. indict(ione), venerabilis episcopus Pisticii (!) pro amore Iesu Christi donat et concedit Berengario abbati venusino ecclesias S. Mariae, S. Ioannis, S. Petri, Fontium, S. Nicolai, S. Agathe et S. Mariae de Olea positas in castro Sale; et in Monterano ecclesiam S. Felicis, et in Vignalibus ecclesiam S. Mariae et S. Zaccarie cum omnibus earumdem dependentiis».

[96] *Italia Pontificia* 8, a cura di P.F.Kehr, 1935, p. 368; D. Girgensohn, *Miscellanea Italiae pontificiae. Untersuchungen und Urkunden zur mittelalterlichen Kirchengeschichte Italiens, vornehmlich Kalabriens, Siziliens und Sardiniens (zugleich Nachträge zu den Papsturkunden Italiens XI)* 1. Hälfte, 1974 (Nachrichten der Akademie der Wissenschaften in Göttingen, I. Phil.-Hist. Klasse Nr. 4), p. 148 nota 36.

[97] Cfr. *Rationes decimarum Italiae nei secoli XIII e XIV. Campania*, a cura di M. Inguanez, L. Mattei Cerasoli, P. Sella, 1942 (Studi e testi 97), p. 459s.

[98] Cfr. Ménager, *Les fondations* (cit. sopra alla nota 3), p. 47s. nota 112.

[99] Ughelli, 2.ed., VII (cit. sopra alla nota 85), col. 170.

[100] La copia incompleta realizzata dal Tutini (Napoli, Bibl. Naz. ms. Branc.I.F.5, fol. 170r) deriva sicuramente da Ughelli, 1.ed., VII (cit. sopra alla nota 85), col. 222.

[101] Di Meo (cit. sopra alla nota 27), VIII, 1803, p. 212s.

ria senz'altro da identificare con la battaglia di Durazzo del 18 ottobre 1081[102]. Recentemente si è però trovato nel «Dictionarum universale» del Caracciolo un testo migliore della carta[103]. Alla fine del documento invece di «Hanc cartham scripsit Rinaldus Protonotarius regius comes» è da leggere «Hanca cartam scripsi ego Grimoaldus protonotarius. Rogerius comes»[104]. Il notaio Grimoaldo è attestato in altre carte di Ruggero Borsa sin dal 1086[105]. L'inizio della sua attività può dunque essere anticipato di cinque anni. Anche la data della carta non può essere addotta contro l'autenticità del documento. La data «29 ottobre 1082» è calcolata secondo il computo bizantino, secondo cui l'anno inizia il 1° settembre precedente il nostro inizio dell'anno; la citata data corrisponde dunque al 29 ottobre 1081[106].

Come falsa è stata considerata dal Ménager anche una carta di donazione che Roberto di Principato avrebbe rilasciato nel 1090 a favore dell'abbazia venosina[107]. La prova della falsità del documento era per lo stesso studioso il nome del destinatario della donazione, cioè di Pietro (I) abate di Venosa, diventato abate solo nel 1096[108]. Il Ménager si basava però solo su un estratto del documento stampato dal Crudo e risalente al Di Meo il quale da parte sua si era basato su Rocco Pirri[109]. Già il Crudo sospettando a causa della menzione dell'abate Pietro un errore nella *datatio* aveva cercato invano l'estratto del documento nella raccolta del Gittio[110]. Quando il Crudo però trovò nello stesso codice alla data 1098 (nov. 1098 del computo bizantino = nov. 1097) un estratto di una carta rilasciata dallo stesso Roberto, il cui contenuto giuridico era identico a quello del documento riportato dal Pirri e dal Di Meo alla data 1090, egli si accorse che si trattava probabilmente dello stesso documento e che la data erronea del 1090 invece del 1098 era dovuta al Pirri rispettivamente al Di Meo[111].

Giustamente indicata come falsa fu dal Ménager invece la carta del maggio

---

[102] Cfr. CHALANDON (cit. sopra alla nota 27), I, p. 270s.

[103] Cfr. HERKLOTZ, *Il Chronicon* (cit. sopra alla nota 17), p. 417s.

[104] Caracciolo (cit. sopra alla nota 18), fol. 4r; v. sotto p. 185s., doc. nr. 3.

[105] Cfr. ENZENSBERGER (cit. sopra alla nota 1), p. 42; MÉNAGER, *Recueil* (cit. sopra alla nota 1), nr. 46 p. 170.

[106] Ciò è sfuggito a HERKLOTZ, *Il Chronicon* (cit. sopra alla nota 17), p. 418.

[107] MÉNAGER, *Les fondations* (cit. sopra alla nota 3), p. 47.

[108] Cfr. HOUBEN, *Il «libro del capitolo»* (cit. sopra alla nota 4), p. 37.

[109] CRUDO (cit. sopra alla nota 4) p. 188; DI MEO (cit. sopra alla nota 27), VIII, 1803, p. 315 con riferimento a R. PIRRI, *Sicilia Sacra*, 3.ed. a cura di V.M. AMICO e A. MONGITORE, 1733.

[110] CRUDO (cit. sopra alla nota 4) p. 188 nota 3.

[111] Ivi, p. 195 con nota 1. - L'errore del Ménager è tanto più sorprendente in quanto egli stesso aveva edito la carta del 1098 (1097) da due altri mss.: MÉNAGER, *Les fondations* (cit. sopra alla nota 3), app. nr. 23 p. 97s. Il testo riportato *ibidem* come «B.a)» non deriva dal Prignano come fa pensare l'indicazione «RDTV., fol° 12, col. 3», ma dal Vat. Ottob. lat. 2647, fol. 52r!

1097 con la quale Ruggero Borsa donava all'abate venosino Berengario, deceduto il 24 dicembre del 1095 (o del 1096) il monastero di S. Elia in Brahalla (Altomonte; prov. Cosenza)[112]. *Terminus ante quem* per la falsificazione della carta è l'agosto 1267, data in cui una copia della carta fu autenticata dal giudice regio Giacomo di Venosa[113]. Insieme con questa carta fu anche confermata una carta rilasciata da Ruggero Borsa nel maggio 1086, la cui autenticità è senza dubbio e la quale era stata inserita in un falso diploma regio di Guglielmo II di Sicilia del 1189[114]. È stata dunque espressa la supposizione che la carta autentica di Ruggero del maggio 1086 fosse servita (al falsificatore) come modello per la confezione della carta falsa attribuita al 1097[115].

Discussa è l'autenticità di una carta del 1119 nella quale Alberada, signora di Colobraro e di Policoro (prov. Matera)[116], dona al monastero venosino su richiesta dell'abate Ugo un ponte sul fiume Agri e la chiesa e l'ospizio di S. Maria di Scanzano (Montalbano Ionico)[117]. Siccome S. Maria di Scanzano è

---

[112] G. DEL GIUDICE, *Codice Diplomatico del Regno di Carlo I° e II° d'Angiò*, 1863, app. I nr. 10 p. XXVs.; da questa edizione riportata presso CRUDO (cit. sopra alla nota 4) pp. 193, 288s. - Per la data precisa della morte di Berengario v. sopra p. 93 note 48 e 49.

[113] DEL GIUDICE (cit. sopra alla nota 112) p. XXV.

[114] Ivi, pp. XXV-XXVII. Cfr. ENZENSBERGER (cit. sopra alla nota 1) p. 59, il quale sulla base del nome del notaio supponeva che per la falsificazione del diploma del 1189 ci si fosse servito di un diploma autentico del 1166/67. Cfr. anche ID., *Il documento regio come strumento del potere*, in: *Potere, società e popolo nell'età dei due Guglielmi*. Atti delle quarte giornate normanno-sveve (Bari - Gioia del Colle, 8-10 ott. 1979), 1981, p. 126 nota 116. La citata supposizione dell'Enzensberger può adesso essere precisata sulla base di nuove fonti: riferimenti al perduto originale si sono conservati presso Caracciolo (cit. sopra alla nota 18), fol. 10v (ed. HERKLOTZ, *Il Chronicon*, cit. sopra alla nota 17, p. 426 nota 94), presso Prignano, e su un foglio singolo (da mano non identificata del sec. XVII/XVIII circa) inserito posteriormente nel ms. Napoli, Bibl. Naz. X.D.3 contenente la *Cronaca Venosina* del Cenna. Roma, Bibl. Angelica ms. 277 (Prignano), fol. 100v: «1167. Guglielmo con la Regina Margherita sua madre donano un stabile su quel di Lavello, a Egidio eletto abbate, ma non ancora consecrato, del Monistero della Trinità di Venosa, in Palermo per mano di Riccardo Notaio.» Il Prignano cita in margine come fonte: «1167. Arch(ivio) della Trin(ità) di Venosa, fra le scrit(ture) sciolte.» Napoli, Bibl. Naz. ms. X.D.3, fol. 42r: «Nell'anno 1166 fu eletto Abbate Egidio Cellerario di Fossanova, mandato dal Re e dal Papa Alessandro Terzo, e quest'Abbate essendosi un giorno presentato alla presenza del Re Guglielmo ottenne in dono da quello un pezzo di territorio sito nelle pertinenze di Lavello nell'Aufido, quale fu dato secondo il desiderio di detto Abbate.» *Terminus ante quem* per l'emanazione del diploma è il dicembre 1167 quando la corte regia si trasferiva da Palermo a Messina (dove rimaneva fino al 12 marzo 1168; v. CHALANDON, cit. sopra alla nota 27, II, pp. 331, 336). Siccome Egidio è menzionato nel diploma come «eletto abbate, ma non ancora consecrato» e siccome egli ricevette l'11 settembre 1167 una bolla di Alessandro III (cfr. *Documenti pontifici*, cit. sopra alla nota 20, parte II cap. 5 nr. 21) essendo dunque probabilmente già consacrato dal papa, il *terminus ante quem* può essere anticipato probabilmente a questa data. La data precisa dell'elezione di Egidio ad abbate non è nota. La data 1166 indicata nel ms. Napoli, Bibl. Naz. X.D.3 non mi sembra necessariamente attendibile.

[115] MÉNAGER, *Les fondations* (cit. sopra alla nota 3), p. 47 nota 111.

[116] Per Alberada cfr. HOUBEN, *Il «libro del capitolo»* (cit. sopra alla nota 4), p. 145.

[117] MÉNAGER, *Les fondations* (cit. sopra alla nota 3), app. nr. 31 p. 103s.

menzionato nel maggio 1110 tra i possedimenti dell'abbazia di S. Anastasio di Carbone[118] e fu donata nel 1118 dalla stessa Alberada nuovamente all'abate Nilo e al monaco Tristano, entrambi di Carbone[119], il Ménager ritenne la menzionata carta di donazione di Alberada per il monastero venosino come «pour le moins suspect et, en tous cas, fort étrange»[120]. Le cose sono però ancora più complicate: anche le carte menzionate provenienti da Carbone non sono senza sospetto essendo, in carte provenienti da Pisticci, però anch'esse sospette di falsità, S. Maria di Scanzano già nel 1095 stata donata al monastero di S. Maria di Pisticci da parte della stessa Alberada e del suo primo marito Ruggero di Pomareda; quest'ultima donazione del 1095 era stata confermata nel 1104 da Ruggero Borsa e poi rinnovata nel 1113 da Riccardo Senescalco e da sua moglie Alberada[121].

Forse è possibile risolvere i problemi relativi a S. Maria di Scanzano correggendo, seguendo la tradizione del Caracciolo, la data della carta di donazione rilasciata da Alberada per il monastero venosino da marzo 1118 in marzo 1119[122]. Senza approfondire il complesso problema dei falsi diplomatici provenienti da Pisticci[123] proponiamo la seguente soluzione: Alberada e Riccardo Senescalco donarono nel 1118 S. Maria di Scanzano all'abate Nilo e al monaco Tristano di Carbone[124]. Nel marzo 1119 l'abate venosino Ugo suggeriva ad Alberada la quale meditava già da tempo come attraverso una donazione «vitam

---

[118] W. HOLTZMANN, *Papst-, Kaiser- und Normannenurkunden aus Unteritalien*, in «Quellen und Forschungen aus italienischen Archiven und Bibliotheken», 36 (1956), doc. nr. 6 p. 55s.

[119] Ivi, nr. 7 p. 57s.

[120] MÉNAGER, *Les fondations* (cit. sopra alla nota 3), p. 103 nota 33. Il Ménager accennava anche al fatto che S. Maria di Scanzano nel 1124 fu donata nuovamente all'abate Nilo di Carbone da parte di Boemondo II: v. G. ROBINSON, *History and Cartulary of the Greek Monastery of St. Elias and St. Anastasius of Carbone*, 2. *Cartulary*, 1929 (Orientalia Christiana 15,2), doc. nr. XXVI pp. 246-251.

[121] G. GUERRIERI, *Il conte normanno Riccardo Siniscalco (1081-1115) e i monasteri benedettini Cavesi in Terra d'Otranto*, 1899, nr. 23 pp. 95-99; cfr. HOLTZMANN (cit. sopra alla nota 118), p. 53s. - Per S. Maria di Pisticci e per S. Maria di Scanzano cfr. adesso: *Monasticon Italiae*, 3: *Puglia e Basilicata*, a cura di G. LUNARDI, H. HOUBEN e G. SPINELLI, 1986, pp. 193, 190s.

[122] Caracciolo (cit. sopra alla nota 18), fol. 7r: «Etiam Abderada, uxor Riccardi Seneschalli [...] in anno MCXIX, ind(ictione) XI, desiderans aliudque Deo gratum facere, dum laudatus Hugo abbas esset in eius presentia...» Gli elementi cronologici della *datatio* non coincidono: all'anno 1119 corrisponde l'indizione XII. Ma anche gli elementi cronologici della *datatio* tramandataci dal Prignano (1118, marzo, ind. XII) non sono in armonia tra di loro: all'anno 1118 corrisponde l'indizione XI. Siccome nell'escerto della carta fatta dal Prignano sulla base del *Chronicon Venusinum* è indicato solo «marzo, ind. XII», mentre l'anno 1118 fu annotato in margine del citato escerto [Roma, Bibl. Angelica ms. 277, fol. 23v: «1118. Anon(onimo) Venosin(o) à car. 44»], vorrei proporre di emendare l'anno in 1119, data alla quale corrispondono gli elementi cronologici «marzo, ind. XII». Di conseguenza si dovrebbe correggere l'indizione indicata dal Caracciolo da XI in XII.

[123] Cfr. sopra nota 2.

[124] Come sopra nota 119.

eternam posset acquirere quam optaverat», di donare al cenobio venosino il ponte sul fiume di Agri e la chiesa e l'ospizio di S. Maria di Scanzano[125]. Alberada acconsentiva richiedendo però dall'abate Ugo che il menzionato monaco Tristano, anche dopo la donazione di S. Maria di Scanzano a Venosa, potesse rimanere fino alla fine della sua vita «in custodia loci memorati»[126]. Sembra però che S. Maria di Scanzano, qualche anno dopo, avesse cambiato nuovamente il proprietario venendo nuovamente in possesso dell'abbazia di Carbone[127]. Anche in seguito il possesso della menzionata chiesa era contestato: da una bolla papale di Onorio III del 27 febbraio 1225 sappiamo di una lite tra le abbazie di Carbone e di Pisticci sul possesso di S. Maria di Scanzano[128].

Finora ingiustamente considerata falsa è stata una carta con la quale Tancredi di Conversano confermò nel luglio 1131 all'abate venosino Graziano una chiesa[129]. Nell'ambito di una recente riesamina della cronotassi degli abati della SS. Trinità di Venosa l'abate Graziano, la cui esistenza era stata ritenuta per dubbia, è stato «riabilitato»[130], mentre sappiamo adesso che il suo predecessore Ugo, ritenuto ingiustamente per l'autore delle «Vitae quatuor priorum abbatum Cavensium»[131], fu destituito nel 1130 dal papa a causa della dissipazione dei beni del monastero[132].

Rimane in fine da costatare che anche se a Venosa come altrove nel medioevo non era ignota l'arte della falsificazione, l'abbazia venosina particolarmente preferita da Roberto il Guiscardo, non era, a differenza di alcuni cenobi vicini che abbiamo già menzionato, tra i «grandi centri di falsificazione» dell'Italia meridionale. È probabile che il monastero venosino, quando le istituzioni

---

[125] Cfr. MÉNAGER, *Les fondations* (cit. sopra alla nota 3), app. nr. 31 p. 104 (secondo il Prignano il quale si basava sulla cronaca): «Albereda, uxor Riccardi Senescalchi, domini comitis Drogonis filii, annuente Deo Colubrarii, Policorii et aliorum castrorum domina, intra se cogitans et diu optans ut devote posset Deo placere pro quolibet beneficio quod offeret alicui loco sanctissimo et religioso, ut vitam eternam posset acquirere quam optaverat, quadam namque die, dum hec meditaretur, accidit quod Ugo, venerabilis abbas, ad ipsam nobilem mulierem visitandam accessit...».

[126] *Ibidem*.

[127] V. sopra nota 120.

[128] *Regesta Honorii papae III*, ed. P. PRESSUTTI, 1888-95, nr. 5343; cfr. HOLTZMANN (cit. sopra alla nota 118) p. 59.

[129] MÉNAGER, *Les fondations* (cit. sopra alla nota 3), app. nr. 35 p. 108.

[130] Cfr. HERKLOTZ, *Il Chronicon* (cit. sopra alla nota 17), p. 422s.

[131] V. sotto pp. 167-175.

[132] HERKLOTZ, *Il Chronicon* (cit. sopra alla nota 17), p. 422; cfr. sopra p. 114 nota 10 e sopra p. 95.

ADDENDA (1987): Solo quando il presente studio era già andato in stampa sono venuto a conoscenza del lavoro di C. CARLONE, *Falsificazioni e falsari cavensi e verginiani del secolo XIII*, Altavilla Silentina 1984 (Edizioni Studi Storici Meridionali 8), di cui non condivido alcune tesi azzardate sulle quali ritornerò in altra sede.

ecclesiastiche dovevano giustificare nel sec. XIII i loro possessi alla corte angioina a Napoli, possedeva ancora sufficienti titoli giuridici, e che esso solo qualche volta come nel menzionato caso del 1267, cioè all'inizio dell'epoca del dominio di Carlo I d'Angiò (1265-85), era costretto a commettere falsificazioni per assicurarsi la conservazione dei suoi possedimenti.

Parte terza:

Prospettive benedettine

Capitolo primo

I cosiddetti «Libri Vitae» di Montecassino, di Subiaco e di Polirone: problemi terminologici e metodologici*

Nelle recenti ricerche sul monachesimo cluniacense in Italia il *Liber Vitae* di Polirone attraeva in modo particolare l'interesse degli studiosi. Come è noto, il suo luogo d'origine, l'abbazia di S. Benedetto di Polirone vicino a Mantova, era uno dei monasteri preferiti dalla contessa Matilde. Nel gennaio del 1077 il monastero polironense sentiva il respiro di eventi di importanza fondamentale che ebbero conseguenze al di là del medioevo: nel pieno della famosa «lotta per le investiture», quando Gregorio VII, trovandosi a Canossa nel castello della contessa Matilde, liberò l'imperatore Enrico IV dalla scomunica, con la mediazione della stessa contessa e dell'abate Ugo di Cluny, si ebbe la sottomissione dell'abbazia di Polirone a quella di Cluny, sotto la protezione della Chiesa romana.

Si deve a Gina Fasoli l'aver diretto l'attenzione degli studiosi del monachesimo medioevale sul *Liber Vitae* di Polirone: nel suo importante saggio sui monasteri padani nei secoli X-XII metteva in evidenza l'importanza di questa testimonianza, caratterizzandola come «un elenco di tutti i *familiares* del monastero, ... partecipi del merito delle preghiere e delle buone opere della comunità»[1].

Il *Liber Vitae* inserito in un evangeliario pervenuto nel sec. XIX in Inghilterra[2], divenne nel 1912 proprietà della Pierpont Morgan Library di

* Pubblicato con il titolo *Il cosiddetto 'Liber Vitae' di Polirone: problemi terminologici e metodologici* in *L'Italia nel quadro dell'espansione europea del monachesimo cluniacense*. Atti del Convegno internazionale di storia medievale (Pescia, 26-28 novembre 1981), a cura di C. Violante, A. Spicciani, G. Spinelli, Cesena 1986 (Italia Benedettina 8), pp. 187-198.

[1] G. Fasoli, *Monasteri padani*, in *Monasteri in alta Italia dopo le invasioni saracene e magiare (sec. X-XII)*. XXXII Congresso Storico Subalpino, III Convegno di Storia della Chiesa in Italia (Pinerolo 6-9 sett. 1964), Torino 1966, pp. 175-198, particolarmente p. 191.

[2] Cfr. G. Waitz, *Handschriften in Englischen und Schottischen Bibliotheken (Fortsetzung)*, in «Neues Archiv der Gesellschaft für ältere deutsche Geschichtskunde», 4 (1879), pp. 583-625, particolarmente p. 591.

New York[3]. La prima edizione del *Liber Vitae* con facsimili venne curata da Sir George Warner nel 1917[4], mentre alcuni anni più tardi, nel 1927, in Italia Angelo Mercati ne dava un'ulteriore edizione ripubblicata, poi, nel 1951[5]. Nonostante ciò questa testimonianza importante non godeva di particolare interesse da parte dei medievisti prima del citato studio della Fasoli.

Dopo la Fasoli fu Hansmartin Schwarzmaier nel 1968, ad occuparsi del *Liber Vitae* in un articolo inserito in un volume in onore di Gerd Tellenbach, suo maestro, in occasione del 65° compleanno[6]. Lo Schwarzmaier supponeva che il *Liber Vitae* di Polirone, concepito come un prodotto della spiritualità cluniacense, non rispettò in pieno nella realizzazione lo spirito della commemorazione dei morti[7]. L'allievo del Tellenbach considerava il *Liber Vitae* non come appendice all'evangeliario, ma come parte a sè stante[8]. Schwarzmaier sosteneva che secondo il prologo del *Liber Vitae* si sarebbero dovuti iscrivere nello stesso anche i nomi dei membri delle comunità in rapporto con il monastero polironense. Di conseguenza l'omissione di tali nomi meravigliò non poco il menzionato studioso.

Sostenendo che i *familiares* menzionati nel prologo (*universa familiarium nostrorum in eo conscripta nomina*) erano divisi in due categorie, quelli che avevano prestato il giuramento di *fidelitas* e quelli che non l'avevano fatto, lo Schwarzmaier considerava i *fideles* della prima parte dell'elenco come vassalli della contessa Matilde e i *familiares* della seconda parte come dipendenti del monastero[9].

Questa interpretazione del *Liber Vitae* di Polirone, che lo stesso studioso

---

[3] Per la storia del codice cfr. MERCATI (cit. sotto alla nota 5) pp. 216-218.

[4] *Gospels of Matilda, countess of Tuscany 1055-1115. Nineteen plates in gold and colour and twelve in monochrome from the manuscript in the library of John Pierpont Morgan, with introduction by* SIR GEORGE WARNER, New York (The Roxburghe Club) 1917.

[5] A. MERCATI, *L'evangeliario donato dalla contessa Matilde al Polirone*, in «Atti e Memorie della R. Deputazione di Storia Patria per le province modenesi», ser. 7a, vol. IV (1927), pp. 1-17; anche in: ID., *Saggi di storia e letteratura*, Roma 1951, pp. 213-227.

[6] H. SCHWARZMAIER, *Das Kloster S. Benedetto di Polirone in seiner cluniacensischen Umwelt*, in *Adel und Kirche. Gerd Tellenbach zum 65. Geburtstag dargebracht von Freunden und Schülern*, a cura di J. FLECKENSTEIN e K. SCHMID, Freiburg i.Br. - Basel - Wien 1968, pp. 280-294; (traduzione inglese nella raccolta curata da N. HUNT, *Cluniac Monasticism in the Central Middle Ages*, London - Basingstoke 1971, pp. 123-142).

[7] Ivi p. 298. - Una nota critica riguardante la terminologia dello Schwarzmaier si deve a G.M. CANTARELLA, *Pietro venerabile, Cluny e i monasteri cluniacensi dell'Italia settentrionale: un altro aspetto della crisi del monachesimo nel XII secolo?*, in *Cluny in Lombardia*, vol. I: *Atti del Convegno di Pontida (22-25 aprile 1977)*, Cesena 1979 (Italia Benedettina 1/I), pp. 383-427, particolarmente p. 394s. nota 37.

[8] SCHWARZMAIER, *Das Kloster S. Benedetto di Polirone* (cit. sopra alla nota 6) p. 286.

[9] Ivi p. 289.

sosteneva anche in altra sede[10], fino a poco tempo fa non fu messa in dubbio[11].

Recentemente Cinzio Violante ha però proposto un'interpretazione diversa: partendo da una lucida analisi filologica del prologo, ha ritenuto che le persone iscritte nel *Liber Vitae* di Polirone non avessero avuto dei rapporti di natura giuridico-economica con il monastero, come aveva sostenuto lo Schwarzmaier, ma, invece, rapporti «di altra natura, spirituale»[12]. Accennando alle consuetudini cluniacensi il Violante metteva in evidenza il significato spirituale delle parole *familiares* e *fideles*. Secondo lo stesso studioso le persone iscritte nel *Liber Vitae* erano senz'altro laici, ai quali la comunità monastica polironense aveva permesso la partecipazione alla vita spirituale.

La prova di ciò sarebbe offerta dall'analisi del prologo, laddove con le parole *ut universa familiarium nostrorum in eo conscripta nomina divino semper conspectui praesententur*, dovrebbe essere chiara l'intenzione di iscrivere soltanto laici, perché questi — a differenza degli ecclesiastici — non avevano accesso all'altare. Naturalmente non si possono escludere rapporti giuridico-economici di questi laici con l'abbazia, ma questo — secondo il Violante — non cambierebbe la «natura religiosa dell'intero *Liber Vitae*»[13].

Finora si è parlato sempre del *Liber Vitae* di Polirone, mentre come dimostrerò in seguito sarebbe più esatto usare l'espressione «cosiddetto» *Liber Vitae*. Quali motivi possono mettere in dubbio il nome *Liber Vitae*? Prima di dare una risposta dobbiamo renderci conto dei problemi terminologici della tradizione commemorativa medioevale[14].

---

[10] H. Schwarzmaier, *Der Liber Vitae von Subiaco. Die Klöster Farfa und Subiaco in ihrer geistigen und politischen Umwelt während der letzten Jahrzehnte des 11. Jahrhunderts*, in «Quellen und Forschungen aus italienischen Archiven und Bibliotheken», 48 (1968), pp. 80-147, particolarmente pp. 131-133.

[11] Cfr. K. Schmid - J. Wollasch, *Societas et Fraternitas. Begründung eines kommentierten Quellenwerkes zur Erforschung der Personen und Personengruppen des Mittelalters*, Berlin - New York 1975, uscito anche in «Frühmittelalterliche Studien», 9 (1975), pp. 1-48, particolarmente p. 26; P. Piva, *Cluny e Polirone*, in *Cluny in Lombardia*, vol. I (cit. sopra alla nota 7) pp. 297-330, particolarmente p. 309s.

[12] C. Violante, *Per una riconsiderazione della presenza cluniacense in Lombardia*, in *Cluny in Lombardia*, vol. II: *Appendici ed Indici*, Cesena 1981 (Italia Benedettina 1/II), pp. 521-664, particolarmente p. 631.

[13] Ivi p. 634: «In ogni caso è da rilevare la stessa commistione di sacro e di profano, di religione e di giuridico-economico, di spirituale e di feudale». Ivi p. 632: «... questa fedeltà, pur essendo di carattere spirituale, assumeva forme feudali e poteva comportare impegni anche feudali».

[14] Fondamentali per lo studio delle fonti commemorative sono le ricerche della 'Tellenbach-Schule' di Friburgo i.Br.; cfr. fra l'altro: G. Tellenbach, *Liturgische Gedenkbücher als historische Quellen*, in *Mélanges Eugène Tisserant*, vol. V, Città del Vaticano 1964 (Studi e Testi 235), pp. 389-399; K. Schmid - J. Wollasch, *Die Gemeinschaft der Lebenden und Verstorbenen in Zeugnis-*

Le fonti che vengono chiamate 'commemorative' comprendono anzitutto libri liturgici redatti per la commemorazione dei vivi e/o dei morti durante la messa o durante l'ufficio di Prima nella sala del capitolo. Per quest'ultimo si usava un particolare codice, il 'libro del capitolo', del quale facevano parte i necrologi (o obituari). Questi necrologi — redatti in forma di calendari con i nomi dei defunti annotati nella data corrispondente alla morte — acquistavano una particolare importanza con il movimento cluniacense. Ma in questa sede non possiamo trattare di questi documenti recentemente chiamati «témoins de la vie clunisienne»[15]. Dobbiamo, invece, parlare dell'altro gruppo importante della tradizione commemorativa, i *Libri Vitae* o *Libri memoriales* o, per usare un'espressione tedesca *Gedenkbücher*, cioè libri commemorativi. Questi libri venivano usati durante la messa e traevano le loro origini dagli antichi dittici. Siccome generalmente nei necrologi sono iscritti singoli nomi e nei *Libri memoriales*, invece, intere liste o gruppi di persone, la commemorazione dei necrologi fu considerata come individuale distinguendola da quella collettiva dei *Libri memoriales*[15bis].

Adalbert Ebner, a cui dobbiamo il primo studio critico delle fonti commemorative, uscito nel 1890[16], distingue i *Libri Vitae* in tre gruppi:

1) i «dittici allargati», nei quali le persone sono iscritte secondo gli *ordines*, come quelli di S. Pietro in Salisburgo o di Durham in Inghilterra[17];

2) gli «irregolari *Libri Vitae*, inseriti in libri liturgici», che traggono le loro origini da iscrizioni di nomi o liste di nomi inserite in sacramentari o in evangeliari, come il cosiddetto *Liber Vitae* di S. Salvatore e S. Giulia in Brescia[18];

3) i «libri di affratellamento» o, per usare un'espressione latina, i *libri confraternitatum*[19], come quelli di Reichenau e di San Gallo, nei quali erano iscritte soprattutto intere comunità affratellate, e non singole persone.

Ma le categorie terminologiche dell'Ebner sono troppo schematiche e non tengono conto delle particolarità di ognuno di questi libri. Per esempio, nel

---

sen des Mittelalters, in «Frühmittelalterliche Studien», (1967), pp. 365-405; SCHMID - WOLLASCH, *Societas et Fraternitas* (cit. sopra alla nota 11) con ampia bibliografia.

[15] J. WOLLASCH, *Les Obituaires, témoins de la vie clunisienne*, in «Cahiers de civilisation médiévale», 22 (1979), pp. 139-171.

[15bis] SCHMID - WOLLASCH, *Societas et Fraternitas* (cit. sopra alla nota 11) pp. 32ss.

[16] A. EBNER, *Die klösterlichen Gebets-Verbrüderungen bis zum Ausgange des karolingischen Zeitalters. Eine kirchengeschichtliche Studie*, Regensburg - New York - Cincinnati 1890.

[17] Ivi pp. 97-106: «die erweiterten Diptychen».

[18] Ivi pp. 106-114: «unregelmässige *libri vitae* in liturgischen Büchern». - Sul *Liber memorialis* di S. Salvatore / S. Giulia in Brescia ha svolto la sua tesi di laurea il H. BECHER, *Studien zum Liber Vitae - Sakramentar von S. Salvatore / S. Giulia in Brescia. Mit einer Wiedergabe der Namen*. Phil. Diss. Freiburg i.Br. 1981.

[19] EBNER, *Die klösterlichen Gebets-Verbrüderungen* (cit. sopra alla nota 16) pp. 114-119: «die Verbrüderungsbücher».

Liber Vitae di S. Pietro in Salisburgo[20], originariamente concepito come dittico allargato, già nel nono secolo furono anche iscritte intere comunità affratellate, nonché persone o gruppi di persone, alle quali era stata concessa la commemorazione liturgica. Da ciò risulta che la schematica terminologia ebneriana è oggi da considerare insufficiente a compredere la complessità di queste testimonianze commemorative.

Nonostante ciò lo studio dell'Ebner rimane un classico dell'analisi della commemorazione liturgica, dal quale — più di mezzo secolo dopo — partivano gli studi di Gerd Tellenbach e dei suoi allievi[21]. Le ricerche fondamentali della *Tellenbach-Schule* mostravano l'importanza dei libri liturgici come fonti storiche. Si sviluppavano nuovi metodi di ricerca e di edizione di queste testimonianze. Ma il problema della terminologia non sembra ancora risolto.

Oltre i termini latini *liber vitae* e *liber memorialis*[22] si usano anche il termine italiano *memoriale*[23], e i termini tedeschi *Memorialbuch*[24] e/o *Gedenkbuch*[25], cioè libro commemorativo.

---

[20] Cfr. *Das Verbrüderungsbuch von St. Peter in Salzburg. Vollständige Faksimile-Ausgabe im Originalformat der Handschrift A 1 aus dem Archiv von St. Peter in Salzburg. Einführung*: K. FORSTNER, Graz 1974 (Codices Selecti 51).

[21] V. sopra nota 14.

[22] K. SCHMID, *Zur Problematik von Familie, Sippe und Geschlecht, Haus und Dynastie beim mittelalterlichen Adel. Vorfragen zum Thema "Adel und Herrschaft im Mittelalter"*, in «Zeitschrift für die Geschichte des Oberrheins», 105 N.F. 66 (1957), pp. 1-62, particolarmente p. 17: «Auch in anderen Codices dieser Art (sc. - Verbrüderungsbüchern -) finden sich verbrüderte Konvente neben Wohltätern, so dass diese Quellengattung sachgemässer *Libri memoriales* genannt werden sollte». TELLENBACH, *Liturgische Gedenkbücher* (cit. sopra alla nota 14); ID., *Der Liber Memorialis von Remiremont. Zur kritischen Erforschung und zum Quellenwert liturgischer Gedenkbücher*, in «Deutsches Archiv für Erforschung des Mittelalters», 25 (1969), pp. 64-110.

[23] G. TELLENBACH, *Uno dei più singolari libri del mondo: il manoscritto 10 della Biblioteca Angelica in Roma (Liber memorialis di Remiremont)*, in «Archivio della Società romana di Storia patria», 91 (1968) (uscito: 1970), pp. 29-43.

[24] G. TELLENBACH, voce *Memorialbücher*, in *Lexikon für Theologie und Kirche*, vol. VII, Freiburg i.Br.² 1962, col. 264-265; K. SCHMID, *Probleme der Erforschung frühmittelalterlicher Gedenkbücher*, in: SCHMID - WOLLASCH, *Die Gemeinschaft der Lebenden und Verstorbenen* (cit. sopra alla nota 14), pp. 366-389, particolarmente p. 366.

[25] SCHMID, *Zur Problematik von Familie* (cit. sopra alla nota 22) p. 17: «Aus dem Verbrüderungsbuch (sc. von Reichenau) ist mehr und mehr ein Gedenkbuch geworden.» TELLENBACH, *Liturgische Gedenkbücher* (cit. sopra alla nota 14); ID., *Der Liber Memorialis von Remiremont* (cit. sopra alla nota 22); SCHMID - WOLLASCH, *Societas et Fraternitas* (cit. sopra alla nota 11); O.G. OEXLE, *Memoria und Memorialüberlieferung im früheren Mittelalter*, in «Frühmittelalterliche Studien», 10 (1976), pp. 70-95, particolarmente p. 70: «Libri Memoriales (Libri Vitae, Gedenkbücher, Verbrüderungsbücher) und Nekrologien, die hervorragenden Zeugen der Memorialüberlieferung des früheren Mittelalters...»; K. SCHMID, *Gedenk- und Totenbücher als Quellen*, in: *MittelalterlicheTextüberlieferungen und ihre kritische Aufarbeitung. Beiträge der Monumenta Germaniae Historica zum 31. Deutschen Historikertag Mannheim 1976*, München 1976, pp. 76-85, particolarmente p. 76: «Die Unterscheidung von Gedenk- und Totenbüchern ist darin gegeben, dass Gedenkbücher (Memorial-

Chi non si occupa in modo particolare della tradizione commemorativa può così avere l'impressione di una certa confusione nella terminologia di tali fonti[26].

Come si può risolvere il problema terminologico? Nelle fonti medioevali non si trova una terminologia precisa per le testimonianze commemorative: queste sono indicate con termini diversi secondo l'ambito e il contesto.

Il problema della terminologia delle fonti commemorative si può, a mio avviso, risolvere soltanto in modo prammatico. Si dovrebbero scegliere termini univoci che non diano adito a fraintendimenti. Il termine *Liber Vitae* mi sembra non adatto come termine tecnico per un tipo di fonti medioevali, perché già utilizzato come termine teologico. Il profondo studio di Leo Koep mostrò, che nella teologia medioevale *Liber Vitae* significava innanzitutto il libro celeste della vita eterna, libro, nel quale Dio ha registrato le persone che sono destinate alla salvezza[27].

Nonostante che nelle fonti medioevali si trovi il termine *Liber Vitae* per libri commemorativi[28], mi sembra che *Liber memorialis* sia tecnicamente più

---

oder Verbrüderungsbücher) in der Regel Gruppeneinträge von Lebenden und/oder Verstorbenen enthalten, während Totenbücher (Necrologien) im allgemeinen kalendarisch geordnete Einzeleinträge von Verstorbenen verzeichnen». Id., *Wege zur Erschliessung des Verbrüderungsbuches*, in: *Das Verbrüderungsbuch der Abtei Reichenau (Einleitung, Register, Faksimile)*, a cura di J. Autenrieth, D. Geuenich e K. Schmid, Hannover 1979 (MGH, *Libri memoriales et Necrologia*, Nuova Series I), pp. LX-CI, particolarmente p. LX: «Das Reichenauer Verbrüderungsbuch diente einem liturgischen Zweck: dem des Gebetsgedächtnisses. Bücher dieser Art werden daher auch Memorial- oder Gedenkbücher genannt. Das Gebetsgedenken sollte allen, die darin eingeschlossen waren, dazu verhelfen, das Seelenheil zu erlangen und zu sichern. Daher hielt man das Verbrüderungs- oder Gedenkbuch für das 'Buch des Lebens', den *liber vitae* oder *liber viventium*, und bezeichnete es nicht selten auch so.» - G. Constable, *The 'Liber Memorialis' of Remiremont*, in «Speculum», 47 (1972), pp. 261-277, usa accanto all'espressione *«liber memorialis»* anche il termine inglese «commemoration-book».

[26] N. Huyghebaert, *Les documents nécrologiques*, Turnhout 1972 (Typologie des sources du moyen âge occidental 4), tratta i *Libri Vitae* come una parte dei «documents nécrologiques».

[27] L. Koep, *Das himmlische Buch in Antike und Christentum. Eine religionsgeschichtliche Untersuchung zur altchristlichen Bildersprache*, Bonn 1952 (Theophaneia, Beiträge zur Religions- und Kirchengeschichte des Altertums 8), particolarmente pp. 100ss.; cfr. anche Schmid - Wollasch, *Die Gemeinschaft der Lebenden und Verstorbenen* (cit. sopra alla nota 14), p. 366s. e particolarmente p. 367 nota 4 dove è citato Phil. 4, 3 «quorum nomina sunt in libro vitae» ed il commento di Walafrido Strabone, *Glossa ordinaria ad epist. ad Phil. 4, 3* (PL 114, col. 607): «*Libro vitae*. Praedestinatio in qua omnes salvandi praedestinati sunt. Quasi: Nolite, o Philippenses, graviter ferre quod omnes vos in epistola mea non estis scripti, in libro tamen vitae continemini».

[28] Il termine *liber vitae* poteva forse anche indicare un necrologio; in uno degli accordi di commemorazione liturgica aggiunti al necrologio di S. Biagio nella Foresta Nera (St. Blasien im Schwarzwald), si legge: «Notum sit omnibus tam presentibus, quam absentibus, quod congregatio Fructuariensis et s. Blasii monasterii tali tenore counite sunt, ut, quando altera alteri breves pro defunctis suis fratribus miserit, ea faciat unaqueque in missarum et vigiliarum orationibus, que... scribatur etiam in martyrologio regule. Et ut hoc inviolabiliter omni tempore teneatur, oportunum

adatto per indicare un determinato gruppo di libri liturgici. *Liber memorialis* è soprattutto più chiaro, e — a differenza di *Liber Vitae* — non equivoco. Forse anche per questo motivo si è recentemente scelto il titolo *Libri memoriales et Necrologia* per una nuova serie dei *Monumenta Germaniae Historica*, nella quale vengono pubblicate edizioni di fonti commemorative.

Dopo queste premesse possiamo adesso ritornare sulla questione se il cosiddetto *Liber Vitae* di Polirone è da considerare un *Liber memorialis*.

Di un vero e proprio *Liber memorialis* si tratta, a mio avviso, soltanto nel caso che tutto il libro o almeno una grande parte di questo contenga dei testi e/o iscrizioni commemorative. Noti sono i sette «classici» *Libri memoriales* del periodo carolingio: quelli di Durham, di S. Pietro in Salisburgo, di Reichenau, di San Gallo, di Pfäfers, di Remiremont e di S. Salvatore / S. Giulia in Brescia; sono conosciuti anche dei *Libri memoriales* di New Minster in Winchester (sec. XI), di Corvey (sec. XII) e altri [29].

Pochi anni fa, il già menzionato Hansmartin Schwarzmaier ipotizzava l'esistenza di *Libri Vitae*, risalenti all'undicesimo secolo, per le abbazie di Montecas-

---

videtur, ut hunc brevem utraque iam dicta congregatio scriptum in sua regula habeat. Senioribus de Mura et de Chotewic et de Wibelingin et de Alpirspach faciendum est, sicut Fructuariensibus, hoc super addito, quod illo die, quo brevis eorum in nostro capitulo pronuntiatur, etiam in refectorio prebenda donatur et in libro vite scribantur». (MGH, *Necrologia* I, p. 327; cfr. adesso il facsimile da: H. HOUBEN, *Das Fragment des Necrologs von St. Blasien [Hs. Wien, ÖNB Cod. lat. 9, fol. I-IV]. Facsimile, Einleitung und Register*, in «Frühmittelalterliche Studien», 14 (1980), pp. 274-298, tav. IX-X); passi simili si trovano negli impegni di commemorazione liturgica stipulati tra le abbazie di Reichenau e di St. Blasien, e tra Einsiedeln e St. Blasien: v. D. GEUENICH, *Verbrüderungsverträge als Zeugnisse der monastischen Reform des 11. Jahrhunderts in Schwaben*, in «Zeitschrift für die Geschichte des Oberrheins», 123 (1975), 1977, pp. 18-30, particolarmente p. 24: «prebenda etiam eadem tantum die detur et in libro vite scribatur» e «prebenda etiam eadem die detur et in libro vite scribantur». Nell'impegno di commemorazione liturgica stipulato tra i monasteri di Hirsau, di St. Blasien e di Muri, ed. J. WOLLASCH, *Muri und St. Blasien. Perspektiven schwäbischen Mönchtums in der Reform*, in «Deutsches Archiv für Erforschung des Mittelalters», 17 (1961), pp. 420-446, particolarmente p. 444s. si legge: «Quod si plures breves advenerint, singulis una prebenda detur et septenarius communiter agatur, et in libro vite eorum nomina conscribantur». Secondo il GEUENICH, op. cit. p. 25, anche in questo ambito *liber vitae* significherebbe «Verbrüderungsbuch» (*liber confraternitatum*); perciò lo stesso studioso presume che il passo «in libro vite scribantur» sia una interpolazione redatta nell'abbazia di Reichenau, dove esisteva un ampio *Liber Confraternitatum*. Ritengo, invece, che almeno nel caso di St. Blasien *liber vitae* significhi necrologio. Un argomento valido per una tale interpretazione mi sembra il legame tra la distribuzione (ad un povero) della *prebenda*, intesa nel senso di quotidiana razione di cibo spettante ad un monaco, e l'iscrizione dei nomi «in libro vite». Questo legame tra servizio liturgico e servizio sociale è caratteristico per i necrologi del «Reformmönchtum»: cfr. J. WOLLASCH, *Gemeinschaftsbewusstsein und soziale Leistung im Mittelalter*, in «Frühmittelalterliche Studien», 9 (1975), pp. 268-286; H. HOUBEN, *La realtà sociale medioevale nello specchio delle fonti commemorative*, in «Quaderni medievali», 13 (giugno 1982), pp. 82-97.

[29] Per indicazioni bibliografiche su questi *libri memoriales* v. SCHMID - WOLLASCH, *Societas et Fraternitas* (cit. sopra alla nota 11).

sino, di Subiaco e di Polirone[30]. Però, in tutti e tre i casi, si tratta, come dimostrerò, non di *Libri memoriales* veri e propri, ma soltanto di iscrizioni commemorative aggiunte a libri liturgici.

1) *Montecassino*: I quattro fogli, aggiunti al codice casinese 426 (pp. 125-132), un messale del sec. XI di S. Maria in Albaneta, furono considerati dallo Schwarzmaier come frammento di un *Liber Vitae* di Montecassino[31]. Siccome tra le persone e le comunità iscritte nelle menzionate otto pagine sono particolarmente messe in rilievo l'imperatrice Agnese e la sua famiglia (p. 126), il menzionato studioso supponeva, che l'imperatrice, la quale tra l'altro cercava di ottenere per sé la commemorazione liturgica nelle abbazie di Subiaco e di Fruttuaria, avesse stimolato la redazione di questo preteso *Liber Vitae* cassinese.

Questa ipotesi è stata però, recentemente, respinta: Heinrich Dormeier, un allievo di Hartmut Hoffmann, dimostrava[32], che se è vero che le iscrizioni commemorative sui menzionati quattro fogli traggono la loro origine dalla visita dell'imperatrice a Montecassino (alla fine del 1072 / inizio del 1073), è altrettanto certo — e questo è interessante nell'ambito del nostro argomento — che questi fogli non sono da considerare come un frammento di uno scomparso *Liber Vitae* cassinese, ma come un «esempio tipico di un elenco di persone affratellate, perfettamente conservato e congiunto con un libro liturgico»[33].

2) *Subiaco*: Simile è la situazione del cosiddetto *Liber Vitae* di Subiaco, al quale lo Schwarzmaier dedicava un ampio e profondo saggio. Si tratta di un sacramentario (Ms. Roma, Bibl. Vallicelliana B 24), originariamente formato da 23 quaternioni (cioè 184 fogli), di cui i primi nove (cioè 72 fogli) sono andati perduti[34]. Il cosidetto *Liber Vitae* di Subiaco consiste di 17 fogli (fol. 100-116), posti alla fine del sacramentario[35], contenenti tre liste di monaci di Subiaco[36], una lista di monaci di Montecassino[37], una del monastero di S. Salvatore presso Rieti[38], una dell'abbazia francese di Pothière (dioc. Langres)[39],

---

[30] Schwarzmaier, *Die Liber Vitae von Subiaco* (cit. sopra alla nota 10), pp. 129-133.

[31] Ivi pp. 120-122 e p. 129s.

[32] H. Dormeier, *Montecassino und die Laien im 11. und 12. Jahrhundert. Mit einem einleitenden Beitrag* 'Zur Geschichte Montecassinos im 11. und 12. Jahrhundert' *von* H. Hoffmann, Stuttgart 1979 (Schriften der MGH 27), p. 135s.

[33] Ivi, p. 137: «vollständig überliefertes typisches Exemplar eines mit einem liturgischen Buch verbundenen Verbrüdertenverzeichnisses».

[34] La descrizione del manoscritto si deve a Schwarzmaier, *Der Liber Vitae von Subiaco* (cit. sopra alla nota 10) pp. 82-83.

[35] I fogli 117-200 furono aggiunti nel sec. XIII: v. Schwarzmaier, *Der Liber Vitae von Subiaco* (cit. sopra alla nota 10) p. 83.

[36] Ivi pp. 103-111.

[37] Ivi pp. 111-114.

[38] Ivi pp. 114-116.

[39] Ivi pp. 116-118.

e l'iscrizione dell'imperatrice Agnese e del figlio, Enrico IV, insieme con il loro seguito. Quest'ultima iscrizione risale forse al 1073/74, quando l'imperatrice fece una visita a Subiaco[40].

Probabilmente anche in questo caso — seguendo l'ipotesi dello Schwarzmaier — la visita dell'imperatrice fornì lo stimolo per la redazione e stesura di un *Liber Vitae*[41]. Ma, come per Montecassino, anche per Subiaco non sembra giusto parlare di un vero e proprio *Liber Vitae* o *Liber memorialis*. Le poche liste di monaci, insieme con l'iscrizione dell'imperatrice e del suo seguito, aggiunte al sacramentario sublacense, formano soltanto una parte modesta dell'intero libro liturgico (17 degli originariamente 184 fogli).

3) *Polirone*: Vediamo adesso il *Liber Vitae* di Polirone, messo a confronto dallo Schwarzmaier con quelli di Montecassino e di Subiaco[42]. Il cosiddetto *Liber Vitae* di Polirone comprende soltanto gli ultimi fogli di un codice di 106, neanche completamente coperti da iscrizioni: il fol. 103v è per 3/4 bianco, e i fogli 104r, 105v e 106v sono interamente bianchi. Ciò che fu chiamato forse

---

[40] Ivi pp. 118-124 con facsimile dopo p. 82 (Abb. 2); l'edizione di tutte le liste mezionate si trova ivi pp. 137-147.

[41] Ivi p. 124: «Es dürfte nach dem hier und im Zusammenhang mit Cassin. 426 Gesagten, vielleicht auch in Analogie zu Farfa, kein Zweifel daran bestehen, dass die Neubelebung der Gedenkbuchform mit den Besuchen der Kaiserin unmittelbar zusammenhängt».

[42] Schwarzmaier, *Der Liber Vitae von Subiaco* (cit. sopra alla nota 10) p. 120 nota 120 e p. 122s., supponeva che anche nelle abbazie di Fruttuaria e di Farfa nel sec. XI siano stati redatti dei *Libri memoriales* poi andati perduti. Accenni a un *Liber Vitae* di Fruttuaria nel sec. XI si trovano, secondo lo Schwarzmaier, nei diplomi MGH, DK II 70 (1026 dec. 20) e D K II 88 (1027) e nella lettera dell'imperatrice Agnese ai monaci (circa 1062; v. M.L. Bulst-Thiele, *Kaiserin Agnes*, Leipzig - Berlin 1933 [Beiträge zur Kulturgeschichte 52], p. 84), dove si parla di un'ammissione alla *fraternitas* di Fruttuaria: «Dies weist immerhin auf die Möglichkeit hin, dass in Fruttuaria ein Liber Vitae im 11. Jahrhundert geführt worden ist, in den auch der Name des Kaisers sowie späterhin die Kaiserin Agnes eingeschrieben worden ist.» (Schwarzmaier, *Der Liber Vitae von Subiaco* cit., p. 120 nota 120). Prove per l'esistenza di un *Liber memorialis* redatto nel sec. XI a Farfa si trovano, secondo lo stesso studioso (ivi p. 122s.), in un passo del *Chronicon Farfense* dove si accenna all'iscrizione di Enrico IV: «et nomen illius vel quorumdam suorum fidelium in Libro commemoratorio foret ascriptum» (*Chron. Farf.*, ed. U. Balzani, FStI 33, 1903, II, p. 172) e in una carta di donazione del 1019 nella quale si legge: «ita ut nomen meum in libro vitae conscribatur vel pro nobis sacrificium post obitum nostrum pio domino offerant» (*Reg. Farf.* 523 vol. 3, p. 232). Senza entrare, in questa sede, nella discussione sull'esistenza di *Libri memoriales* di Fruttuaria e di Farfa, mi permetto di osservare che né l'ammissione di singole persone — come i membri della famiglia imperiale — alla *fraternitas* in una comunità né la menzione di un *Liber commemoratorius* o di un *Liber vitae* presuppongono necessariamente la redazione di un vero e proprio *Liber memorialis*. Per il significato di *liber vitae* cfr. sopra nota 28. - Per il *Liber confratrum* di Salerno (C.A. Garufi, *Necrologio del Liber Confratrum di S. Matteo di Salerno*, Roma 1922 [Fonti per la storia d'Italia 56]) che, secondo lo Schwarzmaier rappresenta «die vollendete Form eines Liber Vitae» (H. Schwarzmaier, *Der Liber Vitae von Subiao*, cit. p. 131), cfr. le recenti osservazioni di G. Vitolo, *Istituzioni ecclesiastiche e pietà dei laici nella Campania medievale: la confraternita di S. Maria di Montefusco (secc. X-XV)*, in «Campania Sacra», 8/9 (1977/78), 1981, pp. 38-80, particolarmente pp. 45ss.

con molta esagerazione *Liber Vitae* di Polirone è così costituito:

fol. 102rv: prologo con alcune iscrizioni commemorative, scritte tra il 17 giugno e il 29 luglio del 1099, periodo in cui l'abate Guglielmo era deceduto e sulla cattedra di S. Pietro sedeva il papa Urbano II.

fol. 102v - 103v: iscrizioni commemorative scritte da diversi amanuensi, fra le quali si nota quella relativa all'abate Alberico, successore di Guglielmo (fol. 102v)[43].

fol. 104v - 105r: donazione della contessa Matilde all'abbazia di Polirone del 6 aprile 1109 con le sottoscrizioni dei monaci; in cambio per la donazione della contessa il monastero polironense distribuirà ogni giorno la razione di cibo, spettante ad un monaco ad un povero; perciò assicurerà alla donatrice la grazia di Dio fino alla fine della sua vita: «ut ab ipsa prenominata die usque ad mundi finem, donec domus ista in dei servitio perduraverit, panis et vinus reliquusque unius monachi victus, sicut singulis apponetur fratribus, pro ea cotidie in principali mensa studiosissime ponatur, et ad elemosinam assidue tribuatur, quatinus dum ipsa vixerit, divina clementia ab omnibus eam semper adversitatibus tueatur, et ad bonum atque felicem presentis vite finem perducat, et in futura misericordiam ei fatiat sempiternam». Dopo la morte di Matilde l'abbazia garantisce la celebrazione dell'anniversario del *dies obitus* «sicut solitum est pro magnis monasterii huius abbatibus fieri»[44]. Questo legame tra servizio sociale e servizio liturgico è caratteristico per il monachesimo cluniacense[45]. Da notare che sul fol. 105r vi è una posteriore interpolazione risalente al tempo dell'abate Enrico[46].

fol. 106r: alcune iscrizioni commemorative e una disposizione dell'abate Enrico sulla commemorazione di un certo *domno Aurio dandali*.

Questa brevissima analisi del contenuto dimostra che il *Liber Vitae* polironense non è niente altro che un'aggiunta a un libro liturgico. Alla fine dell'evangeliario, sui cinque fogli rimasti in bianco, vennero scritti un solenne prologo, i nomi degli amici e benefattori, una carta di donazione per la celebrazione dell'anniversario della morte della contessa Matilde e una disposizione dell'abate Enrico relativa a un'altra commemorazione.

Perciò come per i casi già trattati di Montecassino e Subiaco, mi sembra

---

[43] Il cluniacense Alberico diventò abate dopo la morte di Guglielmo, avvenuta tra il 17 giugno e il 29 luglio 1099 (cfr. PIVA, *Cluny e Polirone*, cit. sopra alla nota 11, p. 309). La data della sua morte va posta, secondo lo stesso studioso: «tra il 1119 e il 1123, se non addirittura tra il 1122 e il 1123» (ivi p. 316).

[44] Fol. 104v; WARNER, *Gospels of Matilda* (cit. sopra alla nota 4) pl. XXX e p. 42; MERCATI, *L'evangeliario della contessa Matilde* (cit. sopra alla nota 5) p. 225.

[45] Cfr. WOLLASCH, *Gemeinschaftsbewusstsein und soziale Leistung* (cit. sopra alla nota 28).

[46] L'abate Enrico è attestato tra il 1125 e il 1141: v. P. TORELLI, *Regesto mantovano* I, Roma 1914 (Regesta Chartarum Italiae 12), nr. 193 p. 137 e nr. 247 p. 170; PIVA, *Cluny e Polirone* (cit. sopra alla nota 11) pp. 317-320.

che anche per Polirone non sia esatto l'uso del termine *Liber Vitae* o *Liber memorialis*, che indica un intero libro commemorativo, ma che sarebbe più opportuno parlare di testi e iscrizioni commemorative aggiunte ad un evangeliario.

Questa chiarificazione ha delle conseguenze metodologiche per l'analisi di queste testimonianze. Lo Schwarzmaier, analizzando il prologo come quello di un progettato vero e proprio *Liber memorialis*, si meraviglia della mancanza di liste di monaci dell'abbazia e di liste di membri di comunità che erano in relazione con il monastero polironense[47]. Il menzionato studioso parlava di un «prammatismo» che aveva scacciato la concezione religiosa originaria[48]. Intanto recentemente l'analisi del prologo fatta dal Violante ha dimostrato che l'iscrizione di chierici non era stata neanche progettata, e che, invece, si voleva una commemorazione dei laici, ai quali si permetteva così l'accesso all'altare e al cospetto di Dio[49].

Questa interpretazione viene confermata da un confronto tra il prologo polironense e quello del *Liber memorialis* di New Minster in Winchester, che presentano notevoli somiglianze. Però, laddove si parla dell'iscrizione dei nomi,

---

[47] Anche nel caso del menzionato preteso *Liber Vitae* di Subiaco lo Schwarzmaier si meraviglia sul «Fehlen klösterlicher Gemeinschaften, die dem Benediktskloster in Subiaco gleichrangig waren» e notava la mancanza di un «geistiges Programm, wie es den meisten der karolingischen Gedenkbüchern zugrunde liegt». (SCHWARZMAIER, *Der Liber Vitae von Subiaco*, cit. sopra alla nota 10, p. 125s.).

[48] SCHWARZMAIER, *Das Kloster S. Benedetto di Polirone* (cit. sopra alla nota 6) p. 289.

[49] VIOLANTE, *Per una riconsiderazione della presenza cluniacense* (cit. sopra alla nota 12) p. 633s. - Oltre il papa Urbano II, l'abate Ugo di Cluny e l'abate Alberico di Polirone, tra i numerosi laici iscritti nel codice polironense si trovano, soltanto sporadicamente degli ecclesiastici: «Albertus de Gonzaga (aggiunto nell'interlinea dalla stessa mano) archipresbiteri (sic!) (fol. 102v; WARNER, *Gospels of Matilda* cit. sopra alla nota 4, pl. XXVIII e p. 40; MERCATI, *L'evangeliario della contessa Matilde*, cit. sopra alla nota 5, p. 221)... Girardus clericus et Girardus filius eius, ... Otto clericus mantuanus canonicus, Albertus clericus filius Bernardi de Burbasio, ... Dominicus clericus, ... Wido clericus» (fol. 103r; WARNER, *Gospels of Matilda*, cit., pl. XXIX; MERCATI, *L'evangeliario*, cit., p. 223). - Tra i laici si nota un «Rogerius normannus et Ugo nepos eius» (fol. 103r). Alla identificazione di questo *Rogerius* con Ruggero I, conte di Sicilia, proposta da VIOLANTE, *Per una riconsiderazione*, cit., p. 630 n. 323*, si oppongono due fatti: 1) la mancanza qui del titolo *comes* o *comes Siciliae* che risulta, invece, in tutte le testimonianze commemorative in cui è iscritto il «gran conte» di Sicilia: v. H. HOUBEN, *Il necrologio dell'abbazia della SS. Trinità di Venosa, una testimonianza del famedio della prima generazione normanna nel Mezzogiorno d'Italia: bilancio storiografico e prospettive di ricerca*, in *L'esperienza monastica benedettina e la Puglia*. Atti del Convegno di Bari - Lecce - Noci - Picciano (6-10 ottobre 1980), a cura di C.D. FONSECA, vol. 2, Galatina 1984 (Università di Lecce, Istituto di Storia medioevale e moderna, Saggi e ricerche 9), p. 248 nota 31; 2) *normannus* diventa nel sec. XI un 'cognome' abbastanza diffuso: v. L.-R. MÉNAGER, *Pesanteur et étiologie de la colonisation normande de l'Italie*, in *Roberto il Guiscardo e il suo tempo*. Relazioni e comunicazioni nelle Prime Giornate normanno-sveve (Bari, maggio 1973), Roma 1975, pp 189-214, particolarmente p. 193; ID., *Inventaire des familles normandes et franques émigrées en Italie méridionale et en Sicile (XIe - XIIe siècles)*, ivi pp. 259-390, particolarmente «I - Le cognomen 'Normannus'» (pp. 261-263).

il prologo del *Liber Vitae* di Winchester contiene una differenza significativa: mentre in Polirone era scritto *universa familiarum... nomina*, nel prologo di New Minster si legge invece: *onomata... fratrum et monachorum nec non et familiariorum vel benefactorum vivorum seu defunctorum*[50].

A differenza di New Minster, quindi, a Polirone l'iscrizione di monaci non era progettata. Nell'abbazia padana i nomi dei monaci probabilmente erano iscritti in un altro libro liturgico, forse in quel codice, oggi disperso, utilizzato nel cinquecento da Arnold Wion, un benedettino belga che viveva nell'abbazia polironense, e che conteneva oltre ad un elenco degli abati di Polirone fino all'anno 1180 circa, anche i nomi di 1309 monaci[51]. Ma di questo codice, come di altri manoscritti liturgici di Polirone, in questa sede non possiamo trattare; ci vorrebbero anche delle richerche più ampie[52].

[50] Nelle aggiunte commemorative all'evangeliario di Polirone si legge: «... abbas fecit hunc librum fieri, iugiter in altari mansurum, ut universa familiarium nostrorum in eo conscripta nomina divino semper conspectui presententur, et ut memoria eorum omnium universaliter ab omni conventu tam missarum sollempniis quam in ceteris operibus bonis continua habeatur atque sic participes sint psalmorum, vigiliarum, orationum et bonorum omnium que hic et per cuncta loca nostra Deo auctore fiunt.» (fol. 102r, Warner, *Gospels of Matilda*, cit. sopra alla nota 4, pl. XXVII e p. 39) - Nel *Liber memorialis* di New Minster (Winchester) è scritto: «... hic ordine condecibili onomata progrediuntur fratrum et monachorum nec non et familiariorum vel benefactorum vivorum seu defunctorum, ut per temporalem recordationem scripture istius in celestis libri conscribantur pagina, quorum beneficiis elemosinarum cotidie hec ipsa familia Christo largiente pascitur. Et omnium qui se eius orationibus ac fraternitati commendant hic generaliter habeantur inscripta, quatinus cotidie in sacris missarum celebrationibus vel psalmodiarum concentibus eorum commemoratio fiat.» (cit. secondo Oexle, *Memoria und Memorialüberlieferung*, cit. sopra alla nota 25, p. 79; non mi è stato possibile consultare: W.De Gray Birch, *Liber vitae: Register and Martyrology of New Minster and Hyde Abbey / Winchester*, London - Winchester 1892).

[51] A. Wion, *Lignum Vitae, Ornamentum et Decus Ecclesiae...*, pars 2, Venetiis 1595, p. 233s.; cfr. Fasoli, *Monasteri padani* (cit. sopra alla nota 1) p. 191s. nota 47; Schwarzmaier, *Das Kloster S. Benedetto di Polirone* (cit. sopra alla nota 6), p. 290s.; Piva, *Cluny e Polirone* (cit. sopra alla nota 11) p. 315 nota 77. — Per le note obituarie in un calendario polironense del sec. XII (ms. Mantova, Bibl. Comunale 133 [A.V. 3], cfr. Schwarzmaier, *Das Kloster...*, cit., p. 289s. - Per un impegno di commemorazione liturgica alla fine del sec. XI tra il monastero di Polirone e il capitolo della cattedrale di Lucca, cfr. H. Schwarzmaier, *Lucca und das Reich bis zum Ende des 11. Jahrhunderts. Studien zur Sozialstruktur einer Herzogsstadt in der Toskana*, Tübingen 1972 (Bibliothek des Deutschen Historischen Instituts in Rom 41), p. 394 nota 78; in un impegno di commemorazione liturgica stipulato nel 1153 tra Polirone e S. Savino di Piacenza è menzionata una «matricula» dei morti: v. F. Neiske, *Das ältere Necrolog des Klosters S. Savino in Piacenza. Edition und Untersuchung der Anlage*, München 1979 (Münstersche Mittelalter-Schriften 36), p. 25s.

[52] Per la liturgia e le *consuetudines* di Polirone, cfr. A. Van Dijk, *The customary of St. Benedict's at Polirone*, in *Miscellanea liturgica in honorem L. Cuniberti Mohlberg*, vol. II, Roma 1949, pp. 451-465; Piva, *Cluny e Polirone* (cit. sopra alla nota 11) pp. 309ss. - Un manoscritto liturgico polironense del sec. XV, conservato nella Bibliothèque Nationale di Parigi (ms. nouv. acq. lat. 401), è stato recentemente ricordato da J.-L. Lemaître, *L'obituaire des Antonins de Daniata au diocèse de Crémone. Note sur les obituaires italiens de la Bibliothèque nationale de Paris*, in «Rivista di storia della Chiesa in Italia», 25 (1981), pp. 126-135, particolarmente p. 128: «on ne peut le considérer vraiment un document nécrologique: son calendrier ne renferme en effet qu'une seule inscription, tout à fait occasionelle».

AGGIORNAMENTO BIBLIOGRAFICO

— Per la terminologia dei documenti necrologici cfr. J.-L. LEMAÎTRE, *Répertoire des documents nécrologiques français*, publié sous la dir. de P. Marot, Paris 1980, 2 voll. (Recueil des historiens de la France, Obituaires 7), vol. 1, pp. 5-35.

— Per il *liber memorialis* di Brescia cfr. H. BECHER, *Das königliche Frauenkloster San Salvatore / Santa Giulia in Brescia im Spiegel seiner Memorialüberlieferung*, in «Frühmittelalterliche Studien», 17 (1983), pp. 299-392.

— Il saggio di K. SCHMID, *Zur Problematik* (cit. sopra alla nota 22), è stato ristampato in: ID., *Gebetsgedenken und adliges Selbstverständnis im Mittelalter. Ausgewählte Beiträge. Festgabe zu seinem sechzigsten Geburtstag*, Sigmaringen 1983, pp. 183-244.

— Per tutti i problemi relativi alla tradizione commemorativa cfr. *Memoria. Der geschichtliche Zeugniswert des liturgischen Gedenkens im Mittelalter*, a cura di K. SCHMID e J. WOLLASCH, München 1984 (Münstersche Mittelalter-Schriften 48).

— Cfr. anche *La tradizione commemorativa nel Mezzogiorno medioevale: ricerche e problemi*. Atti del Seminario internazionale di studi (Lecce, 31 marzo 1982), a cura di C.D. FONSECA, Galatina 1984 (Università degli Studi di Lecce, Dipartimento di Scienze Storiche e Sociali, Saggi e Ricerche 12).

— Per il termine *Liber vitae* cfr. recentemente K. SCHMID, *Zum Quellenwert der Verbrüderungsbücher von St. Gallen und Reichenau*, in «Deutsches Archiv für Erforschung des Mittelalters», 41 (1985) pp. 345-389, particolarmente pp. 376ss. con ulteriori indicazioni bibliografiche.

Capitolo secondo

L'autore delle «Vitae quatuor priorum abbatum Cavensium»*

L'importanza delle *Vitae* dei primi quattro abati del monastero della SS. Trinità di Cava dei Tirreni, conservatesi solo in una copia fatta nel 1295 ad uso liturgico[1], fu già riconosciuta da Ludovico Antonio Muratori, che ne curò la prima edizione integrale[2]. Siccome nell'unico manoscritto dell'opera, cioè nel Codice Cavense n. 24, il nome dell'autore delle *Vitae* non è indicato, già nel '600 gli archivisti di Cava, Alessandro Ridolfi († 1615) e Agostino Venieri († 1638), avevano cercato di trovare nel *prologus* alle *Vitae* e nel testo stesso di queste, degli indizi per l'individuazione dell'autore. Essi, come successivamente il Mabillon e il Muratori, arrivarono alla stessa conclusione, e cioè che l'autore doveva essere stato un monaco cavense divenuto poi abate del monastero della SS. Trinità di Venosa e che l'opera era stata redatta nell'epoca del regime abbaziale del quinto abate di Cava, Simeone (1124-1141)[3]. Questa conclusione si basava su alcuni passi dell'opera. Infatti, nel *prologus* l'autore diceva parlando di se stesso: «ut qui de claustro illo velut terra promissionis egresso, in longinqua regione pascendos atque multiplicandos suscepi greges»[4], il che indica chiaramente che egli era stato monaco a Cava e poi era stato mandato a dirigere un altro monastero. Che poi questo cenobio sia da identificare con quello della SS. Trinità di Venosa, risulta da un passo della *Vita* del terzo abate cavense, Pietro (1079-1123), dove si legge di un «Iohannes quidem Romanus eiusdem nostri monasterii, qui etiam ad hoc Venusinum monasterium mecum venit»[5]. Inoltre nella stessa *Vita* l'autore parla del quinto

---

* Pubblicato in «Studi medievali», 3ª ser. 26 (1985) [ma 1986], pp. 871-879.
[1] Archivio dell'abbazia della SS. Trinità di Cava dei Tirreni, cod. membranaceo n. 24; v. L. MATTEI CERASOLI, *Codices Cavenses. I: Codices membranacei*, Badia di Cava 1935, p. 49.
[2] L.A. MURATORI, *Rerum Italicarum Scriptores*, VI, Milano 1725, pp. 205-236.
[3] *Vitae quatuor priorum abbatum Cavensium Alferii, Leonis, Petri et Constabilis, auctore Hugone abbate Venusino*, a cura di L. MATTEI CERASOLI, (R.I.S., nuova ed., VI, 5), Bologna 1941, p. IIIs.
[4] Ivi, p. 4.
[5] Ivi, p. 28.

abate di Cava, Simeone (1124-1141), come «venerabilem virum abbatem meum Symeonem»[6], e dunque doveva essere stato monaco a Cava sotto questo abate. Ciò risulta anche da una frase della *Vita* del secondo abate di Cava, Leone (1050-1079), dove sono menzionati alcuni «discipuli eius, qui usque ad nostra tempora in monasterio fuerunt»[7]. Proprio basandosi su questo passo il Muratori ritenne che la redazione delle *Vitae* doveva risalire al 1140 circa[8].

Una volta precisata la persona dell'autore come monaco cavense divenuto poi abate del monastero di Venosa, e stabilita la data della redazione intorno al 1140, non sembrava difficile riuscire a scoprire l'identità dell'autore. Infatti Paolo Guillaume indicò nel 1875 come autore delle *Vitae* l'abate Ugo di Venosa, attestato in un documento del maggio 1139[9]. Questa attribuzione fu confermata da Leone Mattei Cerasoli quando nel 1941 curò la stampa delle *Vitae* nell'ambito della nuova edizione dei *Rerum Italicarum Scriptores*[10]. L'editore supponeva sulla base della documentazione venosina riportata nella monografia del Crudo[11] che l'autore fosse da identificare con il secondo abate venosino di nome Ugo, «perché nella cronotassi degli abbati venosini si ha un Ugo dal 1114, almeno, fino al 1127, dopo il quale avrebbe governato Graziano, eletto poi vescovo della stessa città, cui sarebbe successo Ugo II»[12]. Il Mattei Cerasoli riteneva tra l'altro che il nome Ugo qualificasse l'autore come personaggio di origine normanna e che dalle sue parole «in universalibus scriptis nostris verborum quibusdam obstaculis emulorum accessus obstruere solemus» si potesse «ritenere che fosse sacerdote e dotto polemista, già noto per le sue opere»[13]; e che inoltre lo stesso Ugo fosse stato mandato dall'abate Simeone da Cava a Venosa per «far tornare in vigore la vita monastica nella Badia Venosina, tanto cara ai principi normanni», la quale era stata abbandonata dai suoi monaci

---

[6] Ivi, p. 27.

[7] Ivi, p. 12.

[8] Muratori (cit. sopra alla nota 2) p. 203: «Quum vero vel sexaginta post annis eius Discipuli superstites Scriptori haec enarrasse potuerint, jure conjicias, Vitas hasce circiter annum 1140 literis traditas fuisse». La supposizione del Muratori fu poi confermata dal Mattei Cerasoli il quale osservò che nella *Vita* del primo abate di Cava, S. Alferio, l'autore faceva riferimento a una pestilenza occorsa quasi vent'anni prima (*Vitae*, cit. sopra alla nota 3, p. 11: «que ante annos fere viginti in illis partibus vehementer populum vastavit») che è da identificare con «la pestilenza del 1121-1122, di cui si fa cenno dal *Liber Pontificalis* nella vita di Callisto II» (ivi, p. V).

[9] P. Guillaume, *La vita di S. Alferio voltata in italiano nella fine del 16 secolo per Aless. Ridolfi*, Cava 1875, pref.; v. anche Id., *Essai historique sur l'Abbaye de Cava d'après des documents inédits*, Cava dei Tirreni 1877, p. 109s. Il documento del maggio 1139, sopra menzionato, era stato edito da F. Trinchera, *Syllabus graecarum membranarum*, Napoli 1865, p. 161.

[10] Cit. sopra alla nota 3.

[11] G. Crudo, *La SS. Trinità di Venosa. Memorie storiche diplomatiche archeologiche*, Trani 1899.

[12] *Vitae* (cit. sopra alla nota 3) p. IV.

[13] *Ibidem*.

in seguito alle «turbolenze guerresche» avvenute negli anni trenta del sec. XII[14].

L'attribuzione della redazione delle *Vitae* dei quattro primi abati di Cava all'abate Ugo di Venosa fu accettata, in seguito, unanimamente dagli studiosi e non fu mai messa in dubbio. La recente scoperta in un manoscritto settecentesco di frammenti inediti del *Chronicon Venusinum* pone, però, la necessità di rivedere la questione dell'attribuzione delle *Vitae* ad Ugo. Prima di affrontare questo argomento sarà bene accennare brevemente a questo *Chronicon*.

L'originale di tale cronaca, redatta probabilmente verso la fine del sec. XII ed esistente ancora nel '600, è oggi perduto. Si sono conservati soltanto alcuni estratti realizzati nel '600 dal salernitano Giovan Battista Prignano (mss. Brindisi, Bibl. De Leo, B 5; Roma, Bibl. Angelica 276-277)[15]; altri estratti utilizzati dal venosino Giacomo Cenna per la sua *Cronaca Venosina*, redatta nella prima metà del '600, si sono conservati attraverso escerti inseriti dal napoletano Eustachio Caracciolo nel suo *Dictionarium universale totius Regni Neapolitani...*, redatto negli anni trenta del XVIII sec. (mss. Napoli, Bibl. Naz., S. Martino 435-436)[16]. Gli estratti tramandatici dal Caracciolo, finora inediti[17], sono di particolare interesse per la cronotassi degli abati venosini e ci forniscono, oltre a nuove informazioni sulla storia del monastero della SS. Trinità di Venosa nei secoli XI-XII, anche indirettamente alcuni indizi sul possibile autore delle *Vitae*.

Apprendiamo così che dopo la morte dell'abate Pietro I di Venosa, avvenuta probabilmente dopo il 1108 e prima del 1114[18], fu eletto abate Ugo che era stato preposto nei possedimenti venosini a Corneto (Corleto, fraz. di Ascoli

---

[14] *Ibidem*: «Intanto sedate le turbolenze guerresche, che nei primi anni del regno di Ruggiero II avevano desolato il territorio di Venosa, disperdendone i monaci, e volendo il re far tornare in vigore la vita monastica nella Badia Venosina, tanto cara ai principi normanni, si rivolse a Cava, e l'abbate Simeone, che ben presto aveva apprezzato le rare doti di Ugo, lo scelse a governare quel monastero e gli diede alcuni compagni, due dei quali sono ricordati, Giovanni di Roma e Arborio, che fatto priore a Venosa, vi era già morto quando Ugo scriveva». L'ultima supposizione, cioè che Arborio abbia accompagnato Ugo a Venosa, dove fosse diventato priore, si basa unicamente sulla erronea interpretazione del passo «beate recordationis Arborius, huius monasterii prior venerabilis» (ivi, p. 33). Ma l'«huius monasterii» non si riferisce a Venosa, ma a Cava, e non c'è motivo di ritenere che Arborio sia andato a Venosa insieme a «Iohannes quidem Romanus eiusdem nostri monasterii (= Cava)»; solo quest'ultimo andò insieme all'autore delle *Vitae* a Venosa: «qui etiam ad hoc Venusinum monasterium mecum venit» (ivi, p. 28).

[15] Per la trasmissione dei documenti cfr. H. Houben, *Il 'libro del capitolo' del monastero della SS. Trinità di Venosa (Cod. Casin. 334): una testimonianza del Mezzogiorno normanno*, Galatina 1984 (Università degli Studi di Lecce, Dipartimento di Scienze Storiche e Sociali, Materiali e Documenti 1), p. 23s. nota 19.

[16] Cfr. I. Herklotz, *Il «Chronicon Venusinum» nella tradizione di Eustachio Caracciolo*, in «Rivista di Storia della Chiesa in Italia», 38 (1984), pp. 405-427.

[17] L'edizione del *Chronicon Venusinum* e delle carte venosine viene preparata da chi scrive.

[18] Cfr. Houben, *Il 'libro* (cit. sopra alla nota 15) p. 38s.

Satriano, prov. Foggia)[19]. L'abate Ugo — come si vedrà, e contrariamente a ciò che ritenne il Mattei Cerasoli, a Venosa vi fu solo un unico abate di questo nome —, attestato per la prima volta come abate in un documento del marzo 1114[20], ricevette nel 1123 un privilegio rilasciato il 20 settembre dello stesso anno dal papa Callisto II[21]. Nel 1130 Ugo fu destituito dalla carica abbaziale dal papa Innocenzo II per aver dissipato alcuni possedimenti del monastero[22]. Dalla bolla rilasciata dallo stesso papa nel 1137 per il successore di Ugo, l'abate Graziano, risulta che Ugo aveva dato alcuni beni del monastero in dote a una sua nipote[23]. Da tutto ciò che ci rimane del *Chronicon Venusinum* non risulta che Ugo fosse stato monaco a Cava sotto l'abate Simeone come lo deve essere stato, invece, l'autore delle *Vitae*. Inoltre, intorno al 1140, quando furono redatte le *Vitae*, Ugo era già da un decennio stato privato della direzione del monastero venosino e si trovava in esilio in Calabria[24].

---

[19] Ms. Napoli, Biblioteca Nazionale, S. Martino 436, senza foliazione: il «Dictionarium universale totius Regni Neapolitani geographicum, topographicum, historicum, sacrum, prophanum vetus ac novum» contiene in ordine alfabetico (ms. 435: A-M; ms. 436: N-V) notizie riguardanti «ipsius Regni provinciae, populi, principatus, urbes, oppida, castra ac pagi, montes ac valles, maria, lacus, flumina, rivi, balnea, freta, promontoria, insulae et peninsulae, archiepiscopatus, episcopatus, abbatiae ac prioratus, balliatus ac commendae, ipsorum omnium situs, extensiones, limites ac distantiae ipsorum locorum cum periplo totius Regni». La parte relativa al monastero della SS. Trinità di Venosa è trattata alla lettera T («Trinitatis Venusii») al nr. LII e si compone di 11 fogli non numerati che citeremo in seguito da 1r a 11v. Ivi, f. 7r: «Interim venerabilis Petrus abbas, annis et virtutibus plenus, infirmitat[e] correptus, abbatiam cum morte dimisit et animam Deo reddidit. Unde monachi, qui inibi erant, congregati in unum, nominarunt in abbatem Hugonem, prepositum Corneti, cui tradiderunt omnem administrationem spiritualem et temporalem...» - Ugo è attestato come preposito di Corneto già nel 1096 (V. HOUBEN, *Il 'libro*, cit. sopra alla nota 15, p. 37).
[20] F. CARABELLESE, *L'Apulia ed il suo comune nell'alto medioevo*, Bari 1905 (Commissione provinciale di archeologia e storia patria, Documenti e monografie 7), pp. 545 ss. nota.
[21] Caracciolo (cit. sopra alla nota 19), fol. 7v.
[22] *Ibidem*: «Verum que hic Hugo abbas ab uno latere acquirebat pro emolumento monasterii, ab altero dilapidabat pro destructione ipsius. Unde sepe magna caritate ab ipsis monachis admonitus, cuncta contendens ab inceptis non desistebat e[t] presertim a dissipatione casalium hoc uni illud alteri concedens, unde redditus monasterii in dies diminuebantur. Sic monachi hoc videntes illum accusarunt coram duce Ugolino, qui erat veluti advocatus et tutor ipsius monasterii, et quia etiam his in nihil profecerunt, recurrerunt ad summum pontificem illi enarrantes pessimam administrationem temporalium proprii abbatis. Pontifex ex inquisitione previa in hoc commissa cognoscens vera omnia exposita, abbatem advocavit ad se, ut rationem redderet de omnibus. Sed abbas coscientia lesus videns nihil pro sua justificatione coram pontifice posse adducere, melius duxit aufugere in Calabriam. Unde papa tamquam contumacem illum abbatia privavit et monachis indixit, ut ad electionem novi abbatis procederent».
[23] Ivi, f. 8r: «Accepimus autem quoniam Hugo, qui olim S. Trinitatis cenobio prefuit, villa[m] S. Ioannis in Fonte alienavit et terras et vineas et molendinum, quod est in flumine Olivento, et villanos pro nepote sua nuptui tradenda distraxit».
[24] Nel maggio 1139 Ugo, che si intitola ancora «abbas venusinus», si trovò nel monastero di S. Fantino di Pretoriati (presso Mammola, prov. Reggio di Calabria): v. TRINCHERA (cit. sopra alla nota 9).

Constatata, dunque, l'impossibilità che fosse stato Ugo l'autore delle *Vitae*, c'è da chiedersi chi abbia scritto questa opera agiografica. Una risposta a questa domanda può scaturire da una attenta lettura dei pochi frammenti del *Chronicon Venusinum* che riguardano l'invio di monaci cavensi a Venosa intorno al 1140 per riformare la vita monastica nel decaduto cenobio della SS. Trinità:

«In anno MCXLI, summo pontifice eodem Innocentio II et eius anno duodecimo, et Ruggerii regis anno quinto decimo, in martio mense, ind(ictione) quinta[25], [...] monasterium SS. Trinitatis Venusii, cui prefuerat Gratianus abbas (de quo dicitur assumptum fuisse ad ipsam ecclesiam Venusinam, sed de hoc nihil apud Ughellium [...])[26], eo redactum erat, ut impossibile videretur ad pristinum splendorem illud restitui posse. Et quia maiestatis est regie ecclesiarum necessitatibus providere et super ipsarum indigentias consulere, quia per ipsas reges regnant, ipso pontifice dictante litteris regiis ordinatum fuit Cavensi abbati, ut quantocius ipsam ecclesiam et cenobium Sanctissimae Trinitatis provideret duodecim monachis optime instructis et omnem experientiam habentibus de cenobii regimine et regulari observantia, ut ammotis illinc qui degebant, inibi ipsi permanerent, quia ipse rex nimis diligebat ipsum monasterium, in quo deposita erant corpora suorum genitorum et progenitorum, per quos ipse ad regiam dignitatem pervenit. Expeditis litteris nulla interposita mora Cavensis abbas elegit in abbatem Venusinum Petrum, qui nominabatur Divinacello, cum duodecim monachis, qui erant magistri ordinis, et illos direxit ad prefatum monasterium, ut acciperent gubernationem ipsius et procurarent, ut ibi effloresceret disciplina regularis iuxta regulas, instituta et consuetudines monasterii Cavensis»[27].

Era, dunque, «Petrus, qui nominabatur Divinacello», il monaco cavense che fu incaricato nel 1141 dall'abate di Cava, Simeone († 16 novembre 1141), del governo del monastero venosino e della sua riforma nello spirito delle *consuetudines Cavenses*[28]. Di conseguenza fu lui, che diventò il secondo abate venosino di nome Pietro, e non l'abate Ugo, il probabile autore delle *Vitae quatuor priorum abbatum Cavensium*.

---

[25] La data è incongruente: al marzo 1141 corrisponde il dodicesimo anno del pontificato di Innocenzo II (23 febbraio 1141- 22 febbraio 1142), non però il quindicesimo anno del regno di Ruggero II che era il 1145, e neanche l'indizione quinta che corrisponde al periodo tra il 1° settembre 1141 e il 31 agosto 1142. L'incongruenza della data è probabilmente dovuta o al Cenna o al Caracciolo. Comunque, per gli eventi raccontati nel brano sopra riportato, si può stabilire come *terminus ante quem* il 31 dicembre 1141, cioè la data in cui fu emanata la bolla di Innocenzo II per l'abate Pietro II di Venosa.

[26] Le parole messe tra parentesi sono state aggiunte dal Caracciolo.

[27] Caracciolo (cit. sopra alla nota 19) fol. 8r-v.

[28] Per le *consuetudines Cavenses* cfr. N. Cilento, *La Congregazione Cavense e l'opera riformatrice della Chiesa*, in «Campania Sacra», 2 (1971), pp. 14ss.; v. anche recentemente G. Vitolo, *Cava e Cluny*, in: S. Leone - G. Vitolo, *Minima Cavensia. Studi in margine al IX volume del Codex Diplomaticus Cavensis*, Salerno 1983 (Iter Campanum 1), pp. 19-34.

Ulteriori argomenti comprovanti questa tesi si trovano in un altro estratto del *Chronicon Venusinum* conservatosi nel menzionato manoscritto settecentesco. In questo brano l'abate Pietro II di Venosa — che oltre a un privilegio, rilasciato il 31 dicembre 1141 dal papa Innocenzo II[29], ricevette numerose donazioni a favore del monastero venosino da benefattori laici ed ecclesiastici[30] —, viene descritto dall'anonimo cronista come un abate esemplare che avrebbe dato un nuovo impulso al cenobio di Venosa, il quale avrebbe raggiunto durante il suo governo abbaziale un secondo periodo aureo (dopo il primo, dovuto particolarmente alla munificenza di Roberto il Guiscardo)[31]:

«Ipse autem venerabilis Petrus abbas non solum in temporalibus, sed etiam in spiritualibus summa intelligentia callebat, doctus ut sapiens, et in divinis et humanis leggibus famosissimus, qui suo tempore maxima doctrina scripserat supra libros regum usque ad unctionem Davidis in regem[32]. Omnem diligentiam adhibebat[33], nedum in exponendis sacris scripturis, sed etiam in subventione viduarum et pupillorum continuis elemosinis. Possessiones monasterii in dies adaugebat et suis monachis indigentibus affectu et charitate fraterna diatim omnia necessaria subministrabat. Plurima stabilia pro monasterio suo acquisivit Venusii[34], Asculi[35], Corati[36], Baroli[37], Corneti[38] et Melphicte[39] et in aliis locis et casalibus sui monasterii, omnia ad comunem usum monachorum, quos summopere diligebat. Unde non erat inter illos, qui ulla re indigeret, quia per prudentem abbatem omnia administrabantur prout cuique opus erant. Si contigebat, prout ipsis abbatibus de more erat, ipsos casales et villas et cetera loca monasterii visitare, illico concurrebant ad ipsum pauperes et debiles, ut aliquid pro victu impertiretur, ne inedia deperirent. Civium et aliorum nobilium filiis de suo erario plurima dona distribuebat, unde letantes ad suos genitores redibant illis referentes que ipse abbas largitus fuerat. At senibus et pauperibus utriusque sexus, qui loca monasterii incolebant, ordinaverat, ut in dies victus administraretur, nudos vestiebat. Nec his tantis largitionibus in monasterio nihil deficiebat, quia ipse Dominus, cuius amore hec operabatur, faciebat, ut

---

[29] Caracciolo (cit. sopra alla nota 19) fol. 8v-9r.

[30] Ivi, f. 9r-v.

[31] Cfr. HOUBEN, *Il 'libro* (cit. sopra alla nota 15) pp. 29ss.

[32] *2 Samuele* 2,4: «unxerunt ibi David ut regnaret super domum Iuda»; *2 Samuele* 5,3: «unxeruntque David in regem super Israel».

[33] Nel ms. si legge «adhibebant» invece di «adhibebat»; ovviamente si tratta di un errore del copista.

[34] Venosa (prov. Potenza).

[35] Ascoli Satriano (prov. Foggia).

[36] Corato (prov. Bari).

[37] Barletta (prov. Bari).

[38] Corneto (Corleto, fraz. di Ascoli Satriano).

[39] Molfetta (prov. Bari).

in dies monasterii redditus adaugerentur, quia ipsi nobiles et prestantes viri admirantes ipsius admirabilem charitatem monasterium et religionem summopere venerabantur et continuis largitionibus afficiebant. Tantis meritis onustus sanctus abbas animam Deo reddidit in anno MCLVI vel MCLVII»[40].

Nel passo esaminato il cronista mette in evidenza che l'abate Pietro II si interessò allo stesso modo della vita spirituale come della situazione economica del monastero venosino. Che egli, «doctus ut sapiens», non scriveva soltanto con la massima autorità sulle Sacre Scritture, ma si preoccupava anche molto ad aiutare i poveri. Che la sua generosità non metteva in pericolo la base economica dell'abbazia, che, anzi, sotto il suo regime abbaziale i possedimenti del monastero aumentarono grazie alla munificenza dei laici che erano pieni di ammirazione per l'opera caritativa dell'abate.

La riforma del monastero venosino attraverso l'introduzione delle *consuetudines Cavenses* era stato, dunque, un pieno successo, se ci ricordiamo che il cronista aveva riferito che il monastero si trovava prima dell'arrivo dei monaci cavensi in condizioni così precarie, «ut impossibile videretur ad pristinum splendorem illud restitui posse».

Rileggendo, alla luce di queste notizie relative alla figura e all'opera dell'abate Pietro II di Venosa, ciò che l'autore delle *Vitae* dei quattro primi abati di Cava scrisse intorno al 1140[41] nel *prologus* parlando di se stesso, appare evidente che si possa trattare della stessa persona:

«Ego igitur [...] venerabilium patrum Alferii videlicet, Leonis, Petri atque Constabilis abbatum Cavensium, et item quorundam religiosorum fratrum eiusdem monasterii vitas atque miracula scribere proposui, ut quia auctore Deo idem Cavense cenobium magne religionis est, iamque eiusdem religionis ordo longe lateque diffunditur, hii qui eorum sequuntur institutionem, exemplis atque miraculis accendantur. Quod profecto vobis, karissimi fratres, specialiter convenit, quos imposito pio religionis onere ad ordinis eorum normam redegimus. Valde enim devotius post illorum vestigia curritis, si aperte cernitis, quia qui vos laborando precesserant, de labore suo iam ad eterna gaudia pervenerunt. Me quoque, quia hoc deceat nulli vestrum dubium est, ut qui de claustro illo

---

[40] Caracciolo (cit. sopra alla nota 19), fol. 9v-10r. L'anno della morte dell'abate Pietro II di Venosa era probabilmente il 1156, e non il 1157, perché da quanto si è conservato del *Chronicon Venusinum* risulta che dopo la sua morte fu eletto l'abate Nicola il quale ricevette la benedizione papale nel 1156 (ivi, fol. 10r).

[41] Ben compatibile con la proposta di datare la redazione delle *Vitae* intorno al 1140, è la menzione contenuta nell'ultima delle quattro *Vitae*, cioè in quella dell'abate Costabile (1123-24), di una nave posseduta dal monastero cavense «cui Iohannes, tunc monachus nunc etiam abbas sancti Benedicti, preerat» (*Vitae*, cit. sopra alla nota 3, p. 31s.). Giovanni è attestato nel 1132 come priore di Cava e in seguito, nel periodo compreso tra gli anni 1139 e 1148 come abate di S. Benedetto di Salerno: v. *Italia Pontificia* VIII, a cura di P.F. KEHR, Berlino 1935, p. 366; *Vitae* cit., p. 32 nota 1.

velut terra promissionis egresso, in longinqua regione pascendos atque multiplicandos suscepi greges, virgas exemplorum vario cortice instituendis proponam,
quatinus hii, qui ex vobis per divinam gratiam fecundantur in spirituali sobole,
non solum perpetua carnis incorruptione sint virides, sed omnimoda virtutum
varietate fulgentes. Sed quia in universalibus scriptis nostris verborum quibusdam obstaculis emulorum accessus obstruere solemus, opusculi huius tenerum
situm nullis responsionum spinis obducimus, quia cum domesticis nostris de
rebus notis, fraternis affectibus, fabulamur»[42].

Come si può ben vedere, l'autore delle *Vitae* si rivolge nel *prologus* ai suoi
confratelli e sottolinea che egli si accinge a scrivere sulla vita e sui miracoli
dei primi quattro abati di Cava per sollecitarli a proseguire la riforma del decaduto cenobio venosino secondo il modello della vita monastica praticata nell'abbazia di Cava, da dove essi erano venuti insieme a lui. Ciò concorda bene con
le notizie ricavate dai citati estratti del *Chronicon Venusinum*, secondo cui
l'abate Pietro II di Venosa, intorno al 1140, era venuto insieme con dodici
altri confratelli da Cava a Venosa per assumere la direzione del cenobio venosino e per riformare la vita monastica a Venosa «iuxta regulas, instituta et consuetudines monasterii Cavensis».

L'autore delle *Vitae*, che nel *prologus* accenna ad altre opere precedentemente redatte da lui («Sed quia in universalibus scriptis nostris...»), correda
la sua descrizione della vita e dei miracoli dei quattro primi abati di Cava con
numerose citazioni dalle Sacre Scritture. Senza voler sopravvalutare questa
prassi, comune a molti autori medioevali, sia ricordato che l'anonimo cronista
venosino, nel passo sopra citato, metteva in evidenza che l'abate Pietro II di
Venosa, «doctus ut sapiens, et in divinis et humanis leggibus famosissimus»,
aveva scritto, a suo tempo, con la massima autorità sulle Sacre Scritture.

In questo contesto non sembra senza significato che nel 'libro del capitolo'
redatto a Venosa probabilmente durante il regime abbaziale dello stesso Pietro
(Cod. Casin. 334), gli abati cavensi Leone, Pietro e Costabile siano stati messi
in risalto con iscrizioni necrologiche particolarmente decorate allo stesso modo
degli abati di Venosa[43]. La preoccupazione per la *memoria* liturgica alla quale

---

[42] *Vitae* (cit. sopra alla nota 3) p. 3s.

[43] Cfr. Houben, *Il 'libro* (cit. sopra alla nota 15) pp. 121, 122s., 118s. - Mediante le indicazioni cronologiche contenute nei frammenti del *Chronicon Venusinum* si può precisare ulteriormente
la data della redazione originaria del necrologio (Cod. Casin. 334, pp. 1-72) e dunque anche dell'intero codice: *terminus post quem* rimane la data della morte di Ruggero II (27 febbraio 1154); il
terminus ante quem, invece, può essere anticipato al 13 luglio 1156, data della morte dell'abate
Pietro II di Venosa, la cui iscrizione nel necrologio fu aggiunta dopo la prima redazione: il giorno
della sepoltura, cioè il 14 luglio, risulta dal necrologio (v. Houben, *Il 'libro* cit., p. 124), l'anno
1156 dal *Chronicon* (v. sopra nota 41).

erano legati servizi caritativi a favore dei poveri[44], concorda bene con ciò che il cronista venosino scrisse sull'abate Pietro II: «Omnem diligentiam adhibebat nedum in exponendis sacris scripturis, sed etiam in subventione viduarum et pupillorum continuis elemosinis»[45].

Concludendo possiamo constatare, dunque, che alla luce delle nuove informazioni ricavate dagli inediti passi del *Chronicon Venusinum*, l'attribuzione delle *Vitae* dei quattro primi abati di Cava·all'abate Ugo di Venosa non è più da ritenere fondata: l'anonimo autore delle *Vitae* di cui si sa con sicurezza soltanto che egli era stato monaco a Cava sotto l'abate Simeone (1124-1141), che egli era diventato poi abate del monastero di Venosa, e che egli aveva scritto la sua opera agiografica probabilmente intorno al 1140, questo anonimo non può essere identificato con l'abate Ugo, perché sappiamo che questi, attestato sin dal 1096 come preposito venosino a Corneto, diventò abate nel periodo tra il 1108 e il 1114, e che fu destituito da questa carica nel 1130. Risulta, invece, chiaramente dai passi citati del *Chronicon* che era «Petrus qui nominabatur Divinacello» — che diventò poi il secondo abate venosino di nome Pietro — il monaco cavense incaricato nel 1141 dall'abate di Cava ad andare in compagnia di altri dodici monaci cavensi a Venosa per dirigere e per riformare il decaduto cenobio venosino introducendo le *consuetudines Cavenses*. Anche se nei pochi frammenti conservatisi del *Chronicon Venusinum* a proposito dell'abate Pietro II non si parla della sua paternità delle *Vitae* dei primi quattro abati cavensi, ciò che riferisce l'anonimo cronista sulla figura e sull'opera di questo abate concorda bene con la nostra conclusione che fosse stato lui, Pietro II di Venosa, il probabile autore delle *Vitae*[46].

---

[44] Cfr. J. WOLLASCH, *Gemeinschaftsbewußtsein und soziale Leistung im Mittelalter*, in «Frühmittelalterliche Studien», 9 (1975), pp. 268-286; H. HOUBEN, *La realtà sociale medievale nello specchio delle fonti commemorative*, in «Quaderni medievali», 13 (giugno 1982), pp. 82-97.

[45] Caracciolo (cit. sopra alla nota 19), fol. 9v. - Non è da escludere che l'inserimento dei Santi abati cluniacensi Oddone, Maiolo e Odilone nel martirologio del 'libro del capitolo' venosino (Cod. Casin. 334) (v. HOUBEN, *Il 'libro*, cit. sopra alla nota 15, p. 68) sia dovuto all'influsso cavense, come ha sostenuto VITOLO (cit. sopra alla nota 28) p. 31 nota 52. Però, è anche possibile che si trattasse di un riflesso della tradizione normanna nel cenobio venosino riformato nella seconda metà del sec. XI da monaci normanni di Saint-Evroul (v. HOUBEN, *Il 'libro* cit., pp. 30 ss.).

[46] Per una «rivalutazione» delle *Vitae* dei primi quattro abati cavensi come «un caso eloquente del tipo di *recensio* critica possibile di fronte alla tematica del Normanni in Italia» v. M. OLDONI, *Intellettuali cassinesi di fronte ai Normanni (secoli XI-XII)*, in: *Miscellanea di Storia italiana e mediterranea per Nino Lamboglia*, Genova 1978 (Collana storica di fonti e studi, dir. da Geo Pistarino, 23), pp. 93-153, particolarmente pp. 142-147.

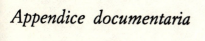

Appendice documentaria

nr. 1

Il duca Roberto il Guiscardo dona al monastero della SS. Trinità di Venosa
la metà delle rendite possedute nella città di Venosa.

1074

Manoscritti: Giovan Battista Prignano, *Vari opuscoli e croniche*, Brindisi, Bibl. De Leo B
5 (circa 1630/38), fol. 59v, 95v [Pr. 1]; Id., *Historia delle famiglie normande di Salerno*, Roma,
Bibl. Angelica 276-277 (circa 1640), 277 fol. 93r [Pr. 2]; Roma, Bibl. Vaticana Ottob. lat. 2647
(inizio sec. XVII), fol. 50v [Ot.]; Andrea Gittio (Gizzi), *Prerogative, geneaologie e discorsi di
diverse famiglie con varie cose notabili e singolari*, Napoli, Bibl. Nazionale Brancacciano IV.D.1 (circa
1650), fol. 407v [Gi.]; Camillo Tutini, *Memorie di varie cose cavate da' Registri della Regia Cancelleria, dall'Archivio Grande...* , Napoli, Bibl. Naz. Branc. I.F.5 (circa 1650/65), fol. 83r [Tu.]; Eustachio Caracciolo, *Dictionarium universale totius Regni Neapolitani...*, vol. II, Napoli, Bibl. Naz.
S. Martino 436 alla lettera T («Trinitatis Venusii») sotto il nr. LII (circa 1729/39) — siccome i
fogli del ms. non sono numerati, citeremo in seguito gli 11 fogli della voce T.LII separatamente
da fol. 1r a fol. 11v —, fol. 4r [Ca.].

Edizioni: G. Crudo, *La SS. Trinità di Venosa*, 1899, p. 138 (da Gi.); G. Antonucci, *Le
aggiunte interlineari all'Exultet del duomo di Bari*, in «Japigia», 14 (1943), p. 170 (da Crudo); L.-R.
Ménager, *Les fondations monastiques de Robert Guiscard, duc de Pouille et de Calabre*, in «Quellen
und Forschungen aus italienischen Archiven und Bibliotheken», 39 (1959), app. nr. 10 p. 90 (da
Pr. 2); R. Jurlaro, *Ex Archivio Venusino*, in «La Zagaglia», 14 (1962), p. 144 (da Pr. 1 fol. 95v);
L.-R. Ménager, *Recueil des actes des ducs normands d'Italie (1046-1127)*, 1: *Les premiers ducs
(1046-1087)*, 1981, nr. 22 pp. 85-87 (da Pr. 2, Ot., Gi., Tu.).

Il documento si è conservato solo in estratti dei quali nessuno deriva direttamente dall'originale. Pr. 1 e Pr. 2 si basano sul cartulario della SS. Trinità di Venosa come risulta dalla nota
marginale di Pr. 2: «Reg(istro) delle donat(ioni) del Monist(ero) della Trin(ità) di Venosa à car(ta)
6 nella colonna 4 et à car(ta) 5 nella col(onna) 2.» Ot., Gi., e Tu. derivano dai perduti *Notamenta*
redatti poco prima dell'anno 1600 da Cesare Pagano sulla base del cartulario venosino. Ca. deriva
da una perduta copia, fatta da Giacomo Cenna (1560-1640) dalla cronaca venosina. Senza valore
per la ricostruzione del testo sono le copie degli estratti contenute nei mss. Vat. lat. 7140 (metà
sec. XVII) (= copia di Ot.) e Vat. lat. 8222-I (fine sec. XVII) (= copia di Vat. lat. 7140).

L'autenticità del documento è stata contestata dall'Antonucci, p. 170s. e da F. Babudri,
*Le note autobiografiche di Giovanni arcidiacono barese e la cronologia dell'arcivescovato di Ursone a
Bari (1078-89)*, in «Archivio Storico Pugliese», 2 (1949), p. 136. Come prova della falsità del documento fu addotta la presenza dell'arcivescovo Ursone di Bari, trasferito ufficialmente soltanto nel
giugno 1080 dal papa Gregorio VII da Rapolla a Bari (cfr. sopra p. 143). Il Ménager, *Recueil*,
nr. 22 p. 85, non si esprime sulla questione dell'autenticità rimandando alla sua *Introduction critique
al Recueil* («2ème partie, chap. 14, §2») finora non uscita.

Anno[a] 1074. Ego Robertus Guiscardus divina[b] favente clementia dux Calabriae, Apuliae et Siciliae[b] dono in perpetuum monasterio sanctae Trinitatis de Venusio medietatem civitatis Venusii[c] pro meae animae remedio, patris et matris meae, fratrum et parentum inibi quiescentium et pro salute heredum meorum[d], praesentibus Ursone[e] Barensi[f] archiepiscopo[1], Arnaldo Acheruntino[g] archiepiscopo[2], Balduino Melfiensi episcopo[3], Constantino Venusino episcopo[4], Roberto de Montescabioso[5], Goffrido Conversani comite[6], Raydulfo[h] de Bricurt[i] [7], Roberto comite de Loritello[8], Berengario[j] filio Normanni[9], Herrico[k] de Ambars[l] [10], Hosmundo Astel[m] [11], Guilimanno[n] vicecomite[12], Aschittino[o] de Cassano[13], Aitardo[p] de Venusia[14], Unfredo[q] de Candidato[15] [r].

a) *manca Pr. 1 fol. 95v, Ot.*   b) *etc. invece di* divina... Siciliae *Pr. 1 fol. 95v.*   c) Venusini *Ot.*
d) nostrorum *Ot.*   e) Ucso *Ot.*, Urso *Gi.*   f) Barense *Pr. 1 fol. 95v*   g) Acherentino *Ot.*, *Gi.*
h) Raidulpho *Pr. 1 fol. 95v*, Raindulfo *Gi.*   i) Briicurt *Pr. 1 fol. 95v*   j) Berengerio *Pr. 1 fol. 95v*,
Gi.   k) Hurrico *Pr. 1 fol. 95v*   l) Ambras *Pr. 1 fol. 95v*   m) Asted *Ot.*   n) Guilmanno *Pr. 1 fol.*
95v   o) Asclittino *Pr. 1 fol. 95v*, Asclettino *Gi.*   p) Aytardo *Ot.*   q) Unfrido *Gi.*   r) *Pr. 1 fol. 95v*:
Robertus donavit monasterio Trinitatis supradicto medietatem civitatis Venusii presentibus Urso
Barense archiepiscopo, Arnaldo archiepiscopo Acheruntino, Balduino Melfiensi episcopo, Constantino Venusino episcopo, Roberto de Monte Scabioso, Goffrido Conversani comite, Rodulpho de
Briicurt, Roberto comite de Loritello, Berengario filio Normanni, Hurrico de Ambars, Hosmundo
Astel, Guinelmanno vicecomite, Asclittino de Cassano, Aitardo de Venusia et Unfrido de Candidato. - *Tu.*: Anno 1074. Robertus dux etc. donat eidem monasterio medietatem civitatis Venusie
presentibus Risone Barensi archiepiscopo, Arnaldo Acheruntino archiepiscopo, Balduino Melfiensi
episcopo, Costantino Venusino episcopo, Roberto de Monte Scabioso, Goffredo Conversani comite,
Raidulpho de Brycurt, Roberto de Luritello, Berenghario filio Normanni, Henrico de Ambros etc.

[1] Vescovo di Rapolla prima del dic. 1079 - giugno 1080, a partire dal giugno/agosto 1080 arcivescovo di Bari († 1089).

[2] 1067-1111; v. *Italia Pontificia* 9, pp. 456, 458.

[3] Attestato sin dal 1067 (*terminus ante quem*): v. ivi p. 497.

[4] Attestato qui per la prima volta. *Terminus post quem* per l'inizio del suo episcopato è il 1069, anno in cui è attestato il suo predecessore Ruggero (MÉNAGER, *Recueil*, nr. 20 p. 81). La sua ultima attestazione risale al 1089 (Caracciolo, fol. 4v). L'indicazione dell'UGHELLI, *Italia sacra*, VII, 2. ed. col. 170 secondo cui il vescovo venosino *Constantinus* (= *Constans*) sarebbe attestato fino al 1093, non può essere verificata. Inattendibili sono le indicazioni del Cenna (cit. sopra p. 132 nota 16) p. 218 (rist. p. 254).

[5] V. sopra p. 136 nota 42.

[6] 1064-1100, fratello di Roberto di Montescaglioso, figlio di una sorella di Roberto il Guiscardo: F. CHALANDON, *Histoire de la domination normande en Italie et en Sicile*, 1907 (rist. 1960), I, pp. 179 ss.

[7] Il toponimo *Bricurt* «appartient incontestablement à la France septentrionale» (MÉNAGER, *Recueil*, nr. 22 p. 86 nota h). Inattendibili, perché basate su un errore di lettura (*Bryenne* invece di *Briicurt*), sono le indicazioni di ID., *Inventaire* (cit. sopra p. 135 nota 35), p. 376.

[8] Attestato sin dal 1061: v. CHALANDON, I, p. 226s.

[9] Attestato nel luglio 1067 (MÉNAGER, *Recueil*, nr. 18 p. 78) e nel 1080 (ID., *Les fondations*, app. nr. 14 p. 92); cfr. ID., *Inventaire*, p. 261.

[10] Altrove non attestato; cfr. ivi p. 384.

[11] Attestato soltanto qui; secondo il nome si tratta di un Normanno.

[12] Forse identico a *Vvlmannus* (= *Wilmannus* = *Guilimannus*), cognato di Roberto il Gui-

[*Pr. 2:*]... et il mentovato Goffredo era di Conversano già conte sin dal 1074, ritrovandosi presente con molti prelati e signori alla donatione della metà di Venosa fatta da Roberto Guiscardo al monistero della Trinità della stessa città per rimedio dell'anima sua, di suo padre e madre, de suoi fratelli e parenti nella chiesa di quello sepolti, nella qual scrittura si chiarisce esser errore de notai e di scrittori lasciar alcuna volta il titolo o signoria delle persone da loro nominate, mentre non chiama conte di Montescaggioso il disopra mentovato Roberto, dicendo: presentibus Riso Barensi archiepiscopo, Arnaldo Acherontino archiepiscopo, Balduino Melfitano episcopo, Constantino Venusino episcopo, Roberto de Montescabioso, Goffrido Conversani comite, Raydulfo de Briicurt, Roberto comite de Loritello, Berengario filio Normanni, Henrico de Ambras, Hosmundo Astel, Guilelmanno vicecomite, Aschettino de Cassano, Aytardo de Venusia et Unfredo de Candidato.

[*Ca.:*] Insuper in anno MLXXIV post mortem abbatis Ingelberti supra laudati[16] legitur ipsum Robertum Guiscardum ratum et sibi charum habuisse Berengarium in abbatem dicti monasterii[17] et ipsi obtulisset pro tunc et in futurum sicuti et in diem iis gaudet, medietatem reddituum dicte civitatis Venusii, domorum, prediorum, vinearum, hortuum, pomariorum, olearum, arborum, pratorum, pascuorum et cetera, iuxta consuetudinem loci, et cetera. Que omnia acta fuerunt presentibus Arnaldo Acheruntino archiepiscopo et episcopis Balduino Melphiensi, Constante Venusino, Roberto Montis caveosi, Goffredo comite Cupersani et aliis baronibus et prelatis.

scardo che fece nel 1057 una donazione a favore della SS. Trinità di Venosa (MÉNAGER, *Recueil*, nr. 4 p. 28s.) e che morì probabilmente nella seconda metà degli anni settanta del sec. XI (cfr. sopra p. 139 nota 58).

[13] Il nome *Aschittinus* era molto diffuso tra i Normanni: v. H. HOUBEN, *Il 'libro del capitolo' del monastero della SS. Trinità di Venosa*, 1984, p. 161; MÉNAGER, *Inventaire*, p. 268. Cassano = Cassano allo Ionio (prov. Cosenza).

[14] Attestato qui per la prima volta; sin dal 1075 a Venosa è attestato un «Goffridus filius Aitardi»: v. HOUBEN, *Il 'libro del capitolo'*, p. 146.

[15] Attestato qui per la prima volta; secondo il nome si tratta di un Normanno; *Candidatum* era situato nei pressi di Cosenza: v. MÉNAGER, *Recueil*, nr. 21 p. 83.

[16] Prima del 1053/59 - dopo il 25 giugno 1066, deceduto prima del 1072 circa: v. sopra p. 93 con nota 45.

[17] Dopo il 25 giugno 1066 / prima del 21 aprile 1073 - 24 dicembre 1095 (o 1096): v. sopra p. 93.

nr. 2

Il duca Roberto il Guiscardo conferma al monastero della SS. Trinità di Venosa le donazioni fatte precedentemente concedendogli l'immunità e la esenzione dal *plateaticum* e dal *passagium* anche per le sue dipendenze e per i suoi dipendenti.

1076, giugno o luglio

Mss.: Giacomo Cenna, *Cronaca Venosina*, Napoli, Bibl. Naz. X.D.3 (inizio sec. XVII), fol. 25v [Ce.]; Pr. 2 276 fol. 54r, 139v, 141v; Ot. fol. 51r; Gi. fol. 407v; Ca. fol. 3v, 4r.

Edd.: Crudo, p. 141 (da Gi.) con nota 2 (da Ce.); Antonucci, p. 171 (da Crudo); Ménager, *Les fondations*, app. nr. 11 p. 90 (da Pr. 2 fol. 139v); Id., *Recueil*, nr. 24 p. 89s. (da Ce.) e nr. 25 p. 90s. (da Pr. 2, Ot., Gi.).

Il documento si è conservato soltanto in estratti dei quali alcuni derivano direttamente (Ce.) o indirettamente (Ca.) dalla cronaca, mentre altri risalgono direttamente (Pr. 2) o indirettamente (Ot., Gi.) al cartulario della SS. Trinità di Venosa (v. sopra doc. nr. 1). Pr. 2 fol. 54r (in margine): «Arch(ivio) della Trin(ità) di Venosa nel Reg(istro) delle don(ationi) à car. 6 nella prima colonna»; ivi, fol. 139v (in margine): «lo stesso (= Reg. della Trin. di Venosa) nella col(onna) p(rima) à car. 6»; ivi, fol. 141v (in margine): «nello stesso, col(onna) p(rima) à car. 6».
Il Ménager non essendo a conoscenza di Ca. fraintese la menzione del documento fatta da Ce. sostenendo l'esistenza di *due* documenti distinti, di cui uno risalirebbe al luglio 1076 (= *Recueil* nr. 24) e l'altro al 1076 (= *Recueil* nr. 25). Si tratta però senz'altro di un unico documento la cui data non può essere precisata con sicurezza. Ce. e Ca. fol. 4r indicano come data il luglio 1076, mentre Ca. fol. 3v indica il giugno 1076. L'indizione VIII, indicata solo in Ca. fol. 4r, è da correggere in XIV.
L'autenticità del documento è stata contestata dall'Antonucci, p. 171, a causa della presenza dell'arcivescovo Ursone di Bari (v. sopra doc. nr. 1). Il Ménager, *Recueil*, pp. 89ss., non si esprime sulla questione dell'autenticità del documento.

Anno 1076. Ego Robertus Guiscardus divina opitulante misericordia dux Calabrie, Apulie et Sicilie dono indultum libere franchitie eidem monasterio Venusii, quod non cogantur sui servi et homines in curia seculari. Testes Guglielmus[a] comes[1], Robertus de Loritello comes[2], Goffridus Cupersani

a) Guilielmus *Gi.*

[1] Guglielmo di Principato (1056-80), fratello di Roberto il Guiscardo; v. Houben, *Il 'libro del capitolo'*, p. 136s.
[2] Come sopra doc. nr. 1 nota 8.

comes[3], Radulphus[b] de Brycurt[c] [4], Robertus de Avenas[5], Aytardus[d] de Venusia[6], Unfridus de Candidato[7].

[*Pr. 2 fol. 54r:*]... di certo habbiamo nell'anno 1076 esser conte di Loritello Roberto primogenito di Goffredo conte di Capitanata ritrovandosi in quest'anno con Guglielmo conte di Santo Nicandro, fratello del duca Roberto Guiscardo, Goffredo conte di Conversano, Rodolfo di Briecurt, Roberto d'Avena, Aitardo di Venosa et Unfredo di Candidato, esser presente alla dichiaratione che fè il sovradetto Roberto Guiscardo a i servi del monistero della Trinità di Venosa, come erano esenti da qualsifosse servitio, che alla sua corte fossero obligati a fare[e].

[*Ca. fol. 3v*] In anno sequenti MLXXVI inclytus dux Robertus de mense iunio amplo diplomate confirmat ipsi monasterio omnia bona que iam donaverat, concedens ipsi omnem libertatem et immunitatem sive in ipsis bonis sive personis de dependentia ipsius monasterii ubicumque fuerint; necnon indulsit, ut nullus ipsi monasterio subiectorum pro quocumque delicto nemini nisi ipsis abbatibus vel eorum ministris subiaceat et hoc cum omnibus clausulis necessariis, ut ipsa privilegia omnem vigorem habeant. Que omnia confirmavit presentibus Ursone archiepiscopo Barensi[8], Iernaldo archiepiscopo Acheruntino[9], Balduino episcopo Melfiensi[10], Constante episcopo Venusino[11], Gulielmo[12], Roberto de Iorello[13], Goffredo comite Cupersanense[14], Rodulpho de

---

b) Radulfus *Gi.*   *c)* Bricurt *Gi.*   *d)* Aitardus *Gi.*   *e) Pr. 2 fol. 139v*: Finalmente nell'anno 1076, facendo esenti i servi del sovradetto monistero da qualsivoglia servitio alla sua corte dovuto il medesimo duca, si sottoscrisse lo stesso conte (scil. Guglielmo di Principato) al privilegio con Roberto conte di Loritello, Goffredo conte di Conversano, Rodolfo di Briecurt, Roberto d'Avena, Aitardo di Venosa et Unfredo di Candidato. - *Pr. 2 fol. 141v*: Sicome anco intervenne il sopradetto conte Guglielmo con Roberto conte di Loritello, Goffredo conte di Conversano, Rodolfo di Driecurt, Roberto de Avena, Aitardo di Venosa et Unfredo di Candidato, quando il duca Roberto fè esenti dalla sua corte da qualsivoglia servitio i servi del monistero comandando nell'anno 1076 che in modo alcuno fossero a ciò costretti.

[3] V. ivi nota 6.
[4] V. ivi nota 7.
[5] Attestato sin dal 1063: v. MÉNAGER, *Recueil*, nr. 9 p. 36 (la data 1060 è da correggere in 1063); cfr. ID., *Les fondations*, p. 86s. nota 9. Avena = fraz. di Papasidero (prov. di Cosenza).
[6] V. sopra doc. nr. 1 nota 14.
[7] V. ivi nota 15.
[8] V. ivi nota 1.
[9] V. ivi nota 2.
[10] V. ivi nota 3.
[11] V. ivi nota 4.
[12] V. sopra nota 1.
[13] V. sopra nota 2.
[14] V. sopra nota 3.

Abrientia[15], Robberto de Avena[16], Aitardo Venusino[17] et Vinfrido de Candidato[18] [f].

[*Ca. fol. 4r:*] Et in anno MLXXVI de mense iulio octavae indictionis (scil. Robertus Guiscardus) concessit nedum dicto monasterio sed etiam omnibus addictis ipsi ecclesie quocumque modo fuerint, omnes immunitates et amplissima privilegia ita ut in posterum nemo possit illos pro quocumque delicto molestare nec exigere ab illis neque plateaticum necque passagium quocumque modo fuerit.

---

f) in margine: Robertus Wiscardus confirmat omnia bona que donaverat. - *Ce.*: ... Constante... Vescovo di Venosa... nell'anno 1076 del mese di giuglio se trovò presente con Ursone Archivescovo di Bari, Arnaldo Archivescovo della Cerenza e Balduino vescovo di Melfi a tempo il Duca Roberto confirmò tutti i doni fatti dalli suoi predecessori alla chiesa della Santissima Trinità di Venosa.

[15] *Abrientia* è probabilmente da emendare in *Bricurt*: v. sopra nota 4.
[16] V. sopra nota 5.
[17] V. sopra nota 6.
[18] V. sopra nota 7.

nr. 3

Il conte Ruggero Borsa dona alla SS. Trinità di Venosa il *terraticum* dovuto dagli abitanti di Venosa, di *Aquabella*, di S. Stefano e di S. Gervasio al duca Roberto il Guiscardo, nonché i possedimenti della chiesa di S. Pietro *de Olivento*.

1081 ottobre 29

Ms.: Ca. fol. 4r.

Edd.: F. UGHELLI, *Italia sacra*, VII, 1659, col. 222, 2. ed. 1721, col. 170 [Ug.]; CRUDO, p. 158 (da Ug.).

L'indicazione del CARACCIOLO che egli riporterebbe il testo del documento conservatosi «in subscripto instrumento quod adhuc extat his verbis:...» deriva probabilmente, allo stesso modo del testo della carta riportato da lui, da una copia oggi perduta che era stata realizzata dal canonico venosino Giacomo CENNA (1560-1640) sulla base dell'originale (cfr. I. HERKLOTZ, *Il Chronicon Venusinum nella tradizione di Eustachio Caracciolo*, in «Rivista di Storia della Chiesa in Italia», 38 (1984), p. 417s.). Indipendentemente dalla copia del CENNA, il testo ci è stato tramandato dall'U-GHELLI. L'indicazione dell'UGHELLI che egli riporterebbe il testo «ex Tabulario ejusdem Ecclesiae (scil. Venusinae)», probabilmente è da interpretare nel senso che egli aveva ricevuto una copia del documento da uno dei suoi numerosi corrispondenti, però né dal PRIGNANO né dal TUTINI. L'escerto riportato dal TUTINI nel ms. Napoli, Bibl. Naz. Branc. I.F.5 fol. 170r, deriva sicuramente dall'edizione dell'UGHELLI.

L'autenticità del documento è stata contestata inanzitutto a causa della forma della sottoscrizione notarile riportata dall'UGHELLI come «Rinaldus Prothonotarius Regius Comes» (!) e a causa della *datatio*, indicata erroneamente con «29 ottobre 1082» (cfr. sopra p. 144s.). Il testo migliore, noto adesso mediante la tradizione del CARACCIOLO non lascia dubbi all'autenticità del documento. Ruggero Borsa è attestato con il titolo di *comes* a partire dal 1079 (v. sopra p. 138 nota 57). Quando Roberto il Guiscardo partì alla fine del maggio 1081 per la campagna militare contro Bisanzio, egli incaricò suo figlio Ruggero designato anche come il suo eventuale successore, dell'amministrazione della Puglia (cfr. CHALANDON, I, p. 267s.). La «victoria patris mei» menzionata nel documento è da identificare con la vittoria ottenuta dal Guiscardo il 18 ottobre 1081 presso Durazzo (cfr. ivi, p. 170s.). Per il significato di *terraticum* cfr. H. DORMEIER, *Montecassino und die Laien im 11. und 12. Jahrhundert*, 1979, p. 212s.; per il notaio Grimoaldo cfr. H. ENZENSBERGER, *Beiträge zum Kanzlei- und Urkundenwesen der normannischen Herrscher Unteritaliens und Siziliens*, 1971, p. 42, e MÉNAGER, *Recueil*, nr. 46 p. 170.

Dalle varianti indicate in seguito sono escluse quelle relative al fatto che Ca. riporta sempre *e* invece di *ae* o di *oe*, e che Ug. riporta sempre *j* invece di *i*.

In nomine Domini nostri Iesu Christi. Amen. Notum sit omnibus Christi fidelibus quod ego Rogerius comes audita victoria patris mei nimium laetificatus

sum, reddensque gratias omnipotenti Deo, qui subvenit in periculis, usus consi-
lio militum meorum virorumque bonorum Venusinae civitatis, sincera mente
donavi Sanctae Trinitati[a] omne terraticum quod[b] homines[c] per prius erant
soliti dare[d] duci ministrisque eius, videlicet habitantium intra moenia Venusinae civitatis et deforis[e] Aquaebellae[1] et Sancti Stephani[2] et casalis Gervasii[3],
nec non et omnem terram, quam prius solebat Sanctus Petrus de Olivento[f][4]
tenere pariterque ei dedere. Item[g] firmiter concessi ea ratione, ut nemo ex
haeredibus meis potestatem habeat auferre vel diminuere ab ipsa ecclesia
quod[h] pro salute mea obtuli. Si autem, quod absit, quis infidelis[i] destituere
voluerit vel aliquam fraudem ecclesiae inferre[j] tentaverit, quae statuimus, sciat
se participare cum Iuda proditore, Dathanque[k] et Abiron.

Actum est autem[l] hoc ab incarnatione Domini nostri Iesu Christi anno
MLXXXII, indict(ione) V, IV. kalendas novembris, luna XXVI. Hanc cartam[m] scripsi ego[n] Grimoaldus[o] prothonotarius.

Rogerius[p] comes.

---

a) Trinitatis *Ug.* b) qui *Ca.* c) honores *Ca.* d) dari *Ca.* e) de foris *Ca.*, de foris et *Ug.*
f) Oliveto *Ug.* g) iterum *Ca.* h) que *Ca.* i) infidele *Ug.* j) afferre *Ug.* k) Satanque
Ca. l) *manca Ca.* m) cartham *Ug.* n) *manca Ug.* o) Grimbaldus *Ca.*, Rinaldus *Ug.* p) regius
Ug.

[1] Pozzo Aquavivola (10 km a NE di Venosa). Nel 1063 Roberto il Guiscardo donava il
castrum Aquebelle alla SS. Trinità di Venosa (MÉNAGER, *Recueil*, nr. 9 pp. 35-37; per la data v.
sopra p. 141s.).

[2] A. CAPPELLANO (1584) menziona un ominimo casale situato nei pressi di Venosa e ai tempi
suoi già abbandonato: PINTO, *Giacomo Cenna...*, in «Rassegna Pugliese», 18 (1901), p. 149 (rist.
p. 222).

[3] Lo stesso CAPPELLANO menziona *ibidem* un abbandonato casale di nome *Torre Gervasia*
situato probabilmente presso l'odierna località di Palazzo San Gervasio (15 km a SE di Venosa).

[4] Cfr. UGHELLI, VII, 2. ed., col. 167; MÉNAGER, *Les fondations*, p. 41; ID., *Recueil*, nr. 20
pp. 80-82: Roberto il Guiscardo dona nel 1069 la chiesa di S. Pietro *de Olivento* (torrente Olivento
= affluente del fiume Ofanto) alla SS. Trinità di Venosa.

Alvisa, badessa del monastero di S. Giovanni presso Barletta, dona il suo monastero e le rendite annesse nonché la chiesa di S. Sabino con le rendite annesse a Pietro II, abate della SS. Trinità di Venosa.

1146 gennaio

Ms.: Ca. fol. 9r.

Ed.: H. HOUBEN, *Una grande abbazia nel Mezzogiorno medioevale: la SS. Trinità di Venosa*, in «Bollettino storico della Basilicata», 2 (1986), p. 43s.

Oltre al testo riportato in seguito non si hanno notizie sulle vicende del monastero di S. Giovanni presso Barletta. La sua esistenza è documentata soltanto da due menzioni contenute in carte barlettane dove si parla di terreni situati nei pressi del monastero il quale si trovava ovviamente fuori delle mura della città di Barletta (Cod. Dipl. Barese VIII, nr. 46 p. 76 [a. 1140]: «iuxta terram monasterii beati Ioannis»; ivi, nr. 51 p. 80 [gennaio 1146]: «iuxta ortum ecclesie sancti Iohannis»). *Terminus ante quem* per l'esistenza del monastero è l'anno 1133, perché allora il conte Goffredo di Andria, il quale, secondo il testo sotto riportato, aveva fatto delle donazioni a favore dello stesso monastero, e il quale è attestato nel 1127 e nel 1132, dopo una sua ribellione contro Ruggero II fu sconfitto e condotto in prigionia in Sicilia (v. CHALANDON, II, pp. 22, 28, 208 nota 2). *Alvisa* è attestato come nome femminile in uso a Barletta in una carta del 26 novembre 1202 nella quale sono menzionati i coniugi «Peregrinus f(ilius) Murici» e «Alvisa f(ilia) Alberti», entrambi di Barletta (Cod. dipl. barese VIII, nr. 184 p. 238). L'*Achilles miles* che appare nel testo sotto riportato come *advocatus* del cenobio venosino, è probabilmente identico all'*Achilles miles* che sottoscrisse una pergamena inedita del 1153 (febbr., ind. I; Venosa, Archivio capitolare, Perg. nr. 10); cfr. *Catalogus barqnum. Commentario*, a cura di E. CUOZZO, Roma 1984 (Fonti per la storia d'Italia 101**), p. 64 §275. Nel 1224 il papa Onorio III si rivolse «abbati et conventui Venusinis» stabilendo «quod ecclesia Sancti Johannis de Barulo sit prioratus et obedientia monachorum pro eorum vestibus deputata» (*Regesta Honorii Papae III*, ed. P. PRESSUTTI, vol. 2, Roma 1895, p. 203 nr. 4739). È dunque probabile che allora esisteva lì ancora una comunità di monache che forniva gli indumenti ai monaci venosini.

Et in eodem anno (scil. 1146) in ianuario, nona indict(ione), regnique Rogerii anno sexto decimo, Alvisa venerabilis abbatissa monasterii Sancti Ioannis positi in burgo Baroli, religiosa monialis, audiens bonam famam et religiosam vitam eorum, qui degebant in Venusino cenobio Sanctissimae Trinitatis, et precipue sanctitatem vite Petri abbatis, cognoscens suum monasterium plurimum in exercitiis spiritualibus profecturum, consentientibus suis monialibus, que erant in dicto monasteri Sancti Ioannis, cuius ecclesiam Goffredus comes Andriae pluribus dotaverat bonibus, que continentur in scripturis stipulatis pro libertate et utilitate ipsius ecclesie, ut ipse moniales et ipsarum abbatisse in perpetuum possidere possint. At quia ipsa abbatissa iam a pluribus annis aetate gravata et magis[a] pro sua religione hoc onus amplius ferre non poterat, ne aliquid preiudicium suo monasterio insequeretur, et eo magis quia ipsum suburbium ubi monasterium constructum erat nimis populo creverat, cogitare cepit intra se quo modo sine ullo scandalo a religione exire posset, et convocatis monialibus, que secum erant, consensu advocati ecclesie Sancti Ioannis donarunt et tradiderunt proprium monasterium cum omnibus ipsius redditibus in manus laudati venerabilis Petri abbatis coram Achille milite, subdito et advocato ipsius monasterii, ipso Petro dictam donationem acceptante, cui etiam tradiderunt alteram ecclesiam sub titulo Sancti Sabini positam extra ipsum suburbium cum omnibus redditibus et emolumentis suis, et promiserunt dicte moniales prestare eidem venerabili abbati eamdem obedientiam, que prestabatur a monachis qui sunt et erunt in cenobio Venusino Sanctissimae Trinitatis.

---

a) magnis *ms.*

nr. 5

Apparizioni di Roberto il Guiscardo a monaci della SS. Trinità di Venosa.

circa 1167 - 1181

Ms.: Ca. fol. 2v-3r.

Ed.: H. HOUBEN, *Roberto il Guiscardo e il monachesimo*, in «Benedictina», 32 (1985), pp. 518-520.

Per il contenuto e la trasmissione del testo v. sopra pp. 109-116.

Reticenda autem hic non videntur, antequam ultra progrediamur, que de hoc illustri duce[1] in membranis descripta reliquerunt patres Benedictini illius temporis relata a Iacobo Antonio Cenna in historia manu scripta Venusina ab ipso composita[2], que apud me asservatur.

Dicunt enim quod tempore Aegidii abbatis[3], de quo in subsequentibus, febricitante quodam fratre, qui Robertus erat nomine, honestae religionis, cui diu febris invaserat, et dum quodam die nimium molestaretur, super ducis Roberti memoriam se procumbens protinus obdormivit. Et dum dormiret vocem audivit, ut illico assurgeret a loco, in quo cubatum venerat. Cervice namque erecta neminem vidit, iterum inclinato vertice obdormivit, et denuo vocem audiens, ut desuper quod assurgeret et moram non faceret precepit. Qui territus horribili pavore sursum erigens caput neminem potuit videre. Vice tertia caput inclinans gravi somno opprimitur, qui cum graviter dormiret, terribilem vocem meruit audire: «Cur me premis? Rustice, discede a me!» Qui protinus in terram prostratus, sicut asseruit, a febri est liberatus. Ab eo namque die fratres inclinato capite ante ducis memoriam cum summa reverentia transeunt.

Alius autem frater, qui Nicolaus de Gensano[4] dicebatur, vidit ducis Roberti propriam personam in refectorio fratribus ministrare, et dum a comitantibus interrogatur, cur ipse fratres personaliter deserviret, asseruit, non aliis hoc

[1] Cioè Roberto il Guiscardo.
[2] V. sopra p. 111 nota 4.
[3] Circa 1167-81; v. sopra pp. 100ss.
[4] Genzano (prov. Potenza).

officium deberi nisi ipsi, cuius fratres sunt cappellani, qui quotidie divina per-
solvunt officia.

Sub eodem abbate accidit quod unus ex custodibus, qui sanctuarium custo-
diebant, visione veridica in aestivo tempore vidit nobilem ducem Robertum
sanctuarium ingredi cum duobus reverendis personis pontificalibus decoratis[a][5],
hinc inde comitantibus, ante quos tres iuvenes precedebant victorie palmas in
manibus deportantes[6], post quos magna sequentium turba ingressa est oratorium; flexis genibus, inclinata cervice coram altare, quod summus pontifex
consecraverat[7], per tres vices sanctam dominicam orationem cantabant.
Deinde ante altare ubi icona Sancti Nicolai erecta videtur[8], memoratus dux
clara voce ipsis custodibus vasorum sacrorum minas cepit inferre, qui in loco
iacebant, et coram iisdem viris, qui in eius erant comitatu, de quodam ammisso
cultello, quem Cannavectum nominamus[9], per quem etiam cuncta dona, que
Venusino monasterio contulerat, more Normannorum firmavit; sub arca rubigi-
nosus incognitus iacet et amissus, quem incontinenti iussit afferri coram illis,
qui in eius venerant comitatu. Conquerebatur graviter non solum de custodibus,
imo de aliis, qui prave tractaverant bona et regalia ipsius monasterii, et nimium
indignatus a manu iuvenis qui eum abstraxerat, cultellulum suscipiens in locum
illum, in quo iacuerat, proiecit. Mirabatur quippe, quod ad tantam eos educeret
inopiam, donec croceum edulium peregrinum verteretur in escam. Tunc viri illi
religiosi, qui virum illustrem ambiebant, pro abolendo minarum terrore suppli-
cari ceperunt non sine tribus adolescentibus preeuntibus, qui se advocatos et
tutores totius congregationis se esse protestabantur, quod de facto patuit, nam
confestim ad intercessionem se obiecerunt pollicentes etenim emendationem
commissorum, et sic ab oculis intuentium illa magnifica evanuit visio. Contem-
platores ergo tante visionis exanimes expergefacti post completum none officium, petita et accepta in capitulo a priore licentia, preterite visionis seriem
coram fratribus liquide panderunt sermone. Nec mora seniores propere assur-
gentes oratorium cum ipsis relatoribus irruperunt, ex quibus unus videlicet ex
visitatoribus non titubanti animo ad locum iacti thesauri palmam tendit capa-

---

a) decorati *ms.*

[5] Cfr. sopra p. 113 con le note 7 e 8.

[6] V. sopra p. 113s.

[7] Il papa Niccolò II, il 17 agosto 1059, aveva consacrato la chiesa della SS. Trinità di
Venosa (v. *Italia Pontificia* 9, p. 492s.).

[8] Secondo Orderico Vitale, *Historia Ecclesiastica*, ed. M. CHIBNALL, vol. 4, Oxford 1973, pp.
70ss. (III, 218-220), a Venosa si conservò una reliquia di S. Nicola di Mira. Anche se l'attendibilità
di questa notizia è dubbia, è però certo che S. Nicola, la cui traslazione a Bari (avvenuta nel 1087)
è registrata nel martirologio del 'libro del capitolo' di Venosa, godeva anche a Venosa di grande
venerazione: v. HOUBEN, *Il 'libro del capitolo'*, p. 67. - Nella chiesa della SS. Trinità di Venosa
si è conservato un affresco del sec. XV che raffigura S. Vito e S. Nicola.

[9] V. sopra p. 114s. con le note 11 - 14.

cem apprehensum quem cultellulum rubigine amictum protulit obnubilatum, qui quidem in eadem scabrosa specie usque ad tempus Petri abbatis tertii[10] sorduit opacus.

Post hec Rogerius monachus Venusinus nolens supradictis relationibus fidem prestare, imo falsas et somnia esse predicans, accidit quod quodam die febricitare cepit et in spiritu furoris super ducis Roberti memoriam cubatum properans, desuper obdormivit. Cui protinus vox horribilis auribus dormientis intonuit, ut desuper eum recederet. Tractus exinde prostratum se ad terram invenit, et pavore coactus atque turbatus per mensem integrum iacuit, quasi esset acribus verberibus afflictus. Sic demum credidit, postquam liberatus extitit a febri qua tenebatur.

[10] Circa 1187-94; v. sopra p. 104s.

Indici

Indice dei nomi di persona e di luogo

Si omettono: Italia, Mezzogiorno. Si fa uso delle seguenti abbreviazioni: ab. = abate, ch. = chiesa, f. = figlio/figlia, imp. = imperatore/imperatrice, m. = monaco, mon. = monastero, princ. = principe, vesc. = vescovo.

Nuovo Medioevo

Collana diretta da Massimo Oldoni